알고리즘 포비아

Algorithms of Anxiety

Copyright © Anthony Elliott 2024
All rights reserved.

First published in 2024 by Polity Press
Korean translation copyright © 2025 by Hankyung Magazine&Book Inc.
This Korean edition is published by arrangement with Polity Press Ltd., Cambridge,
through Danny Hong Agency

이 책의 한국어판 저작권은 대니홍 에이전시를 통해 저작권자와의 독점 계약한
(주)한경매거진앤북에 있습니다.
신저작권법에 의해 한국 내에서 보호를 받는 저작물이므로 무단 전재 및 무단 복제를 금합니다.

알고리즘 포비아

AI는 어떻게 인간을 지배하는가

앤서니 엘리엇 지음
이정민 옮김

ALGORITHMS OF ANXIETY

한국경제신문

추천의 말

자아를 데이터로 설명할 정도로 정보에 친근하면서도, 뒤처져 있다는 불안에서 자유롭지 못하고 그 고민조차 인공지능에 의지하는 현대인의 모습은 무엇을 말하는가? 《알고리즘 포비아》는 속도 조절 없는 미래의 위험성을 차분하게 알리며 인류를 위해 반드시 짚어야 할 질문을 피하지 않는다. 저자는 과학기술을 둘러싼 여러 논쟁들을 정교히 풀어내며, 인공지능의 계산이 복잡할수록 사람의 생각은 단순해졌음을 묵직하게 경고한다. 이 책의 통찰이, 독자들에게 기술 만능주의 사회를 성찰하는 계기로 이어지길 기대한다.

— **오찬호** 사회학자, 《납작한 말들》 저자

엘리엇은 우리의 삶과 사회를 잠식해 가는 자동화가 '자아'와 '타인과의 관계'에 미치는 광범위한 영향에 주목해야 한다고 열정적이면서도 이성적인 목소리로 호소한다. 이 순환의 고리를 끊고자 하는 모든 이들에게 이 책은 필독서가 될 것이다.

— **헬가 노보트니** 유럽 연구이사회(ERC) 전 의장

앤서니 엘리엇은 '인공지능'이라는 이름으로 신성시되는 알고리즘 사고의 미래를 늘 통찰력 있게 예측해 왔다. 인공지능은 접근하기 쉽지만, 여전히 그 실체는 모호하다. 이는 개인에게 막대한 정신적 자원을 제공함과 동시에 큰 대가를 치르게 한다는 걸 의미한다. 이 딜레마를 풀어내는 것은 매우 중요한 과제이며, 엘리엇은 이를 탁월하게 해냈다.

— **나이젤 스리프트 경** 워릭대학교 전 총장

매우 강력하고 시의적절한 논지다. 독창적이고 혁신적이며 깊은 사색을 불러일으키는 탁월한 책이다.

— **루카 포사티** 델프트공과대학교 교수

알고리즘에 대한 사회학적 연구에 명쾌하고 접근성 높은 길을 열어주는 책이다.

— **벤 야콥센** 요크대학교 교수

이 책은 우리의 불안을 깊게 만드는 현상을 이해도록 돕는다.

— **토머스 버치넬** 울런공대학교 교수

엘리엇의 연구는 알고리즘 기술과 '친밀성'이 맺는 관계에 관한 질문을 던지며, 현대 사회 이론의 맥락에서 이를 다룬다. 엘리엇은 특정 사례를 경시하는 비판을 피하고자 비트겐슈타인의 경고를 마음에 새기고, 일상에서 알고리즘 기술을 사용하는 사람들의 경험을 풍부하게 활용하여 이론적 논리를 엮어낸다.

— **달리보 슈테흐노** 체코 〈소시올로지컬〉 리뷰

노련한 AI 전문가 앤서니 엘리엇 교수가 《알고리즘 포비아》에서 보여주듯 운전·콘텐츠 시청·업무 속도 등 우리의 의사결정을 기계에 위임하고 그들의 통제력이 커질수록 개인의 불안은 전염병처럼 확산하고 있다.

— **윌 허튼** 〈가디언〉

이 책은 시종일관 강력한 메시지를 전달한다. 20세기 문화 비평의 훌륭한 전통을 이어받아 디지털 문화와 사용자를 심리학자의 소파에 눕혀 분석한다.

— 〈테시스 일레븐〉

서문과 감사의 글

몇 년 전 나는 인공지능의 문화적, 제도적 변수에 관한 책을 몇 권 집필했다. 《AI의 문화 The Culture of AI》(2019), 《AI의 이해 Making Sense of AI》(2021), 그리고 《알고리즘의 친밀성 Algorithmic Intimacy》(2022)이라는 제목으로 출간된 이 3부작은 급증하는 AI 기술 서적을 몇 권 더 추가해 보겠다고 쓴 게 아니다. 그보다 디지털 혁명 이후 현대의 경제, 사회, 정치 비평의 윤곽을 제시하고 싶었다. AI는 오늘날의 세계에 가장 큰 혁신을 일으키는 힘 가운데 하나로 부상했다. 제도적 삶에 엄청난 영향을 미치는 건 물론, 자아 형성과 개인적 삶의 프로세스까지 재구축했다. 나는 《알고리즘의 친밀성》에서 머신러닝을 통한 예측 알고리즘이 우리 안에 깊숙이 뿌리 내려 개인의 행동을 얼마나 은밀하게 재편하고 있는지 사회학적으로 통찰한 바 있다. 이 책 《알고리즘 포비아》를 통해서는 거기서 비롯되는 두려움을 살펴보고 싶었다. 표도르 도스토옙스키는 "개인에게 가장 큰 고통을 선사하는 건 인간이라는 비운의 창조물이 타고난 자유를 누가, 언제 앗아갈지 모른다는 불안감이다"라고 적었다.[1] 도스토옙스키의 통찰에 현 시대를 반영해 수정하면 "인간은 두려움을 유발하는 불안감을 제거하고 싶은 마음에 스마트 기기에 전가, 좀 더 정확하게는 위탁하는 경향이 갈수록 커지고 있다"라고 정리할 수 있을 것이다. 물론 가장 두려운 건 지능형 자동화기기를 둘러싼 두려움이 도처에 만연한 상황이다. 직장이나 가정의 신기술 전환을 경험하거나 디지털 기기에 몰두하는 행위만으로 위협과 불안에 휩싸일 수 있는 것이다. 여기에는 AI가 일자리를 없앤다는 두려움, 디지털 감시와 사생활 침해에 대한 위협적 공포, 알고리즘이 사회 분열을 조장하고 인종 및 성별 불평등을 부추긴다는 우려의 확산, 소셜미디어 문화에 직면해 더 커지는 개인의 취약성, 드론과 살상 로봇의 군대 투입에 대한 공포 등이 포함된다. 그중에서도 가장 큰 위험으로 다가오는 건 AI가 우리의 직장, 가정과 가족을 위태롭게 할 뿐 아니라 인류의 존재 자체를 위협할 수 있다는 두려움일 것이다.

  이 책은 알고리즘과 불안 사이의 복잡한 상호 연결성을 핵심 주제로 다룬다. 현대 사회는 인공지능을 열광적으로 확산시키는 경향이 강하다. '혁신 과학'인 AI야말로 강력한 경제 성장을 일으켜 오늘날 우리 삶을 전환해 줄 원천이라고 여긴다. 하지만 특유의 모호성이 아직 해소되지 않았다. 온라인 세계와 오프라인 세계가 연결된 일상 속에서 고군분투할 때 불가피하게 따라붙는 두려움, 갈수록 심화되는 '정보 과부하' 앞에서 끝없이 피어오르는 불안감, 개인의 의사결정을 자동화 기계에 위탁함으로써 '의도치 않은 결말'을 자초할 수 있다는 두려움이 확산되는 것이다. 이 책을 집필하는 동안 나는 예측 알고리즘이 우리의 불안을 완화하기는커녕, 기대와 다르게 오히려 증폭시킨다는 사실을 깨달았다.

따라서 이 책은 무엇보다 예측 분석의 가능성과 폐해를 인간의 행위와 정서적 삶이라는 관점에서 탐구해 본다. 머신러닝 알고리즘을 오늘날 팽배한 불안 문화의 시작점에 두고 더욱 광범위한 사회문제를 살펴보려 한다.

이 책을 집필하는 동안 다양한 지원과 의견, 비판을 아끼지 않으신 많은 분께 상당한 빚을 졌다. 기술의 사회과학에 대해 함께 논의해 준 토니 기든스, 헬가 노보트니, 나이젤 스리프트, 마시모 듀란테, 밥 홀튼, 마사타카 카타기리, 히데키 엔도, 리나 야마모토에게 감사드린다. 특히 예측 분석에 대한 자료 조사로 값진 배경지식을 제공해 주는 등 이 책 전반에 걸쳐 연구 보조 역할을 해준 로스 보이드에 큰 빚을 졌다. 폴란드 과학학회의 다리우슈 브제진스키, 도쿄대학교의 타케시 데구치와 유니버시티 칼리지 더블린의 이아르플래이스 왓슨은 이 책의 일부를 발표할 수 있는 강연 기회를 주셨다. 책 작업의 각 국면에 관여하고 의견을 제시해 준 모든 동료와 학생분께 감사의 말을 전한다.

'보이지 않는 대학'으로 기능하며 사실상 모든 것을 가능하게 해 준 랄프 블롬크비스트부터 앤소니 모란, 카르멜 메이클존, 올리버 토스, 크리스 맥키, 피오레 잉글레스, 닉 스티븐슨, 게르하르트 붐가든, 나이젤 렐프, 로마 바트코, 아츠시 사와이, 로스 보이드, 루이스 에버러스, 존 캐시, 보마그너스 살레니우스, 마이크 인네스, 카밀 필리펙, 데보라 맥스웰 그리고 에릭 쉬에 이르기까지, 이분들이 계셔서 나는 정말 행운아였다. 그야말로 차원이 다른 검수 실력을 선보여준 팀 클라크에게도 감사드린다.

  마지막으로 이 책에서 제시한 수많은 주장을 거의 날것으로 듣고 무수한 실수의 늪에 빠지지 않도록 구해준 니콜라 게라그티와 카오 임혜, 오스카와 니암에게 고맙다는 말을 전하고 싶다. 지난 60여 년간 한결같이 나를 지지해 주고 의지가 되어준 한 사람에게 이 책을 바친다.

앤서니 엘리엇
아델레이드, 2023

차례

추천의 말   004
서문과 감사의 글   006

1장 | 알고리즘의 지배, 만연한 불안

우버의 시스템은 잘못될 리 없다?   016
우버랜드를 지탱하는 기술적 이데올로기   023
알고리즘은 우리를 불안을 어떻게 자극하는가   028
알고리즘 자동화에 인간의 주체성을 맡기면?   039
디지털 혁명이 바꾼 것들   056
디지털 시대의 불안을 탐구할 때 익혀야 할 용어 두 가지   062

2장 | 아마존의 가혹한 자동화 시스템

자동화 시스템에서 살아남기   069
노동자들을 관리하고 통제하는 알고리즘   074
디지털 기술이 불러온 비극   082
아마존은 내 영혼을 짓밟았어요   084
쓸모없음에 대한 불안   088
인간의 주체성 회복마저 도구화되는 현실   095

3장 | 넷플릭스의 추천 시스템이 현대 문화를 소비하는 방식

넷플릭스의 예측 알고리즘, 성공을 견인하다	106
알고리즘 추천과 주체적 인간 사이에서	113
알고리즘이라는 마법의 주문	123

4장 | 〈오징어 게임〉을 통해 본 알고리즘 시대의 정체성과 정서

〈오징어 게임〉 속 AI의 정밀한 통제	136
〈오징어 게임〉으로 바라본 현대인들의 내면 세계	142
알고리즘 시대의 치열한 생존 전쟁	147
알고리즘 경쟁이 불러온 전 세계의 폭력성	150
파괴적 세상으로 질주하는 기술 사회	154

5장 | 메타버스, 인류의 미래를 다르게 상상하다

메타버스로 가속화되는 디지털 세계	169
메타버스, 문화의 전환을 일으키다	174
아날로그 세계를 벗어나 3D 가상 세계로 도피하다	185

6장 | 인공지능, 상생할 것인가 지배할 것인가

인공지능과 인간지능의 무너진 경계   **204**
인간지능과 기계지능을 다시 생각하다   **214**
챗GPT의 등장, 그리고 불안과 기대   **229**

7장 | 끊임없는 자기 수정이 필요한 인공지능의 시대

생성형 AI를 향한 불안감   **244**
실존적 불안과 불확실성에 사로잡히는 현대인들   **249**
알고리즘 세계의 두려움   **250**
감시 사회에 대한 두려움   **258**
정보에서 소외될지 모른다는 두려움   **261**
해킹당할지 모른다는 두려움   **265**
디지털 시대의 두려움, 이 악순환을 끊으려면   **271**

| 주석   **282**

1장

알고리즘의 지배, 만연한 불안

ALGORITHMS OF ANXIETY

ALGORITHMS OF ANXIETY

많은 사람들이 강력한 예측 알고리즘이 새로운 세상의 도래를 알릴 것이라고 내다보고 있다. 개인이나 공동체, 조직이 감당할 수 없는 불안의 굴레에서 벗어나 마침내 미래를, 어쩌면 수학만큼이나 정밀하게 통제할 수 있는 세상이 열린다는 것이다. 하지만 21세기 알고리즘은 오히려 이들이 두려움과 불안에 사로잡혀 제대로 기능할 수 없는 사회를 열어젖혔다. 불안의 근원이 소셜미디어의 악영향이든, 기술 발전으로 인한 실직이든, 혹은 선을 넘는 디지털 감시든 알고리즘의 예측이 갈수록 근본적 혼란과 분리를 일으켜 우리는 불안감이 끊임없이 증식되는 시대를 살고 있다.

  오늘날 알고리즘에 대한 불안감이 단단히 뿌리 내리면서 사생활에 대한 개인의 우려가 커지는 건 물론이고, 빅테크 기업과 소셜미디어의 부작용에 맞서 보호법을 제정하려는 정치적 시도가 이뤄질 만큼, 확산되는 불안감의 근원에는 우리가 누릴 수 있는 자유를 차단당하고 있다는 두려움이 자리한다.¹ 이 책에서 나는 반복되는 일상의 관점에서는 알아차릴 수 없는 수많은 AI 기반 디지털 시스템을 설명함으로써 인공지능이 추천을 가장한 처방, 예측을 빙자한 금지를 시행해 우리의 자유를 차단하고 있는 현실을 사회 이론을 통해 직시할 수 있음을 보여줄 것이다.

우버의 시스템은 잘못될 리 없다?

칸수 사팍Cansu Safak 과 제임스 패라르James Farrar 의 논문 〈로봇의 관리 대상Managed by Bots〉은 자동 알고리즘 프로세스의 감시에 놓인 임시 계약 근로자들의 운명을 조명해 신선한 충격을 안겼다. 비정부기구 '노동자 정보 교환Workers Information Exchange '의 의뢰를 받은 두 저자는 오늘날의 "알고리즘 관리 도구는 감시 행위를 갈수록 강화함과 동시에 노동자들이 사기나 잘못을 저지를 확률을 지속적으로 면밀하게 살핌으로써 고강도 착취가 일어나는 노동 환경을 창조한다"고 주장한다.² 자동 알고리즘 관리 시스템은 이전에는 상상하지 못한 수준의 효율성과 투명성을 실현해 준다고 약속했다. 하지만 실상은 그렇지 못했고 앞으로도 마찬가지일 거라고 사팍과 패라르는 말한다.

이들에 따르면 우버, 딜리버루(영국의 온라인 음식 배달 기업-옮긴이), 아마존 플렉스(자차를 이용한 아마존의 배달 서비스-옮긴이), 볼트(음식 배달, 차량 렌탈 및 공유 서비스를 제공하는 에스토니아의 모빌리티 기업-옮긴이) 같은 기업의 임시 계약 노동자들은 채용, 업무 할당, 성과 관리, 해고 등 자동 관리가 이루어지는 모든 영역에서 공정성과 투명성이 결여되는 결과를 겪어야 했다. 또한 "임시 계약 플랫폼은 정보의 비대칭성을 유지함으로써 노동자 통제권을 확보한다."[3] 얼굴 인식 기술을 활용한 신원 확인부터 운전자와 고객 연결, 직원의 즉결 해고에 이르기까지 예측 알고리즘의 구조와 작동 방식은 근본적으로 불투명하고 불완전하며 불확실하다. 절망한 임시 계약 노동자들이 오늘날 자동 관리 시스템의 알고리즘 기술에 맞서 실제로 바로잡을 수 있는 건 거의 없다고 사꽉과 패라르는 주장한다.

〈로봇의 관리 대상〉은 입법, 규제 및 사법 당국이 임시 계약 경제의 비즈니스 방식을 혁신하려는 움직임이 국제적으로 일고 있는 가운데 쓰였다. 이들 플랫폼의 알고리즘에 대한 조사가 특히 유럽 전역에서 강도 높게 실시되었으며, 이탈리아에서는 딜리버루가 노동자 차별 혐의로 과태료 처분을 받았다. 생산성이 좋지 못한 노동자와 아프거나 다른 이유로 일할 수 없는 노동자를 알고리즘의 등급 체계가 제대로 구분하지 못한 것이다. 스페인 역시 비슷한 시기에 인공지능 규제를 강화하는 법안을 통과시켜 임시 계약 노동자의 고용 지위를 승인했다. 뿐만 아니라 영국 대법원도 우버 기사들이 최저임금과 유급 휴일 등 근로자 권리를 보장받을 자격이 있다고 판결해 전 세계의 헤드라인을 장식했다. 하지만 정부와 사법 체계가 제한적으로나마 노동자 보호 조치를 시행하기 위해 빅테크 기업들의 자동화 방식과 수단을 유서 깊은 고용 관행에 맞춰 수정하도록 하는 등 규제적 노력을 기울이고 있음에도 AI의 발전을 따라잡는 건 만만치 않은 일이다. 시장 선도 기술이 말 그대로 눈 깜짝할 새 혁신을 거듭하는 만큼 알고리즘 관리 비즈니스가 규제의 그물망을 벗어나는 경우가 지속적으로 발생한다. 사팍과 패라르가 침울하게 지적한 것처럼 기술이 규제를 계속 앞지르는 바람에 "우리는 임시 계약 산업 전반에서 빈번하게 일어나는 자동 해고를 목격하고 있는데, 심지어 그중 대다수는 불법으로 보인다."[4]

오늘날의 자동화 사회에서는 부정행위에 대한 구체적 대응 방안을 알고리즘 제어 기술이 처방해 주지 않는 한, 처분받을 사람이 아무도 없다. 사팍과 패라르는 '알고리즘의 제어'라는 사례 연구에서 38세의 임시 계약 노동자 알렉산드루의 고충을 예로 들었다. 런던의 우버 운전자인 그는 약 7,000회에 걸쳐 운행을 하면서 고객 서비스 평점에서 별 다섯 개 만점을 받았다.

우버는 운전자들이 자체 부정행위 감지 시스템에 적발될 경우 시스템 도발 행동을 계속하면 해고될 수 있다는 경고 메시지를 주기적으로 전송한다. 이 메시지에는 잠재적 도발 목록이 끝없이 나열돼 있지만 운전자가 부정 혐의를 받는 구체적 사유는 제공되지 않는다. 알렉산드루는 이 같은 메시지 중 두 번째이자 마지막 메시지를 받았을 때 한 번만 더 신호가 울리면 해고된다는 사실을 알고 있었다. 그래서 운전자 지원팀에 전화를 걸어 부정 방지 시스템이 울린 정확한 이유와 재발을 방지하려면 어떻게 해야 하는

지 알아보기로 했다. 통화에서 알렉산드루와 지원 요원은 그의 차량 운행이 평소와 다르게 보일 수 있는 다양한 상황에 대해 논의했다. 결국 지원팀도 시스템의 신호를 판독하는 데 한계가 있다는 사실을 알게 되었다.[5]

컴퓨터가 부정행위를 어떤 식으로 적발하느냐의 문제, 즉 벌어진 일을 이해하고 판독하는 방식과 관련된 문제는 결국 알고리즘의 불투명성 때문에 오염된다. 처분의 정확한 '원인'이나 '요인'을 찾아내 격리하는 절차는 여전히 방대한 매개변수와 숨겨진 머신러닝 알고리즘에 얽매여 있다. 노동자나 근로자가 이의를 제기하거나 '지원팀'에 연락할 디지털 수단이 넘쳐나기는 하지만 결함, 오류, 사소한 잘못 혹은 범죄가 얼마나 심각한지 결정하는 데 '알고리즘 바깥의 절차'란 존재하지 않는다. 실제로 조직 생활에서 예측 알고리즘은 기계 지능의 가중치와 결과물이 대개 보이지 않게 숨겨져 있다는 데 허점이 있다. 이 불확실하고 가차 없는 데다 가늠하기 힘든 디지털 공간에서 벌어진 잘못은 유죄 추정을 통해 다시 쓰인다.

유죄 추정의 원칙에 따라 처분이 결정된다고 무마하는 기술주의 체제는 피고용인의 고충을 단독 사례로 치부함으로써 개별화한다. 물론 조직마다 내부 불만 처리를 위한 '우수 사례 지침'과 더불어 고객 지원 센터, 웹링크 및 기타 디지털 도구를 두고 있기는 하다. 하지만 직장 내 불만 절차를 검토하고 처리하는 책임은 기업 정책 위반 고지를 받은 노동자에게 오롯이 돌아갈 뿐 회사 상사나 라인 관리자 또는 운영 책임자와는 전혀 무관한 일이다. 기업의 인적자원부가 '지원 요원'을 제공하기 전에 피고용인 스스로 알아보고 처리할 수 있어야 하는 것이다. 저널리스트 마두미타 무르기아Madhumita Murgia는 〈파이낸셜 타임스〉 칼럼에서 우버 운전자 알렉산드루가 알고리즘 자동화 관리 시스템과 싸우는 과정을 추적하는 한편, 긱 이코노미Gig Economy(산업현장에서 필요에 따라 사람을 구해 임시로 계약을 맺고 일을 맡기는 형태의 경제시스템-옮긴이) 기업들이 노동자들에게 자신들의 알고리즘 작동 방식을 설명하는 데 실패하는 수많은 이유를 강조한다.

알렉산드루는 자신이 운행 시간이나 거리를 의도적으로 늘리는 등의 사기를 저질렀다고 경고받았지만 실제로 그런 일이 언제 발생했는지에 대해서는 설명을 듣지 못했고 직접 알아낼 수도 없었다고 주장했다. "상사한테 경고장을 받았는데 정작 상사를 만날 순 없었어요. 찾아가서 문을 두드려도 상사는 '지금 저지르고 있는 짓을 당장 그만둬라. 그렇지 않으면 해고될 것이다'라고 소리만 치고 그 이유가 뭔지는 알려주지 않더라고요. 이유도 없이 표적이 된 기분이었어요." 그는 우버에 전화해 지원 요청도 해봤지만 그를 도울 수 있는 사람은 없었다. "'시스템이 잘못됐을 리는 없는데 대체 뭘 하신 거예요?'라는 말만 계속하더라고요."[6]

'시스템이 잘못됐을 리 없다면' 논리적으로 잘못은 피고용인이 저지른 것이 된다. 이는 노동자들이 문제의 근본 원인에서 주의를 돌린 채 지능형 자동화 기계의 한계와 모순에 저항하기보다 외면하고, 맞서기보다 얽매이도록 유도한다. 그 결과, 노동자는 알고리즘의 관리 기술에 의문을 제기해 공개 조사를 성사시키기는커녕 죄책감에서 비롯된 두려움에 휩싸여 조직이 제기한 의문에 답을 내놓기 위해 자신만 채찍질한다. '내가 대체 뭘 한 거야?'

알고리즘의 자동 관리라는 비즈니스는 그 자체로 카프카적(카프카의 작품에서 나타나는 특징처럼 불합리하고 모순적이며 억압적이고 혼란스러운 상황을 의미-옮긴이)이다. 머신러닝 알고리즘은 우리의 미래를 수학적으로 정확히 예측해 사회경제 질서를 정교하게 조정해 준다고 약속하지만 정작 거기서 나오는 강령은 강압적인 데다 종잡을 수 없다. 카프카의 작품 《심판 The Trial》은 이 같은 이중 구속을 그려낸다.[7] 카프카는 근거 없는 추론의 극단적 모호함을 포착해 법을 묘사한다. 소설 속 주인공 조셉 K.는 규정할 수 없는 범죄를 저지른 혐의로 이름 모를 조직에서 나온 정체불명의 요원에게 기소당한다. K.는 소설이 전개되는 내내 기소 이유를 밝혀내려 애쓰지만 법이 임의로 정한 것이기 때문에 끝내 알아내지 못한다. 결국 헛수고만 숱하게 이어지는데, 가령 '체포된 상태'임에도 '자유인'으로서 자신의 범죄에 실마리를 제공해 줄 만한 기관을 어디든 의연하게 찾아가는가 하면, 수상한 '통제 당국'과 법정에 접근하려 애쓰지만 실패하는 식이다. 이런 상황에서도 K.가 기소된 원인은 윤곽조차 드러나지 않는다. 그가 사는 사회에 헌법과 현행법이 존재한다는 사실만 소설의 다양한 지점에서 분명하게 나타날 뿐이다. 하지만 카프카는 법 앞에 정당성 같은 건 존재하지 않는다고 말한다. 소설은 아무리 무고한 개인도 일단 기소되면 유죄로 간주되는 세상을 보여준다.

이런 게 법의 운명이라면 지능형 자동화 기계의 권위를 이루는 요소 역시 지배의 자동화에 불과하다고 할 수 있다. 나는 카프카의 《심판》이 단순히 소설의 영역으로만 치부될 수 없으며 새롭게 대두된 암울한 현실을 시사한다고 본다. 광범위한 감시를 통해 인간 삶의 모든 측면에서 정보를 수집하는 AI 세계에 권력과 죄의식에 대한 카프카의 분석을 대입해 보면, 기계 지능이 난폭할 만큼 임의적인 법 앞에서 인간을 얼마나 해체하고 부정하며 끝없는 자기 정당화로 몰아가는지 명확하게 파악할 수 있다. 《심판》은 분명 전체주의적 권력에 대한 카프카 최후의 경고였다.

권력관계에서 이와 비슷한 임의성을 알고리즘 시대에도 얼마든지 찾아볼 수 있다. 알렉산드루가 자신의 잘못이 뭔지 설명을 듣기 위해 당국에 접근하는 건 이를 보여주는 한 가지 사례다. 그는 선의를 갖고 할 수 있는 노력을 다했지만 그의 잘못에 대한 공식 설명이나 합리화는 끝내 제공되지 않았다. 알고리즘이 투명하게 작동한다는 공식 입장에 비춰보면 알렉산드루의 운명이 진작 결정돼 있던 것인지, 아니면 무작위 오류가 발생한 것인지 구분하기 어렵다. 예측 알고리즘이 일찍이 부여받은 객관적 확실성과 명확성으로 불확실성을 일체 차단하는 세상에서 기업의 권력은 말도 안 되는 어불성설을 통해서만 발휘된다("시스템이 잘못됐을 리 없어요."). 알렉산드루는 우버가 기소했다는 이유만으로 유죄 인간이 되었다("대체 뭘 하신 거예요?").[8]

우버랜드를 지탱하는 기술적 이데올로기

《심판》에서 카프카는 "법정이 당신에게 원하는 건 아무것도 없다. 당신이 오면 받아들이고 가면 보낼 뿐이다"라고 적었다.[9] 이 같은 악순환은 자동 알고리즘에 의해 자동화된 삶에도 똑같이 적용될 수 있을 것이다. 법정의 먹먹한 침묵에 둘러싸인 피고가 체념하기 쉬운 것처럼 이와 비슷한 임의성이 머신러닝 알고리즘의 기술과학 영역 전반에 존재한다. 알고리즘을 옹호하는 사람들은 일종의 고귀한 수학적 질서가 세상에 존재한다고 주장하지만 알고리즘에 의해 자동화된 삶은 여전히 모호하고 모순적이며 변덕스럽다. 우선 고급 자동화(관리, 감시, 치안)의 기술주의 자체가 지능형 기계의 절대 권위에 인간을 종속시키는 순수 헤게모니의 잠재력을 지닌다. 하지만 개별 자아보다 우선하는 알고리즘 권력의 이면에는 사회적 행위의 과정이 철저하게 미리 결정된 것인지, 아니면 무작위로 이루어지는지 알 수 없는 불확실성이 도사리고 있다. 임시 계약 경제에서 권력은 '접근 불가능'하다는 알렉산드루의 성찰은 이 같은 이중 구속을 잘 포착한다. 그는 AI의 관리 대상으로서 느끼는 순수한 폭력성을 이렇게 요약했다. "이유도 없이 표적이 된 기분이었어요."

알렉산드루의 발언이 극단적이고 놀랍기는 하지만 오늘날 알고리즘이 갖는 권력의 범위와 영향력, 그리고 결과 전체를 아우르기에는 한참이나 부족하다. 우선 전 세계적으로 커지고 있는 디지털 기술의 사회경제적 권위와 카프카의 《심판》에 묘사된 법이 갖는 절대 권력

사이에는 결정적 차이가 있다. 《심판》에서는 법이 그야말로 전지전능해서 아무리 근거 있는 주장을 해도 당국은 꿈쩍하지 않았다. 결국 K.는 공정한 재판을 받지 못하는 데 그치지 않고 "마치 개처럼!" 울부짖으며 잔혹하게 처형당한다. 다행히 자동화 관리의 영역에서는 이 같은 폭력으로 비극적 고통이 관철되거나 생산되지는 않는다. 적어도 카프카가 이해한 방식으로는 말이다. 실제로 알렉산드루는 우버 측의 사과를 받아냈다. 우버에서 그를 '낙인찍는' 오류를 일으킨 데 대해 사과한 것이다. 컴퓨터가 단순 실수를 저질러 일어난 사고였기 때문이다. 하지만 이는 오늘날 다른 수많은 기업과 마찬가지로 컴퓨터 자동 감지 언어로 제공된 사과였다. 개인이 자동화된 패턴에서 벗어나거나 알고리즘 관리를 위반할 경우 언제든지 계약이 해지될 수 있다는 의미가 내포돼 있는 것이다.

또 한 가지 중요하게 염두에 둬야 할 점은 최근 수년간 기업 세계에서 진행된 권력의 디지털화가 좀 더 광범위한 공적 영역 및 다른 문화 영역에서 펼쳐진 권력의 자동화와는 크게 다르다는 점이다. 알고리즘 자동화 시스템의 놀라운 기회와 엄청난 위협은 전 세계적으로 상당히 복잡하고 균일하지 않은 방식으로 전개되고 있으며[이에 대해 나는 《AI의 문화》(2019)와 《AI의 이해》에서 간략하게 제시해 보고자 했다[10]], 그 결과를 판독하는 일이야말로 사회과학이 무엇보다 시급하게 수행해야 할 과제 중 하나다.

어쨌든 우리는 〈로봇의 관리 대상〉을 통해 현재 진행 중인 사회기술 변화에 대해 많은 통찰을 얻을 수 있다. 나는 거대한 디지털 전환이 일어나고 있는 사회에서 자동화된 일터, 나아가 알고리즘의 지배가 확산되는 현실을 알렉산드루의 사연이 잘 보여준다고 생각한다. 개인의 삶은 자동성에 얽매이게 되었고, 이는 다시 새로운 요구와 불안을 낳는다. 점점 더 많은 사람들이 자동화된 상호작용에 복잡하게 얽매이는데, 이 같은 현상이 삶의 다른 영역에 어떤 영향을 미쳐서 궁극적으로 어떤 결과를 일으키는지 끊임없이 평가하거나 일상적으로 모니터링해야 한다.

실제로 알렉산드루는 이 점을 정확히 지적한다. 로봇의 관리를 받는 고통이 경제 및 사회의 다른 영역으로까지 확산되고 있다면서 그는 이렇게 설명한다.

> 다들 자신은 안전하다고 느끼죠. 직업이 좋으니 자신과는 무관한 일이고 우버 기사들만 불쌍하게 됐다고요. 하지만 이건 우리만의 문제가 아니에요. 물론 하층민, 임시 계약 노동자와 자영업자 같은 사람들이 제일 먼저 영향을 받기는 하겠죠. 가장 취약한 계층이니까요. 하지만 그다음은 어떻게 될까요? AI가 구급차를 집으로 보낼지 말지 결정하게 된다면요? 인간 상담원과 대화하지 않더라도 안전하다고 느낄 수 있을까요? 이건 우리 모두의 삶이 달린 문제예요.[11]

긱 이코노미에서 벌어지고 있는 상황이 경제의 다른 영역에서도 일어나고 있다는 얘기다. 이는 비단 한 국가의 임시 계약 노동자들만의 문제가 아니다. 알고리즘 자동 관리의 영향은 대부분의 선진국 사회에서 나타나고 있다.

 자동 관리 시스템의 영향을 둘러싼 논쟁이 대부분 긱 이코노미, 그중에서도 AI가 자동 업무 할당을 통해 직업의 미래를 어떻게 바꾸고 있는지에 집중돼 있다는 점은 이해할 만하다. 이 책 전반에 걸쳐 주장하겠지만 우리는 자동화와 앱, 그리고 알고리즘이 갈수록 많은 일상의 영역에 침투해 새로운 패턴의 복잡성과 불안을 창조하는 시대를 살고 있다. 그럼에도 계약직이나 프리랜서 또는 임시 노동자들에게만 학문적 노력을 집중하면(그 역시 중요하기는 하지만) 자동 알고리즘이 지배하는 삶에서 이와 못지않게 중요하거나 심지어 더 중요할 수도 있는 다른 핵심적 전환을 놓칠 위험이 크다. 긱 이코노미가 다른 사회경제적 발전에 어떤 영향을 미칠지 내다본 알렉산드루의 말을 다시 한번 생각해 보자. 이는 분명 중요한 지점으로서 좀 더 넓은 맥락에서 살펴봐야 한다. 기술의 사회문화적 현상을 연구하고 기록하는 알렉스 로젠블랏Alex Rosenblat은 우버가 새롭게 창조한 알고리즘 기반 고용 모형이 더욱 광범위한 경제 영역에 얼마든지 적용될 수 있다는 사실을 설득력 있게 보여주었다.

 차량 호출 기술 기업 우버의 고용 모델은 일의 본질을 바꾼다. 기업은 자사의 기술을 활용해 독립 노동자들을 포용하는 대규모 플랫폼 기업을 제공하겠다고 약속했다. 우버에서는 급여를 받는 기사의 수, 그들이 일하는 장소와 시기, 그리고 고용을 위한 자격 요건 등을 알고리즘이 관리한다. 하지만 알고리즘 관리의 힘은 앱의 블랙박스 안에 가려져 있어 아무도 볼 수 없다. 나는 수백 명의 우버 기사와 대화하고 수천 건의 인터넷 게시 글을 수집하며 분야를 막론한 학자들과 작업한 뒤 모든 걸 종합한 결과, 우버가 사용 중인 (알고리즘 등의) 기술 관행이 기사들의 업무 행동을 결정짓고 통제한다는 사실을 깨달았다.[12]

로젠블랏이 말한 '알고리즘 관리'는 한마디로 정형화된 원리에 따라 일어난다. 우버가 고객, 기사, 경로, 요금 등을 묶어서 관리할 수 있도록 뒷받침하는 전산 지시와 데이터 자동 계산 같은 원리들 말이다. 하지만 그녀의 뉘앙스는 이보다 미묘하다. 로젠블랏은 알고리즘의 교과서적 정의를 넘어 우버의 알고리즘 논리, 특히 이곳의 머신러닝 시스템이 분산된 노동력을 관리하기 위해 어떤 차이를 도입했는지에 주목한다.

우버의 머신러닝 알고리즘은 고객 및 노동자 모형에서 데이터를 수집, 분석, 조작 및 판매하는 데 핵심 역할을 해왔다. 하지만 우버 같은 대형 기술 기업에 중요한 것은 단계별 전산 프로그래밍이 아니라 데이터를 축적한 뒤 정보 자본으로 재창출하는 조정 기술 시스템이다. 다시 말해, 우버 데이터 파워의 핵심은 알고리즘의 개방성으로 이를 통해 기업의 여러 관행과 기술이 고급 자동화 시스템을 누릴 수 있는 것이다. 로젠블랏은 이 같은 알고리즘 논리를 다음과 같이 비판한다.

우버는 스스로 고용주의 역할과 거리를 둔다. 기사들을 자유롭고 독립적인 기업가로 칭하면서 자동화된 알고리즘 관리자를 통해 기사들의 업무 행동을 통제하고 있다는 사실은 숨긴다. 기술은 '연결적'인 만큼 우버는 자사에서 제공되는 업무와 서비스가 공유 경제 내 공유의 한 형태라고 밝히는데, 이는 사실상 유급 노동을 평가 절하하고 여성화하는 메시지다(비정규직, 낮은 임금, 감정 노동, 고용 불안정성 등 과거 여성에게 주로 부여되었던 부정적 노동 특성이 남녀 구분 없이 확대된다는 뜻─옮긴이). 임금 누락 등의 문제는 '결함' 같은 기술적 언어로 치부되고 가격차별이라는 시장 논리는 인공지능의 혁신으로 재설정된다. 우리가 '이것'이라고 생각하는 것이 사실은 '저것'이라고 기술의 언어를 사용해 고집하는 경우가 수도 없이 목격된다. 우버랜드를 이끄는 건 기술의 역학뿐 아니라 기술적 설득이 미국 문화에 발휘하는 상당한 영향력이기도 하다.[13]

다시 말해, 기술의 이데올로기가 우버의 거창한 서사를 구성하는 어휘가 되어 알고리즘 자동 관리를 든든하게 받쳐준다.

알고리즘은 우리의 불안을 어떻게 자극하는가

자동화 사회는 예측 알고리즘을 광범위하게 적용해 '인간의 요구'를 채우고 '소비자 욕구'를 충족하겠다는 약속으로 호감을 산다. 첨단 자동화 사회에서는 예측 분석과 스마트 알고리즘이 시장의 '실제 요구'와 '가능한 욕구'를 설정하고 실현한다. 이 같은 흐름 속에서 나타날 수 있는 부작용이란 데이터 파워의 강압성, 알고리즘 편향의 위험성이나 미래 시장 예측을 위한 민간 데이터의 대량 판매 등에 그치지 않는다. 전 세계적으로 불안감이 확산되는 건 물론, 불길한 예감, 환멸과 의심이 제각각이면서도 서로 꼬리를 무는 형태로 피어나게 된다. 게다가 세계와 각 기관이 사람, 사물, 장소 그리고 사건에 일종의 자동화 논리와 일상의 전산 규제를 지속적으로 주입한다.[14] 따라서 자동화 사회의 삶은 실험과 불안의 무한한 연속으로 재구성된다.

최근 전 세계 언론을 장식한 알고리즘 관련 뉴스를 무작위로 살펴보면서 다양한 문화적 불안을 추적해 보자.

- 페이스북 내부고발자 프랜시스 하우겐Frances Haugen은 2021년, 미국 의회에서 소셜미디어의 거물 페이스북 알고리즘이 "아이들에게 유해하고 분열을 조장하며 우리의 민주주의를 약화시킨다"고 증언했다.[15] 이후 하우겐은 페이스북이 "사람보다 수익을 우선시함으로써" 수많은 소비자 문제를 해결하는 데 실패했음을 보여주는 내부 문서 수만 건을 공개했다. 뿐만 아니라 페이스북 내부의 연구 결과, 인스타그램이 "10대, 특히 여자아이들의 정신 건강에 유해"한 것으로 밝혀졌다고도 폭로했다.
- 2023년, 영화배우조합과 미국 텔레비전 및 라디오 방송인조합은 임금 인상과 스튜디오의 AI 사용 규제를 요구하며 파업에 돌

입했다. 생성형 AI가 알고리즘과 컴퓨터로 생성한 이미지를 통해 할리우드를 재편함으로써 예술가들을 쓸모없게 만든다는 게 이 파업의 '끔찍한' 근거였다. 여기에 존 그리샴, 조디 피코, 조너선 프렌즌 등 미국의 유명 소설가들까지 가세해 챗GPT를 개발한 오픈AI가 자신들의 책을 챗GPT 프로그램에 '제공'함으로써 저작권을 침해했다며 소송을 제기했다.

- 마치 터미네이터 같은 '학살 로봇'의 부상에 대해 논의한 UN 회의에서 전문가들은 시민, 커뮤니티와 도시까지 파괴하도록 프로그래밍 된 AI 로봇의 끔찍한 위험성에 대해 경고했다. 회의 참가자들은 유엔의 특정 재래식 무기 금지 협약에 따라 치명적 자율 무기 시스템 금지 방안을 추진하면서 현재 AI가 워낙 기하급수적으로 발전하고 있어 정부가 다가오는 위협과 그 밖의 파멸적 실수를 막을 규제나 법안을 제정하는 게 불가능하다고 주장했다. 회의에 참석한 제임스 도스(James Dawes)에 따르면 "우리는 불가피한 알고리즘 오류가 발생할 경우, 아마존이나 구글 같은 빅테크 기업이 무너지는 건 물론, 도시 전체가 사라질 수도 있는 세상을 살고" 있다.[16]

- 2023년, 오스트레일리아에서 복지 수혜자들이 받았던 혜택을 다시 반납해야 한다는 고지가 나간 것에 대해 왕립위원회는 소위 '로보뎁트(Robodebt)'로 알려진 정부 자동화 프로그램에 오류가 발생한 데 따른 사고였다고 밝혔다. 알고리즘 오작동으로 사람들이 수천 달러의 부채를 지게 됐다는 통지서를 받은 것이다.

왕립위원회에 따르면 피해자들은 범죄자가 된 듯한 기분에 휩싸였고 심지어 자살까지 저질렀다.
- 전기 자동차 선도업체 테슬라는 자사 자동차의 주행거리가 과장된 건 '알고리즘 오류' 탓이라고 주장했다. 2023년 한국 정부는 차량 주행 거리 소프트웨어를 '조작'한 혐의로 테슬라에 과징금 220만 달러를 부과했다. 여러 보고서에 따르면 테슬라가 이 같은 문제에 늑장 대응하는 바람에 고객들이 상당한 스트레스에 시달리기도 했다. 테슬라는 "거리 조작에 대한 고객 불만을 잠재울 '전환 팀'을 라스베이거스에 신설했는데, 관리자들에 따르면 이 팀 덕분에 불편 민원이 취소될 때마다 테슬라는 1,000달러씩 절약할 수 있었다"고 〈포브스〉가 보도했다.[17]
- 오스트레일리아 코미디언 해나 개즈비는 트랜스젠더 커뮤니티를 둘러싼 언론의 치열한 공방을 두고 넷플릭스를 '부도덕한 알고리즘 컬트'라고 비난했다(2021년 미국의 코미디언 데이비드 셔펠의 〈더 클로저〉가 넷플릭스에 공개되었는데, 여기에서 셔펠은 트랜스젠더 커뮤니티에 대한 비하적인 농담을 던졌고, 이에 대한 비판이 일자 당시 넷플릭스의 공동 CEO였던 테드 서랜도스가 공개적으로 셔펠을 옹호하는 발언을 한 사건—옮긴이).

알고리즘이 불안을 유발한 이들 사례는 서로 무관해 보이지만 몇 가지 놀라운 특징을 공유한다. 그중 특히 네 가지가 두드러진다.

첫째, 기계가 이토록 광범위한 영역에서 인간의 취향이나 관심 또는 욕구를 깊이 있게 추정하고 있다는 사실이다. 소셜미디어 중독부터 정신 건강, 군사화, 성性, 규제와 거버넌스, 과도한 데이터 소비 및 자동화 급증 같은 문제의 공통점은 무엇인가? 일각에서는 이런 현상이 사회가 디지털화되면서 윤리가 땅에 떨어져 생긴 결과라고 주장한다. 하지만 이는 설득력이 떨어진다. 위에 나열된 사례들은 당연히 윤리적으로 중요한 결과이지만 알고리즘으로 인한 불안은 이보다 훨씬 광범위하게 확산된다. 알고리즘의 계산 및 자동 추천에 대한 불안, 즉 지능형 기계가 우리에게 얼마나 은밀한 영향을 미치고 취향을 조정하는지, 우리가 요청한 적도 없고 요구하지도 않은 계산을 얼마나 수행하는지에 대한 불안감은 윤리와 일상, 친밀감과 제도, 정치와 개인의 삶 모두에 침투해 있다.

미국의 저널리스트이자 문화평론가 카일 차카Kyle Chakya는 〈뉴요커〉에 기고한 '알고리즘이 유발한 불안의 시대The Age of Algorithmic Anxiety'에서 컴퓨팅 추천에 포위된 라이프 스타일을 재구성한다. 차이카에 따르면 오늘날 우리는 알고리즘 추천 시스템이 "우리의 선택을 우리보다 더 크게 좌우하는" 듯한 세계에 살고 있다. 우버이츠와 도어대시처럼 주문 내역에 기반해 선호 음식을 예측하는 배달 앱부터 공과 사의 모든 영역에서 다른 사람들과 소통할 내용을 미리 예측해 자동으로 완성해 주는 문자 및 이메일 시스템에 이르기까지, 이들은 미래에 무슨 일이 일어날지 안다고 주장하는 예측 분석을 통해 일종의 통제를 가한다. 차카에 따르면 "당신이 원하는 게 무엇인지 두뇌가 고민에 들어가기도 전에 앱들이 서로 맞추려고 안달하는 것처럼 느껴질 수 있다. 당신의 말을 끊고 문장을 완성해 버리는 성가신 손님처럼 말이다. 우리는 결정권을 온전히 보장받았다면 어떻게 행동했을지 알지 못한 채 알고리즘이라는 성가신 존재와 끊임없이 협상을 벌이고 있다. 그러니 불안한 게 당연하다."[18]

사회 통제에 대한 불안과 공포는 단순히 흔히 볼 수 있는 감정이 아니라 우리 시대의 광범위한 사회 현실이자 알고리즘 사회에 단단히 뿌리내린 예감이다. 자동화된 생활 전반에 스며든 일종의 '알고리즘 불안'의 관점에서 봤을 때 각 개인은 예측 분석과 빅데이터가 제시하는 논리에 따라 자신을 인식하고 자신감과 개인의 우려까지 구축하는 경향이 커지고 있다. 차카는 알고리즘 불안에 대한 온라인 조사를 실시해 사회 행동 전반에 영향을 미치는 두려움, 예감과 우려에 어떤 종류가 있는지 잠정적으로 제시했다. 이 불안감은 대개 알고리즘 표준에 따라야 한다는 사회적 압박에서 비롯되었다. 차카에 따르면 "알고리즘 추천이 '내가 좋아하는 것들의 피상적 특성만 갖추고 있는 지급한 버전을 제시해' 취향을 조잡하게 단순화한다고 불평하는 이들이 많았다… 누군가는 이 같은 문제가 너무나 만연해져서 '신경을 껐다'고 적었는데 이는 그저 불안감 속에 살고 싶지 않았기 때문이다."

하지만 보고서는 불안감을 제쳐두는 게 그리 쉬운 일이 아니라는 뉘앙스를 풍긴다. 불안은 모든 유형의 위험과 위협에 대처하는 데 필수적인 내부 정보 체계이기 때문이다. 일상적 사회 활동에 침투한 불안은 분명 커다란 혼란을 일으키고 사회적 질서를 재생산하기 위해 다양한 조정 메커니즘을 요구한다.[19] 이 시대의 작가들은 자동 추천 기술로 교란된 뭔가를 포착하기 위해 '알고리즘에서 기인한 불안' '디지털 공황' 및 '자동화 공포' 같은 용어를 사용한다. 하지만 이같은 불안이 오로지 기술에서 비롯된다고는 할 수 없다. 나는 인간 이외의 대상과 상호작용하는 과정에서 생성된 불안은 인간과의 접촉 및 연결에 대한 좀 더 근본적인 걱정 및 두려움과 복잡하게 얽혀 있다고 본다.

알고리즘으로 인한 불안은 대체 얼마나 새로운 것일까? 이들은 사람과의 관계에서 피어나는 불안, 두려움 및 예감과 얼마나 겹치고 얽히는 걸까? 이와 관련된 위험과 기회는 무엇일까? 새롭게 등장한 기술은 이 같은 위험과 기회를 형성하는 데 어떤 방식으로 영향을 미칠까? 나는 이 책 전반에서 이러한 질문의 답을 찾아볼 것이다.

둘째, 알고리즘 불안은 단순히 예측 알고리즘이 우리가 시간과 미래를 인식하는 방식을 왜곡할 수 있다는 우려만을 의미하지 않는다. '알고리즘 불안'이라는 표현은 속도, 역동성, 추진력, 가속도 등에서 디지털적으로 심각한 단절이 일어났음을 강조하는 것이다. 예측 분석은 우리의 무지를 초월할 수 있다고 약속하는 계산적 확률에 기반을 두고 있으며, 속도는 높아지는 반면 연속성은 떨어지는 특성을 지닌다. 알고리즘은 지속적으로 변화하는 세계에 대처할 수 있도록 도와주지만 그와 동시에 변화가 더 빨리 일어나도록 채찍질한다. 삶의 행위를 지배하는 전통적인 사고와 문자는 알고리즘과 머신러닝, 그리고 고성능 컴퓨팅이 뒤섞인 세계에는 맞지 않는 것처럼 보인다. 바로 이 지점에서 불안한 개인은 '알고리즘이 나 자신보다 나를 더 잘 안다'는 통념에 설득당하고 만다.

이 모든 현상은 데이터 기반의 자동 의사결정 속도로 더욱 가속화된다는 점을 명심해야 한다.[20] 예측 알고리즘은 향후의 행동 방향을 전혀 기다릴 필요 없이 즉각 제시해 준다는 점에서 매혹적이다. 사회학자 주디 와이즈먼이 설명한 것처럼,[21] 우리가 갈수록 빨라지는 세상, 끊임없이 '시간에 쫓기는 사회'에 살고 있다는 인식은 갈수록 확산되고 있다. 너무 바쁘고 괴롭고 쫓긴다고 느끼는 사람이 점점 더 늘어난다. 사람들은 하고 싶은 일을 하기는커녕, 해야 하는 일을 처리하기에도 시간이 부족하다고 느낀다. 시간을 절약해 주는 디지털 기술은 이 같은 딜레마에서 벗어나게 해준다고 약속했지만 결국 사람들에게 더 많은 시간을 요구하고 있다. 최신 기술 장치를 검색하거나 새로운 소프트웨어를 다운받을 시간, 상태를 업데이트할 시간, '좋아요' '리트윗' '수락' 혹은 '삭제'를 클릭할 시간이 끝도 없이 필요해졌다.

바로 이 지점에서 예측 알고리즘의 매혹적인 힘이 윤곽을 드러낸다. 폭주하는 세상의 엄청난 시간 수요에 대처하고 미래에 대한 통제권을 되찾을 수 있게 해준다고 약속하는 것이다. 하지만 자동화를 향한 이 같은 여정은 자기 소멸과 무기력한 불안에 빠지게 한다. 예측 분석의 속도는 사람들이 갈 길을 잃은 느낌, 혹은 역동적이지만 폐쇄된 전산 시스템에 압도되는 느낌을 받게 만든다. 프랑스 철학자 베르나르 스티글러가 통찰했듯 "당신의 몸이 초속 50미터로 일할 때 네트워크는 초속 2억 킬로미터로 일한다. 네트워크가 당신의 몸보다

400만 배나 빠른 것이다. 결국 당신은 속도에 패배한다."[22]

셋째, 스티글러가 말한 것처럼 "컴퓨팅이 의사결정의 다른 모든 기준을 압도하고, 알고리즘화 및 기계화가 곧 논리의 자동화 및 자동주의를 의미하게 된 세계"에서 개인은 조화로운 패턴을 이루기는커녕 무작위로 연결된 듯 보이는 원격 제어, 반자동 및 완전 자동화된 프로세스 간의 상호작용에 얽혀 축소되었다. 이들은 데이터 과부하로 매일같이 좌절하고 경악하는 한편, 갈수록 디지털 자동화라는 합의된 위안 속으로 도피하는 양상을 보인다. '데이터 피로'에 시달리는 사람들은 소셜미디어 게시물을 자동으로 관리해 주는 버퍼나 훗스위트, 온라인 양식을 자동으로 채워주는 로보폼, '당신만을 위해' 선별된 옷을 자동으로 구매해 주는 트렁크 클럽, 스티치 픽스, 봄펠 같은 쇼핑 구독 서비스에서 쉼터를 발견한다.

제이슨 파텔Jason Patel은 인간이 하루 평균 35,000개에 달하는 결정을 내린다고 지적하면서 자동화야말로 삶의 번거롭고 사소한 일들을 위탁할 효과적 수단인 만큼 구원의 희망을 제공한다고 주장한다. 또한 '아메리칸드림을 지키기 위해' 강하게 설교하는 어조로 "자동화는 프로세스의 간소화, 방해 요소 제한, 시간과 노력의 절약을 의미한다. 즉 당신의 마음을 번잡하게 하는 것들을 제거해 중요한 일에만 시간을 투자할 수 있게 해주는 것이다"라고 적었다.[23] 하지만 알고리즘 시대를 맞아 어떻게 행동하고 살아가야 할지에 대한 지식이 오히려 파괴되고 있음을 고려할 때 자유에 대한 이 같은 약속은 창조적 인생을 기만하는 사기일 뿐이다. 컴퓨터 자본주의가 '존재를 자동화'하는 만큼 모든 형태의 지식은 사라지고 예측 알고리즘이 생산하는 행동 처방만 난무한다는 게 스티글러의 주장이기 때문이다. 그렇다면 개별성은 도대체 어떤 의미를 갖는 것일까?

한마디로 자동화 앱과 장치와 도구는 문제의 해결책이어야지 문제 자체가 되어서는 안 된다. 하지만 우리가 각종 자동화를 도입하고 기계가 주도하는 미래를 그리게 된 논리를 파고들면, 자동화된 일상의 관행은 전혀 다른 모습으로 나타난다. 사람들은 스스로 하고 싶지 않은 일이나 완료할 수 없는 임무가 있을 때 디지털 시스템과 프로세스에 의지해 자동으로 작업을 수행한다. 기계화된 프로세스에서 사람을 배제하는 것이야말로 자동화의 이상적 지평이다. 자동화 기술은 복잡한 시스템의 행동을 예측하는 게 핵심인 만큼 본래 주체성을 보강해야 마땅하지만 역설적이게도 개인에게서 선택의 여지를 차단한다.

이렇게 당혹스러운 자동화가 마치 시간이 멈춘 듯한 착각을 일으킨다는 점은 중요하다. 각종 과업을 스마트 기계에 위탁하는 건 의사결정, 선택, 각종 옵션과 대안을 묻어두고 본인의 주체성으로부터 멀어지는 것과 같다. 물론 일상적으로 반복되는 업무와 사안들은 오랜 고민이나 숙고가 필요 없으므로 굳이 개인이 관여하지 않아도 처리할 수 있다. 하지만 자아의 자동화란 숙달에서 나오는 거짓일 뿐이다. 자동화 사회에서 식별할 수 있는 단 하나의 '핵심 정체성'은 예측 알고리즘이 사람들이 부여한 전능한 주체성을 지닌다는 점이다. 예측 알고리즘이 미래를 결정하는 세계에서 정체성의 문제는 마법처럼 가벼워진다. 하지만 겉보기와 달리 새로운 기술이 지나친 단순화라는 폭력을 은밀하게 휘두르기 때문에 정체성의 문제는 최종적으로 해결될 수 없다. 그 폭력은 인간과 기계의 불안정한 상호작용 속에서 계속해서 자행된다.

  넷째, 알고리즘으로 인한 불안의 마지막 특징은 자동화에 대한 의견, 그리고 데이터 파워와 정보 자본의 급습에 대한 반응이 가지각색이라는 점이다. 관련 헤드라인을 검토하다 보면 사회 구성원의 상호작용 및 중재에 필수적인 개인적 영역과 공적 영역이 현재의 자동화 담론에서 의견 일치를 봤다는 사실은 명백하다. 그러나 공적 삶과 개인적 삶은 통합되기보다는 각각 자기참조적인 가정과 관행에 갇혀 있는 경향이 뚜렷하다. 이는 두 영역이 서로 참조하거나 대안적인 개념화 방식으로 나아갈 가능성이 적다는 것을 의미한다. 디지털 혁명으로 불거진 문화적 불안에 대한 사회적 자기 이해는 플랫폼 자본주의의 알고리즘 기술(오늘날 빅테크 기업이 활용하는 과잉, 회피 및 도피)로 억제되고 대체되며 무력화되는 경우가 많다. 예측 알고리즘의 불투명성, 그리고 정보 자본에 기반하여 권력을 휘두르는 기업의 무책임과 회피가 이 같은 현상을 부채질한다. 가령 데이트 앱이나 삶을 수치화하는 것을 두고 언론에서 우려의 목소리를 높이더라도 디지털 감시, 가짜 뉴스, 혹은 사이버 보안을 아우르는 공공 부문의 논의에서는 거의 언급조차 되지 않는다. 오히려 지극히 개인적인 사안으로 취급되면서 빠르게 축적되는 데이터 리스크를 피하기 위한 자구책이나 정신 건강의 개별 치료가 필요하다는 식의 처방만 난무한다.

모든 걸 종합해 봤을 때 디지털 기술이 개인적 영역과 공적 영역의 삶을 어떻게 재편하고 있는지 이해하기 위해 복잡한 디지털 세계에 대한 실질적 고찰이 이루어질 확률은 낮아 보인다.

알고리즘 자동화에 인간의 주체성을 맡기면?

철학계를 사로잡은 한병철 교수의 《사물의 소멸》은 오늘날 알고리즘 시대의 사회 이론을 둘러싼 일련의 문제들을 통찰력 있게 포착한다. 한 교수는 우리 사회가 실체적 사물과 안전한 의존의 시대에서 가상 디지털과 반사물이 부상하는 시대로 변화하고 있다고 주장한다. 현대 사회는 사물이 아닌 정보의 네트워크 연결망 속에서 그것을 통해 존재한다. 한 교수는 이 같은 '세상의 정보화'가 사회적 삶을 데이터로, 문화적 교류를 정보로 바꾸어 놓았다고 말한다. 하지만 이 같은 변화에는 시간의 안정성과 공간의 고정성이 결여되어 있다. '정보화'는 많은 비평가가 디지털 혁명을 열렬히 환영했던 불과 얼마 전과는 상당히 다른 의미를 지닌다. 현재의 정보는 우리 삶을 분산시키고, 사회 지형을 탈물질화하며, 주체적 개인을 해체하고, 궁극적으로 세계의 실재성을 잠식한다. 이 같은 분석을 한 교수는 다음과 같이 자신의 이론을 발전시킨다.

사물은 갈수록 우리 관심의 뒷전으로 물러나고 있다. 현재의 하이퍼인플레이션과 사물의 확산은 사물에 대한 무관심이 커지고 있음을 정확히 보여주는 신호다. 우리는 사물이 아닌 정보와 데이터에 집착한다. 사물보다 정보를 더 많이 소비한다. 말 그대로 커뮤니케이션에 중독되어 간다. 리비도 에너지가 사물에서 방향을 틀어 반사물로 향한다. 그 결과는 정보 강박이다.[24]

사회가 특정 실체에 쏟던 문화 에너지를 실체 없는 존재로 옮겨가면서 정보에 열광하는 경향이 생겨났다. 이 같은 관점에서 사람들은 정보 중독자로 재구축된다. 마치 디지털 시대가 우리 모두를 데이터 숭배자로 만드는 듯하다.

'정보 중독'의 영향으로 경험과 사회성이 퇴행하면서 개인의 자아, 혹은 적어도 계몽주의가 낳은 인간의 주체성과 자율성은 발달하기 힘든 시대가 도래할 것으로 보인다.[25] 금세 휘발되는 디지털 시대의 정보는 경험과 기억, 그리고 인지 능력을 좀먹고 주체적 개인을 예측 분석의 허수아비로 전락시킨다. 한 교수는 "알고리즘이 제어하는 세상에서 인간은 점차 행동하는 힘을 잃고 자율성을 잃는다"고 말한다. 이제 인간은 이해하려는 노력에 저항하는 세계와 맞닥뜨린다. 투명성이 결여된 알고리즘의 결정에 복종한다.[26]

예측 알고리즘이 성찰하는 주체를 능가하고 효율성이 진실을 대체하게 된 오늘날 중요한 건 단기 즉각성이다. 반사물의 시대라고 해서 사교성이나 공동체가 완전히 사라진 건 아니지만 정보에 둘러싸인 인간은 침착함을 유지하거나 장기적으로 중요한 명분에 오랫동안 헌신하지 못한다. 정보 중독은 찰나의 관심만을 일으킨다. 새로운 것에 흥분하고 화제에 끊임없이 열광하는 경향으로 인해 수많은 사람을 예측 알고리즘에 의존하게 만드는 불확실성은 더욱 커진다. 이는 결과적으로 새로운 형태의 무관심, 불신과 회피의 태도를 야기하는데, 마치 정보처럼 그 자체로 불안정하고 일회적인 '가짜 뉴스'와 '음모론'이 확산되고 있는 것이 그 반증이다. 한 교수가 지적한 것처럼 "정보는 그 찰나성만으로 삶을 불안하게 만든다는 사실을 설명한다. 정보는 끊임없이 우리의 관심을 사로잡는다. 정보의 쓰나미는 우리의 인지 체계를 휘저어 놓는다."[27]

한 교수가 풀어놓는 이야기를 듣다 보면 고도의 디지털화라는 환경에 개인이 이상한 방식으로 얽매인다고 생각할 수밖에 없다. 정보 중독은 기술 중독을 유발하거나, 혹은 한 교수 말대로 그렇게 보이는 상황을 조성해 우리를 끊임없는 동요 상태에 빠뜨린다. 한 교수는 정보가 내밀한 영역, 즉 자아나 타인 혹은 더 넓은 세상과 깊이 관계 맺는 걸 방해한다고 지적한다. "정보가 인지 시스템을 불안한 상태로 만든다"고 단언한다. 하지만 우리는 좀 더 단순하게 불안이 해결하려는 문제나 고통은 무엇인지 질문할 수 있다. 문화적 증상과 제도적 원인을 구분하는 것도 중요하지만 가장 중요한 건 알고리즘 시대가 생산한 불안이 개인과 사회관계, 그리고 조직 생활의 어느 지점에 도사리고 있는지 계속해서 열린 질문을 던지는 것이다. 예를 들어, 오늘날 대면 사회 특유의 유대가 극단적으로 붕괴되면서 생긴 개인의 불안은 고도의 디지털화에 따른 결과일까, 아니면 인간과 기계 간 상호작용의 가능성이 거부당하거나 차단된 데서 비롯된 것일까? 전통적인 사회적 상호작용을 상실하는 게 두려운 것일까, 아니면 지능형 자동화 기계의 프로세스에 갇히는 게 (혹은 압도당하는 게) 무서운 걸까? 내 유도 질문의 범위를 최대한 확장해 다시 말하자면, 알고리즘에서 오는 불안은 예측 분석의 영향에 대한 문화적 대화가 거부당하는 데서 시작되는 게 아닐까?

현대성은 많은 것을 의미하며 거기서 파생되고 기록된 궤적은 수많은 개념을 적용해 파악할 수 있다. 하지만 좀 더 거창한 사회 이론이 현대적 삶의 핵심 특징이라고 일관되게 강조하는 속성은 확실성이라는 속성이다. 현대성에서 역사의 흐름은 물론이거니와 기술 경제의 현대화 역시 갈수록 전문성을 갖추고 사회 질서를 통제하는 방향으로 이루어졌다.[28] 인류 집단이 사회생활에 전문 지식과 전문 의사결정 시스템을 더 많이 적용할수록 세계를 더 전문적으로 통제할 수 있다는 전제가 바탕이 된 것이다. 하지만 전문성이라는 개념이 처음 등장한 건 20세기와 21세기 초의 세계가 아니다. 세계대전, 핵 시대의 놀라운 파괴력, 기후 변화와 지구 온난화, 인구 과잉, 유럽을 비롯해 전 세계적인 우파 정치 포퓰리즘의 재부상 등 현대성에서 파생된 것들은 인간의 엄격한 전문성에서 비롯된 게 아니다. 반대로 전문 지식을 둘러싸고 만연한 냉소주의와 합리성에 대한 엄청난 회의주의가 '현대성의 종말'에 대한 논쟁, 특히 포스트모더니즘 철학, 그리고 그와 관련된 포스트페미니즘, 포스트식민주의와 포스트휴머니즘에 이르는 문화적 논쟁을 규정했다.

하지만 현대성의 질서 구축에 대한 야망이 문화적, 제도적 삶의 뒷전으로 그렇게 쉽게 밀려날 리 없다는 사실 또한 자명하다. 디지털 혁명은 사회적 일상에 질서 구축이나 질서 유지 또는 '통제된 디지털 개입'이 일어나길 원하는 문화적 욕구에 다시 불을 지폈다고 해도 틀린 말이 아니다. 디지털 혁명은, 특히 AI와 첨단 로봇공학, 그리고 빠른 자동화가 결합한 이후에는, 인간의 전문성으로 '차원이 다른' 사회 질서를 구축하겠다고 약속했다. 현대 조직의 단조로움, 반복과 규칙성을 넘어선 발전을 제시했다. 예를 들어, 다양한 버전의 사회 이론에 따르면 오늘날 일어나고 있는 현상은 '하드웨어 현대성'(지그문트 바우만이 현대 사회의 불안정성과 변화를 설명하기 위해 사용한 개념-옮긴이)에서 '소프트웨어 현대성'으로, '무거운 현대성'에서 '액체 현대성'으로, 혹은 '단순한 현대화'에서 '반사적 현대화'로 이동했다.[29]

어떤 경우에든 현대성은 스마트폰, 태블릿, 클라우드 컴퓨팅, 빅데이터, 자동 추천 시스템과 예측 분석을 의미하게 되었다. 알고리즘과 자동화는 사회생활 전반으로 확산된다. 알고리즘 예측, 데이터 마이닝, 딥러닝, 신경망, 자율주행 차량과 감시 자본주의라는 측면에서 발달한 전문성은 전능全能한 자동화 시대가 도래할 것임을 예고했다. 하지만 디지털 혁명은 사회 질서 구축이라는 한 가지 프로세스뿐 아니라 기술이 복잡하게 뒤섞이는 부작용까지 생생하게 전시함으로써 통제된 전문성에 문화적 이탈을 추가했다. 스마트 알고리즘이 갈수록 사람들의 데이터 속성과 얽히면서 현대성의 질서 구축 야망은 미처 예측하지 못한 새로운 방향으로 전개되고, 결과적으로 자아와 사회에 예상치 못한 결과를 초래하게 되었다.

이처럼 급속하게 발전하는 자동화 기술이 예측할 수 없는 방식으로 다양한 사회관계에 개입하는 가운데 개인의 주체성을 스마트 기계에 위임하는 것이 알고리즘 시대 생활 전략의 기본 원칙으로 자리 잡아 가고 있다. 우리가 AI라고 부르는 이 사회 실험은 인간 의지와 무관하고 선택의 여지도 없는 반응을 일으켰다. 지속 방법도 알지 못하고 문화적 이해도 부족한 상태에서 기계 지능이 인간의 모순에 대처하는 주요 수단으로 자리 잡은 것이다. 따라서 불확실성이라는 유령은, 주체성을 자동화에 위임하고 그 결과 일상적 사회생활의 '실제'보다 기술 장치가 실현할 수 있는 '가능성'을 더 중시하는 방식으로 퇴치된다. 오스트리아의 사회학자 헬가 노보트니Helga Nowotny는 이처럼 인간의 능력이 확장됨과 동시에 인간의 주체성은 축소되는 현상에 대해 다음과 같이 명료하게 진단한다.

한시적 불확실성을 통제해야 하는 무게와 압박감이 위임을 유도하기도 한다. 이럴 땐 알고리즘이 정보를 전자 전송하거나 사용자를 위한 결정을 내리는 등의 타이밍을 1000분의 1초 단위까지 통제하도록 하는 게 가장 좋다. 사용자가 할 일은 버튼을 누르는 것뿐이다. 이처럼 인간의 행동, 그리고 컴퓨터로 미리 설정한 궤적이 결합함에 따라 불확실성은 제거되었지만 사라진 것은 아니다. 불확실성은 이제 컴퓨터 화면 뒤에 숨어 있다. 더 높은 차원의 복잡성으로 전환되었다.[30]

알고리즘 현대성의 자동화된 질서 속에서 인간의 주체성은 갈수록 지능형 기계에 위임되고 있다. 우리는 이 같은 현상을 불확실성과 복잡성에 대한 의문이 봉쇄된다는 관점에서 이해해야 한다. 디지털 혁명이 사회관계에 다양한 질문을 제기하지만 결국 이 혁명은 그 질문들에 대한 답을 부정한다. 예측 알고리즘과 자동 추천 시스템은 사회생활을 즉각적이고 동시적이며 원활하게 만들 수 있지만, 반대로 사람들이 스스로 의사결정을 내리는 데 어려움을 겪게 만든다. 게다가 성찰적이고 보람 있는 삶을 사는 데 필요한 윤리 자원을 고갈시킬 수 있다는 부작용을 지닌다. 다시 말해, 자동화 기계 지능은 진화를 거듭해 이 사회의 혈류에 녹아드는 단계에 이르렀지만, 그 범위가 결코 완전하지 않으며 다양한 형태의 개인적 불만, 문화적 반작용과 사회적 파열을 낳았다는 것이다.

이를 분명히 보여주는 사례로 정보 과부하의 세계에서 맞닥뜨리는 '이중 구속'을 들 수 있다. 디지털 기술은 조직화된 현대성이 낳은 급박하고 정신없는 세상에 대처하기 위한 일종의 해결책으로 출현했다고도 할 수 있다. 다양한 공적, 사적 관계에 얽혀 늘 시간에 쫓기는 사람들에게 첨단 디지털화에 수반되는 즉각적 의사결정 및 사회 연결을 보장해 준 것이다. 처리해야 하는 모든 일은 개인의 선택을 스마트 장치에 위임하는 방법으로 완료되었다. 하지만 이 같은 자동화에는 윤리적 대가가 따랐다. 주체성이 디지털 기술에 위임되고 소셜네트워크 연결도 어느 때보다 확대되면서 다운로드, 업데이트, 게시, 태그, '좋아요' 같은 디지털 노동에 끊임없이 시달리는가

하면, 자신의 삶과 라이프 스타일에도 최신 데이터를 반영하기 위해 애쓰는 이들이 많아진 것이다.

정보 과부하, 데이터 홍수, 디지털 기기 산만 증후군, 데이터 피로에 이르기까지 이런 현상은 첨단 AI의 사회 환경에 대해 무엇을 말해 주는가? 알고리즘의 단계에 현대성이 도달하면서 개인의 삶에서 가능한 자동화의 범위와 강도에도 거대한 변화가 일어났다. 개인과 가족 생활에서부터 고용 및 공공 행동 환경에 이르는 모든 것이 달라졌다고 해도 틀린 말이 아니다. 사물, 정보, 아이디어와 인간이 기계 지능과 딥러닝, 그리고 빅데이터의 글로벌 네트워크를 통해 자동화되는 '자동성'은 지극히 일반적인 사회 행동의 본질적 특징이 되었다. 이렇게 새로운 환경에서 스마트 알고리즘은 끊임없이 변화하는 세계에 직면한 개인을 위한 일종의 '대처 메커니즘'이지만 한편으로는 사회 변화를 더욱 가속화하는 수단이기도 하다. 인간의 삶과 삶의 목표가 자동화된 지능형 기계에 위임되는 것에 대해 개인과 사회는 갈수록 더 많이 걱정하고 또 괴로워할 확률이 높다. 자동화된 개인 네트워킹의 결과를 일상생활의 틀에 '끼워 맞춰야' 하는 한편, 자동화된 피드백 메커니즘과 무한한 데이터 역시 어떻게든 기존의 행동 방식에 통합해야 하기 때문이다.

인간의 지각 능력을 훌쩍 뛰어넘는 수준의 자기 학습과 자기 프로그래밍 신경망을 통해 점쳐진 가능성으로 가득한 세상을 살아가는 건 짜릿하면서도 지치는 일이다. 오늘날 대다수의 사람들은 기술과 과학에 단순한 신뢰뿐 아니라 희망까지 건다. 머신러닝 알고리즘이 제시하는 해방의 약속은 이 같은 희망을 극대화한다. 반복되는 일상에 자동성이 단단히 뿌리내림에 따라 알고리즘이 개인적 열망과 문화적 기대를 심리 안정의 영역으로 곧장 연결해 준다. 구글 검색부터 넷플릭스의 '랜덤 재생' 기능, 그리고 오케이 큐피드의 데이트 매칭 등 '예측 기계'에 접속함으로써 심리 안정에 대한 욕구가 일시적으로 충족될 수 있다.

따라서 자동화 기계 지능을 향한 현대인의 애정은 상당한 자기기만을 포함하며 시간과 개인의 주체성을 지우기도 한다. 알고리즘의 힘은 이제 다양한 경계를 넘어설 정도로 확장됐지만 컴퓨터 프로그래밍의 환경과 결과를 각자의 삶의 구조에 '끼워 맞추는' 건 여전히 사람들의 몫이다. 자동화 알고리즘으로 전 세계의 개인과 사회는 컴퓨터 화면과 기술 장치에 표시되는 디지털 정보를 수정, 재구성, 조정, 재활용 및 정비하는 작업에 끊임없이 매달려야 한다. 물론 이들 중에는 신경을 조금만 쓰거나 위임할 수 있는 작업도 포함된다. 하지만 하루하루가 비교적 금세 처리할 수 있는 이 같은 요구들로 구성되면 시간과 인간의 주체성에는 근본적인 전환이 일어날 수밖에 없다.

하루가 다르게 빨라지는 자동화 세상 속에서 '낙오됐다'고 느끼는 사람들이 갈수록 늘고 있다. 사람들은 소프트웨어를 다운받고, 게시물을 업로드하고, 소셜미디어를 모니터링하고, 비밀번호를 입력하고, 2단계 인증을 승인하고 최대한 많은 양의 데이터를 최대한 빠르게 재구성하느라 (노보트니가 간파한 것처럼) '시간으로부터 도태될 위기'에 처한다. 오래전부터 할리우드에서 전해오는 말처럼 "당신이 기계를 가졌다고 생각하겠지만 기계가 당신을 소유한 게" 현실인 것이다. 그 결과 개인의 정체성은 위축되기 시작한다.

알고리즘 불안의 시대를 맞아 수십억 명의 사람이 기술적으로 놀랍도록 복잡한 데다 수많은 가능성이 뒤섞인 삶을 살고 있다. 하지만 이 같은 삶은 빠르게 바뀌는 사회 변화와 즉각성의 압박에 시달려 방향을 잃는 경우가 많다. AI, 첨단 원격 로봇공학, 그리고 점점 속도를 더해가는 자동화 때문에 개인의 자유가 겉으로는 확대되는 것처럼 보여도 새로운 위험과 불안 요소(데이터 유출, 기술 실패, 사이버 공격)가 끊임없이 발생한다. 그럼에도 믿을 구석이라고는 자신의 의지, 기술과 자산뿐인 개인은 대개 스크린만 쳐다보며 디지털 시대의 현실을 이해하려고 애쓴다. 갈수록 많은 생활 업무가 자동화된 스마트 기계에 위임돼 '자동 조종'에 의존하는 삶으로 내몰리면서 현재 직면한 위기에 대응하는 일은 갈수록 어려워지고 있다. 한마디로 알고리즘 불안의 시대는 우리가 불안정한 현재와 불확실한 미래에 대비할 수 없도록 만드는 삶의 한 형태이거나 혹은 대체로 그렇게 보인다.

하지만 불안이 늘 제약을 가한다고 믿는 것은 실수다. 사실 이 같은 판단은 무신경한 심리주의다. 무엇보다 삶의 난관에 대처하는 데 인간의 불안이 핵심 자원이 될 수 있다는 명제는 지그문트 프로이트가 심리학의 전통에 도발적으로 제기한 문제의식이었다. 20세기에 정신분석 학파가 광범위하게 확산된 것은 지나치게 결정론적인 프로이트 심리 발달 이론을 제도적으로 극복하기 위한 시도였다고 해석할 수 있다. 하지만 포스트 프로이트 이론에서는 불안이 개인에게 유용하게 사용될 수 있는 방법과 조건에 대한 연구가 핵심으로 떠올랐다. 물론 정신분석학에서 불안은 일반적으로 신생아가 어머니의 신체와 처음 상호작용할 때 경험하는 일련의 충동이나 긴장으로 이해된다.[31] 이렇게 자아와 타자에 대한 최초의 불안감이 확산되는 가운데 일어나는 만큼 거기서 빠져나갈 방법이란 존재하지 않는다. 한마디로 불안과 모순은 인간의 경험, 그리고 인간으로서 겪는 경험의 핵심에 자리한다. 하지만 불안은 다양한 형태를 띠고 다양한 방식으로 분출된다는 점을 이 시점에서 짧게나마 강조하는 게 중요하다(이 주제는 책 전반에 걸쳐 계속 등장할 것이다). 모든 사람이 불안 속에 살아가는 만큼 절망은 자아를 분열시키기도 하지만 완전하게 하는 데도 기여할 수 있으며, 한편으로는 타인의 욕구에 대한 인식을 깨워주기도 한다는 데 유념해야 한다.

프로이트 사상은 19세기의 생물학과 물리학에 기원을 두고 있어 알고리즘 시대인 오늘날과는 간극이 크다. 그렇다면 자동화된 스마트 기계와 관련된 불안을 어떻게 개념화할 수 있을까? 불안의 맥락이 이렇게 사회 기술적으로 전환된 것을 어떻게 이해해야 할까? 나는 지금껏 알고리즘 시대의 자동성은 위임과 의존이 결합해 나타난 결과라고 잠정적으로만 제시해 왔다. 디지털 시대의 삶은 기회와 도전, 위기와 위험을 갈수록 더 많이 제기하고 있으며 이를 인지한 많은 이들은 스마트 자동화 기계에 의존해 일상에 대처한다. 그중 일부는 사회 경험과 문화 실험의 새로운 경로를 탐색하는 등 자동 조종에 의존한 결과로 생겨난 삶의 기회를 긍정적으로 활용할 수 있다. 하지만 스마트 알고리즘을 통해 구축된 사회 기술 환경에서 아무리 다양한 형태로 자동화된 생활을 누린다 해도 자동화로 인해 주체성이 탈락된다면 인간의 사회 조직이 풍성해진다고 할 수는 없다. 표류하는 감정, 만연한 두려움과 개인의 무의미성, 즉 컴퓨터의 빠른 속도에 개인의 삶이 잠식당하고 있는 것 같은 느낌은 알고리즘 사회의 근본 정서가 되었다.

그런데 이 같은 불안과 두려움, 그리고 불길한 예감이 과연 얼마나 새롭다고 할 수 있을까? 알고리즘 시대는 이들의 형성을 어떤 방식으로 왜곡한 것일까? 우리는 자신의 내면적 삶과는 무관한 기계 지능의 알고리즘 추천과 예측을 그대로 실현하느라 왜 이렇게 많은 에너지를 쏟는 것일까? 삶의 불안은 어쩌다 예측 알고리즘의 결과이자 AI가 개인과 사회에 미친 파급 효과로 치부돼 버린 것일까? 갈수록 많은 사람이 오늘날 모든 문제의 원인으로 알고리즘을 지목하는 이유는 무엇일까? 요즘 우리의 기술 혁신에 대한 이야기들이 소프트웨어 업데이트나 컴퓨터 성능 향상 등 기껏해야 '최신 혁신'의 범주를 벗어나지 못하는 이유는 무엇일까? 스마트 기계가 인간의 능력을 넘어섰다는 이야기가 들릴 때마다 당혹감이 확산되는 이유는 무엇일까? 나는 이 책 전반에 걸쳐 이러한 핵심 질문에 대한 답을 찾아볼 것이다.

확실성이라는 명분을 내세워 자동화를 극적으로 확대하기로 한 사회 질서 속에서 개인의 의사결정과 비판적 자기 성찰은 급격히 위축될 수밖에 없다. 빅데이터의 예측 계산으로는 해결할 수 없는 사회 문제, 치유 기술에 대한 의지만으로는 극복이 안 되는 개인적 어려움, 혹은 실행 주체를 사람에서 알고리즘으로 옮겨서는 해결할 수 없는 문화적 과제가 존재한다는 이야기는 오늘날 갈수록 듣기가 힘들다. 대신 자율성이 자동화의 제단에서 희생되면서 스마트 알고리즘의 지배 시대가 열렸다. 자동성이라는 컴퓨터 프로그래밍의 힘은 우리를 전통 형태의 사회적 상호작용에서 끄집어내 알고리즘 계산과 기계의 전능함이 안전을 보장하는 영역, 즉 확실성이라는 컴퓨터 신화가 지배하는 영역으로 이동시켰다. 하지만 이렇게 주체성에서 자동화로 이행되는 과정에서 알고리즘 시대의 불만을 쉽게 감지할 수 있다. 감정, 감각, 그리고 감성이라는 인간적 요소가 빠르게 뒷전으로 밀려나는 데 대한 두려움과 불안이 확산되는 것이다. 왜 그럴까? 뒤에서 살펴보겠지만 알고리즘 현대성의 범위 내에서 즉각적 만족을 실현하기 위한 요인으로 가장 중요하게 손꼽히는 건 감성이 아닌 속도다. 이로 인해, 중요한 원동력 중 하나인 인간의 속도가 느리다는 이유로 평가절하되는 결과가 발생한다. 이 같은 관점에서 자동화와 스마트 알고리즘은 개인의 자율성과 자유에 대한 부적절한 공격으로 변형된다.

 이것은 오늘날 우리 사회와 세계에 대해 무엇을 보여주는 걸까? 우리는 지금 디지털 혁명을 겪고 있으며 비평가들은 이를 대개 알고리즘에 대한 공포와 연결해 이야기하게 되었다.[32] 알고리즘적 현대성은 두려움으로 점철된 사회다. 온라인에는 '바깥'이 없는 만큼 우리가 다른 사람, 조직, 제품, 장소, 정보, 커뮤니케이션, 사물의 알고리즘적 속성에 엮일수록 공포를 조장하는 사회 병리와 공포의 집합체는 확산된다. 여기에는 로봇이 우리의 일자리를 빼앗거나 챗봇이 사생활을 침해할지 모른다는 두려움, 감시 산업이나 빅테크가 지배하는 세상에 대한 두려움 등이 포함될 것이다.[33] 두려움은 알고리즘이 있는 곳엔 어디든 존재한다고 할 수 있지만 자신을 성찰하지는 않는다. 그러나 디지털 시대에 만연한 공포의 조건과 결과에 대한 체계적인 재검토는 경제에서부터 감시 확산에 대처하는 것에 이르기까지 다양한 분야에서 필요하다.

디지털 시대의 두려움을 해소하기 위해서는 새로운 개념과 용어가 필요한데 이 책에서 일부를 소개하려고 한다. 그중 하나는 모순적 불안이라는 개념이다. 이는 확산되고 흩어지고 유동적인 특성을 지니며 알고리즘 사회에서 중요하게 부각된다. 우리는 단순화가 심화될수록 불안도 커진다는 사실을 기억해야 한다. 컴퓨터 중심적이고, 복잡하고 난해하며 밀도 높은 알고리즘 시대의 사회 현실은 짜릿하면서도 두려운 종류의 자동화를 향해 나아간다.

사람들이 모순적 불안에 대처하는 방식에는 두 가지 핵심 특징이 있다. 한 가지는 자동화 지능형 기계에 의사결정을 위임하면서도 평소보다 오히려 더 '자신의 생각에 빠져 있는' 경향이 강하다는 점이다. 현대인들의 정신세계는 이전 세대와는 판이하다. 현대는 여러모로 인간과 기계가 공존하는 세상으로서 스마트 알고리즘을 통해 자아 대 자아, 자아 대 타자(비인간 포함)의 관계를 경험하는 경우가 갈수록 늘고 있다. 이 세계가 얼마나 극단적인 실험을 감행하든 내가 여기서 강조하고 싶은 것은 그 안에서 사람들이 이전에는 겪지 못했던 불안에 직면한다는 사실이다. 이 같은 불안 중 일부는 머신러닝 알고리즘, 특히 알고리즘의 결정이 삶에 미치는 힘과 영향력에서 기인한다.

두 번째 특징은 이 같은 모순적 불안, 그리고 복잡한 디지털 시스템에 직면한 사람들은 감정을 아예 차단해 버릴 수 있다는 점이다. 디지털화는 어떤 면에서는 혼란과 거의 동일어가 되었다. 노보트니는 "새로운 기술 및 혁신에서 기인한 수많은 두려움과 불안은 근본적으로 상실의 두려움에서 비롯된다. 이는 정체성의 일부를 잃을지 모른다는 두려움으로 표현된다"라고 적었다.[34] 나는 노보트니의 진단에 동의하지만 더 깊이 파고들어가야 한다. 복잡한 스마트 알고리즘에 직면해 정체성을 상실할 수 있다는 두려움은 결국 공허함과 허전함, 그리고 지루함을 자아낸다. 이 같은 상상 속 재앙을 피하기 위해 사람들은 역설적으로 정신을 마취하듯 마음의 문을 닫아버리는데, 그 결과 정서적 퇴행 경향이 생긴다. 즉 불안으로부터 자신을 보호하는 개인의 능력이 약해지면서 사람들은 기술의 복잡성을 분석하고 종말론적 두려움을 투사하는 방식으로 디지털 시대의 불확실성에 대처한다.

이렇게 서로 맞물린 두 가지 감정 반응, 즉 자신의 생각에 지나치게 빠져 있다가 결국 감정을 차단하는 방식은 특히 더 두렵고 극복할 수 없는 것처럼 보인다. 하지만 이 같은 반응은 주체성이 자동화에 항복하는 시점에 발생한다는 점을 인지하는 게 중요하다. 이는 개인이 자동화된 기계 지능에 권한을 위임해 우리 대신 작업을 수행하도록 해야 한다고 느낄 때마다 직면해야 하는 결정의 지점이다. 우리의 주체성을 이렇듯 자동화에 위임하는 건 대개 의사결정의 최종 지점으로 인식된다. 이때 우리는 디지털 생활의 성가신 방해 요소에서 해방되며 디지털의 집요한 질문 공세에도 더 이상 시달릴 필요가 없다. 선택의 위기가 해소되는 것이다. 이제 사람들은 머신러닝 알고리즘의 체계적인 계산이 의사결정에 해결책을 제시해 줄 것이라는 지식 속에서 안심하면서 의심과 불확실성을 한구석으로 밀어낼 수 있다. 물론 선택에서 벗어난다는 인상은 허구에 불과하다. 성찰적이고 신중한 결정을 내릴 때 필요한 정신적 노력이 스마트 기계에 영구적으로 이전될 수 있다는 게 순전히 허구인 것처럼 말이다. 하지만 이 같은 허구 속에서 디지털 시대를 살아가는 개인들의 의구심도 마침내 사라지는 듯하다.

현재의 알고리즘 시대에는 이 같은 의심에서 벗어났다가도 금세 다시 사로잡힐 수밖에 없는 다양한 이유가 존재한다. 그중에는 기술적 '결함'이 상당한 비중을 차지한다. 하지만 문제의 원인은 기술 자체보다는 가상과 현실, 기술과 사회 사이의 어딘가에서 깊숙이 관여하는 시스템이다. 사회 기술 시스템의 어디에서 의심이 발생하고 또 어떻게 관리되든 문제의 핵심은 이렇게 정리할 수 있다. 선택의 부담을 스마트 기계에 떠넘긴 사람들은 처음에는 안도하고 잠시 기뻐

하다가 만족감을 느끼기도 하지만, 결국엔 자신이 의사결정에서 배제된 데 따른 우려와 걱정에 계속 시달릴 수밖에 없다. 이는 컴퓨터 위임을 승인함으로써 정작 자신은 자신이 직접 꾸려온 삶에서 빠지게 되는 모순적 불안이다. 따라서 알고리즘은 얼핏 우리의 불안을 줄여줄 것 같지만 사실은 오히려 악화시킨다. 이것이 이 책의 핵심 이론으로서 나는 그 다양한 결과가 개인, 사회, 문화, 경제, 그리고 정치적 삶이 연동된 영역에서 어떻게 나타나는지 추적할 것이다.

나는 여기서 자동화 스마트 기계에 우리의 삶을 위탁할 때 생긴다는 '이점'을 재평가하기 위해 컴퓨터 위임과 우리의 관계를 시급하게 재고할 필요성이 있다고 생각한다. 이는 러다이트 선언(19세기 초, 영국 노동자들이 기계화와 산업화에 반대한다는 의견을 표명한 선언-옮긴이)과는 다르다. 디지털 혁명은 놀라운 기회를 다양하게 창출했으며 그에 관해서는 나도 이미 여러 차례 언급한 바 있다.[35] 디지털 기술은 특히 생명공학, 나노기술, 정보과학 등의 영역에 일대 전환을 일으켜 경제, 그리고 현재와 미래 사회에 광범위한 영향을 미쳤다. 자동화 스마트 기계는 가령 챗GPT가 보여주는 언어 이해 능력처럼 한때 인간의 고유 영역으로 여겨졌던 작업까지 수행할 수 있게 되었다. 하지만 바로 이 때문에 우리는 알고리즘 시대가 인간과 개인에게 미치는 파괴적이고 위험한 영향을 더욱 시급하게 고민해야 한다.

여기서 제기되는 수수께끼 중 하나는 우리가 업무를 직접 완수하기보다 자동화 기술에 위탁하는 것을 더욱 높이 평가하고, 심지어 이상화하는 경향이 있다는 사실이다. 물론 이렇게 바쁘고 정신없이 돌아가는 사회에서는 그 방법이 확실히 합리적이고 관심이 생길 것이다. 하지만 위임 혹은 컴퓨터로 이행이 일어나고 그 여파가 확산되는 모든 시점에 자아는 어떻게 되는지 질문해 볼 가치가 있다. 알고리즘으로 자동화된 과정에서 사람들이 원했던, 혹은 원한다고 생각했던 삶의 프로젝트에서 배제될 때 발생하는 공허함이나 절망감 또는 우울증에 대해 고민해 보아야 한다. 이 같은 관점에서 주체성을 자동화에 위임하는 것은 알고리즘 시대의 끊임없는 유혹인 동시에 계속되는 두려움이다.

디지털 혁명이 바꾼 것들

이 책의 전체를 관통하는 전제가 한 가지 있다. 현재의 기술 변화가 정체성과 인격, 그리고 사회관계의 핵심에까지 영향을 미친다는 사실을 인지해야만 디지털 혁명의 영향을 이해할 수 있다는 사실이다. 디지털 혁명이 조직, 제도, 그리고 인프라를 근본적으로 변화시킨다면 정체성과 친밀감, 그리고 대인관계도 강력하게 재편할 것이다. 디지털 기술은 특정한 영향을 발생시키는 것이 아니라 이 같은 사회기술 변화를 경험하는 개인, 커뮤니티, 그리고 조직에 인지적, 정서적 변화를 초래한다. 이 책에서 나는 알고리즘 시대에 자동화된 기계 지능이 불안과 공포를 새로운 방식으로 변형해 향후 예측까지 새롭게 구성할 것이라고 예측한다.

이 책에서 제시한 아이디어는 내가 이전에 쓴 여러 글에서 발전시킨 것이며 이전 글들은 이 책 곳곳에서 다양하게 인용되고 있다. 그 저서들이 디지털 혁명에 대한 정통적 이해와는 확연히 다른 접근법을 취하려고 했던 만큼 몇 가지 핵심 특징을 미리 소개함으로써 반복을 피하는 것이 좋겠다.

내가 디지털 혁명을 둘러싼 학문적 논쟁과 정책 담론에 참여한 것은 디지털 혁신이 공공 및 개인의 정체성에 미치는 영향을 연구하기 시작한 10여 년 전부터였다. 나는《아이덴티티 트러블$^{Identity\ Troubles}$》을 통해 연구 결과를 소개했고[36], 이후 약 5년간 인공지능 관련 문헌에 파묻혀 지내는 한편, 전문가 협회에 초빙돼 AI의 핵심 과제를 검토한 뒤 오스트레일리아 정부에 보고하기도 했다.[37] 이어서 인공지능의 발전에 관한 책 두 권, 즉 인간과 기계 사이의 제도적 인터페이스를 다룬《AI의 이해》, 그리고 인간관계의 디지털 혁명에 관한《알고리즘의 친밀성》을 집필했다.[38] 이 두 권의 책에서 나는 자동화된 기계 지능의 범위와 강도를 예측 분석하여 빅데이터와 딥러닝이라는 광범위한 맥락을 통해 살펴보았다.

당시 내가 디지털 혁명을 분석하고 비평하기 위해 활용했던 차별화된 이론적, 방법론적 자료를 요약하면 이 책의 출발점은 인공지능이 사회과학을 변화시킨다는 명제로 귀결된다. 나는《AI의 문화》에서 시대와 지역을 넘어 새로운 기술과 사회관계를 연결하는 복잡한 시스템의 목록을 구축했다. 여기서는 이 새로운 사회과학 패러다임의 핵심 특징 몇 가지를 간략히 언급하려고 한다.

일반적으로 디지털 혁명이 현대성의 사회기술적 질서에 대한 제도 변화에 기반해야 한다는 점을 인식하는 것이 중요하다. 오늘날 우리의 삶은 자동화 비율이 갈수록 높아지면서 생산, 소비, 여행, 교통, 관광, 여가 및 즐거움을 관장하는 새로운 기술(인공지능, 로봇공학, 가상현실 및 증강현실)을 통해 구성되고 재정렬된다. 그중에서도 특히 강조하고 싶은 것은 ① AI의 규모 확대, ② AI 기술 및 산업의 세계화, ③ 일상과 현대 문화 전반에 대한 신생 기술 확산, ④ 라이프스타일과 정체성, 그리고 정신적 경험에 대한 AI의 침투 경향 강화라는 네 가지 특징이다. 지금부터 이에 대해 간략하게 살펴보자.

첫째, 전 세계적으로 인공지능의 규모가 급격히 확대되고 있다. AI의 연구, 개발 및 상용화를 이끄는 주요 거점을 살펴보면 이 같은 사실을 극명하게 알 수 있다. 오늘날 AI의 주요 거점은 실리콘밸리, 뉴욕, 보스턴, 토론토, 런던, 베이징과 선전에 위치해 있다. 이는 디지털 시대 권력의 지정학과 관련해 중요한 점을 시사한다.

또 다른 척도는 국가별 투자 수준이다. AI 부문의 우위를 점하기 위한 경쟁에서 미국과 중국이 선두를 달리고 있는 가운데 EU도 한창 분발 중이다. 지역 투자의 경우에도 EU가 지금부터 2030년까지 다양한 공식 제도를 통해 200억 달러 이상 쏟아부을 예정이다. 중국은 미국과 치열한 경쟁을 벌이고 있기는 하지만 2,000억 달러가 넘는 국가 투자 전략으로 전 세계 AI 총지출에서 1위를 차지하고 있다. 따라서 업계 추산에 따르면 AI는 2030년까지 세계 경제에 16조 달러도 넘게 기여할 것으로 보인다.[39] 하지만 좀 더 광범위한 사회 역사적 관점에서 봤을 때 첨단 디지털 기술에 정부와 민간의 투자가 이루어져 생기는 가장 근본적인 변화는 이들 사회에 자동화의 새로운 지평이 열린다는 사실이다. 디지털 혁명은 복잡한 기술 시스템에 감시뿐만 아니라 사회관계, 커뮤니케이션, 생산, 소비, 여행, 교통, 관광 등을 정렬하고 재정렬하는 예측 분석이 융합되면서 일어난다. 이 같은 관점에서 봤을 때 자동화된 기계 지능이 사회의 생산 및 재생산에 갈수록 깊이 관여한다는 사실을 알 수 있다.

둘째, 인공지능은 세계화 역학에 복잡하게 얽혀 있다. 앞서 나는 머신러닝 알고리즘에서 절정에 달한 기술, 예측 분석과 빅데이터가 시장을 혁신하고 수익을 창출하는 첨병 역할을 하고 있다고 강조했다. 특히 기술 대기업이 부상해 통신 네트워크나 국경의 구애를 받지 않고 전례 없는 힘을 행사하고 있다는 사실에 주목해야 한다. AI를 활용한 안면 인식 보안 시스템인 '페이스 아이디'의 애플, 소비자와 기업에 AI 서비스를 제공하는 아마존, AI를 활용해 세계 최고의 검색 엔진 플랫폼과 광고 기술을 선보이는 구글, 머신러닝과 신경망 기술을 발전시켜 기업과 산업 전반에 챗봇 서비스를 제공하는 IBM, 대규모 AI 도구와 솔루션을 제공하는 인텔 등이 대표적이다. 마찬가지로 중국의 바이트댄스, 영국의 딥마인드, 일본의 프리퍼드 네트워크, 이스라엘의 오캠 테크놀로지스 등 기술 스타트업 역시 유례없이 급증해 세계 경제 역학에 사실상 통합되었다.

이 같은 전환은 예전 같았으면 기술과 기업 부문에 국한됐겠지만 이제 금융 주기, 고용 패턴, 가족 관계, 친밀한 연결성, 정치적 축의 관점에서 경제와 사회 모든 부문에 중대한 결과를 초래했다. 하지만 디지털 혁명이 이 같은 대규모 다국적 기술 기업의 확산을 넘어 사회 구조 변화의 동력으로 작용하고 있다는 사실 역시 놓쳐선 안 된다. 사회과학계에서는 이 같은 변화를 개념으로 정리하는 것이 중요한 화두가 되어왔다. 일부 비평가들은 이전의 역사적 전환을 통과한 글로벌 자본주의의 기술 플랫폼을 산업 경제에서 후기 산업 경제로, 혹은 현대성에서 탈현대성으로 수정하기 위해 노력하기도 했다. 새로운 자동화 현대성에 대한 비평에서는 '소프트 자본주의'[40] '감시 자본주의'[41] 등 다채로운 용어가 사용되지만, 결국 디지털 기술이 수행성, 생산, 권력의 핵심 메커니즘으로 글로벌 디지털 경제 부문을 장악했다는 내용으로 요약된다.

셋째, AI의 확산은 단순히 세계 최대 기술 산업의 일부 활동에서 비롯된 결과물이 아닌, 좀 더 구조적인 현상으로서 일상생활과 현대 문화에 깊숙이 침투해 있다. 문화는 컴퓨터의 역량 및 예측 분석과 불가분의 관계에 있는 만큼 전례 없는 자동화를 이루었다. 자동화 기계 지능에 의한 디지털 분류, 검색, 코딩, 정보 전송은 글로벌 네트워크를 통해 즉각적으로 이루어지며 인간 주체의 마음속 깊은 곳에 (영국의 저명한 사회학자 나이젤 트리프트Nigel Thrift가 명명한) '기술적 무의식'을 심어 자동성의 문화적 논리를 강화한다. 그 결과 사람들은 자동화 디지털 기술을 아무 생각 없이 사용하는 일상 문화에 정착하게 되었다. 구글맵스를 사용해 길을 찾는가 하면 시리나 알렉사 같은 스마트폰 내장 비서와 대화하고, 넷플릭스와 유튜브의 추천 콘텐츠를 시청하는 식이다. 작가 애덤 그린필드Adam Greenfield가 말한 것처럼 이 같은 자동화 스마트 기술은 "모든 장소, 모든 기기에 존재한다."[42]

넷째, 오늘날 자동화된 형태의 알고리즘적 감성은 자기 경험과 개인 생활의 상상의 영역까지 지배하고 있다. 처음에 나는 이 주제를 포스트휴머니즘을 둘러싼 논쟁의 맥락에서 다루었지만 이후 글에서 AI의 문화가 정신의 가장 깊은 곳까지 영향을 미친다고 주장했다. 스마트 알고리즘으로 정신적 역학이 크게 재조정되면서 우정부터 가족생활에 이르는 개인의 영역에도 자동화가 광범위하게 침투하는 것이다. 그 결과, 개인의 자아가 갖고 있는 생생한 경험과 상상력 구조는 정보 과부하와 데이터 피로에 갈수록 얽매이게 된다.

앞서 살펴본 것처럼 알고리즘적 현대성은 자동화된 추천 프로세스나 예측 인식을 통해 데이터 홍수에서 벗어날 수 있는 경로를 제공하는 것이다. 그러면 인공지능과 머신러닝 소프트웨어에 갈수록 많은 결정을 '위임'할 수 있어 주체의 무중력 상태를 달성할 수 있다. 더 이상 자기 규제의 개인주의와 성찰적 자율성이라는 전통 제약에 얽매일 필요가 없는 것이다. 그 결과, 정신적 삶은 불규칙하고 변덕스러운 상태가 되어 툭하면 주의가 분산되거나 감정 기복이 심해진다. 이 모든 것이 변수 많은 머신러닝 알고리즘의 계산 때문에 나타나는 증상이다.

나는 다양한 저술에서 글로벌 디지털 혁신에 관한 차별화된 사회 이론을 선보였는데, 이를 통해 삶의 과제가 일상생활의 맥락에서 어떤 제도 변화와 재구성을 거쳤는지도 살펴보았다. 《AI의 문화》

부터 《알고리즘의 친밀성》에 이르는 작업에서 과학 기술 연구, 행위자 네트워크 이론, 새로운 유물론, 비판적 알고리즘 연구 및 기타 새로운 관점과 대척점에 있는 다양한 관점을 비평하는 방법으로 접근했다.[43] 하지만 이 책에서는 이 같은 비판적 대립을 전면에 내세우기보다는 비판적 기술 연구의 레퍼토리에서 나온 다양한 핵심 주제와 방법을 여기서 구축한 사회 이론에 녹여내 제시하려고 노력했다. 이를 위해 디지털 흐름의 속도가 모든 지각 능력을 초월한다고 강조한 베르나르 스티글레르[44], 예측 알고리즘의 실현성을 풀어낸 헬가 노보트니[45], 디지털 혁명의 기회와 위험을 비교하고자 한 앤서니 기든스,[46] 데이터 자아를 강조한 데버라 럽턴 Deborah Lupton[47], 세계의 정보화를 강조한 한병철까지 적절히 참조했다.[48]

디지털 시대의 불안을 탐구할 때 익혀야 할 용어 두 가지

중요한 용어 구분은 반드시 짚고 넘어가야 한다. 디지털 시대에 확산되는 공포와 불안을 탐구할 때 나는 '알고리즘의 algorithmic'와 '자동화된 automated'이라는 용어를 밀접하게 사용한다. 두 용어의 의미가 엄연히 다른 만큼 몇 가지 주요 차이점과 차별점을 반드시 알아둬야 한다.

인공지능이 부상하고 있는 오늘날, 머신러닝 알고리즘의 출현은 훨씬 오래된 자동화의 역사에서 특별한 의미를 지닌다. 자동화는 일반적으로 반복 가능한 프로세스에서 인간의 개입을 줄이는 다양한 기술을 의미하는데, 이는 주로 기계 및 관련 프로세스의 사전 결정을 통해 시행된다. '자동화'라는 용어는 현재 사용되는 의미를 기준으로 하면 비교적 최근에 등장했다고 할 수 있다. 이 용어를 처음 사용한 사람은 1930년대 중반, 제너럴 모터스에서 근무하고 1946년 포드 자동차에 자동화 부서를 설립한 엔지니어 D. S. 하더^{D. S. Harder}로 알려져 있다. 자동화는 좀 더 구체적으로 말하면 과거에는 사람의 육체노동이 필요했던 특정 작업을 여러 대의 기계를 통해 복제하는 과정을 의미한다.[49] 이 같은 시스템이 인간이 설정한 (그리고 관리하는) 지침을 기계적으로 재생산한다는 점도 중요한 포인트다.

초기 컴퓨팅 시스템은 대체로 비슷한 방식으로 작동했다. 컴퓨터 엔지니어는 관련 전문 지식을 바탕으로 명령어 집합을 수동으로 코딩(사실상 알고리즘 작성에 해당)함으로써 컴퓨터가 특정 문제를 해결하거나 특정 작업을 수행할 수 있도록 했다. 그런데 컴퓨터가 처리해야 하는 문제 상황이 갈수록 복잡해지면서 가능한 모든 우발 상황을 포함한 프로그램을 작성하는 게 점점 더 어려워졌다. 머신러닝은 이 같은 어려움을 극복할 수단을 제공했다. (감독받는 알고리즘의 경우) 라벨이 붙어 있거나 (감독받지 않는 알고리즘의 경우) 라벨이 붙지 않은 훈련 데이터와 대규모로 상호작용해 학습하는 방법을 알고리즘에 가르쳐준 것이다. 알고리즘은 특히 데이터에서 패턴을 식별하는 방법을 학습해 데이터를 여러 범주로 분류하고, 데이터 세트의 구성 요소 간에 (종종 예상치 못한) 관계를 설정하거나, 과거 발생을 기반으로 미래의 확률을 예측하는 작업을 수행할 수 있게 되었다. 이때 알고리즘이 향후 따라야 할 규칙을 스스로 활발하게 생성한다는 사실에 유념해야 한다. 머신러닝이 '자동화의 자동화'라고 불리는 이유가 바로 여기에 있다.[50]

머신러닝은 현재 우리 시대의 자동화에 대한 핵심 단서 역시 제공한다. 자동화는 분명 여러 디지털 기술이 만나는 지점에서 이루어진다. 이 책에서 내가 주장하는 것 가운데 하나는 머신러닝 알고리즘이 일상적 작업 환경과 글로벌 질서 모두에서 자동화 비중을 더욱 '강화'하고 있다는 사실이다. 바로 이 현대 세계의 자동화야말로 내가 말하는 '알고리즘적 현대성'이다.

2장

아마존의 가혹한 자동화 시스템

ALGORITHMS OF ANXIETY

ALGORITHMS OF ANXIETY

《지금 나에게 모든 것을 걸어라》는 개인 회고록과 비즈니스 경영서의 형식을 결합해 세계 최고 기술 기업의 문화를 들여다본 책이다. 저자인 앤 하이엇은 최고 CEO들의 일상 습관, 전략 행동, 장기 계획을 연대순으로 기록했다. 그중에서도 발군의 CEO는 단연 제프 베이조스로 하이엇은 한때 그의 밑에서 비서실장으로 일하기도 했다. 하이엇은 아마존 창립자이자 억만장자인 베이조스에 대해 '냉정하고' '무자비하다'고 설명한다. 그녀에 따르면 집 차고에서 시작한 작은 온라인 서점이 기업 가치 1조 달러 이상의 다국적 기술 기업이자 미국 내 2위의 민간 기업으로 성장할 수 있었던 데에는 의욕과 의지가 넘치는 건 물론, 수단 방법을 가리지 않는 베이조스의 매정한 성정이 가장 큰 역할을 했다. 데이터 주도 자본주의라는 전쟁터에서 아마존 생태계가 발전을 거듭할 수 있었던 건 베이조스의 지칠 줄 모르는 추진력과 고집 덕분이었던 것이다. 하이엇은 '가차 없다'는 단어야말로 베이조스를 가장 잘 설명할 뿐더러 그가 자신의 기업과 직원들에게도 요구하는 특징이라고 설명했다.¹

하이엇이 모든 것을 장밋빛으로 바라보는 와중에도 베이조스의 성격은 가차 없다고 강조한 건 주목할 만하다. 아마존이 지난 수년간 직원을 무자비하게 취급하고 임시 계약 노동자들을 착취해 온 것으로 알려지면서 지속적인 비판을 받아 왔기 때문이다.² 아마존 생태계에서는 자동화에 대한 집착을 엿볼 수 있다. 관리 시스템을 자동화했을 뿐 아니라 유통 센터 직원에 대해서도 알고리즘을 활용해 성과를 관리하고 감시까지 한다. 이는 어쩌면 당연한 결과다. 제프 베이조스는 열여섯 살 때 맥도날드에서 일하면서 자동화의 가능성에 집착하게 된 것으로 알려져 있다. 무엇보다 자동화를 통해 소매업을 삶의 방식으로 재구축하길 원했다. 물론 베이조스는 기술을 활용해 직원들의 생산성을 높인 최초의 억만장자는 아니었다. 헨리 포드의 경우, 시간 제어 공장이라는 테일러주의(20세기 초 프레더릭 윈슬로 테일러가 제창한 경영 철학으로 노동의 효율성을 극대화하기 위해 과학적인 방법을 적용하는 것을 목표로 하는 과학적 관리론-옮긴이)적 모형에 의존해 '노동의 과학적 조직'을 도입했다. 모니터링, 측정, 목표 설정과 동기부여를 통해 생산성을 더욱 높였다. 하지만 과거의 전형적인 포드식 공장과 오늘날의 아마존이 자동화와 데이터, 그리고 알고리즘에 기반해 개인화한 공정에는 거대한 차이가 존재한다. 미국 작가 크리스토퍼 밈스Christopher Mims는 〈월스트리트 저널〉에 기고한 글에서 관리 자동화 및 직원에 대한 알고리즘 감시를 극적으로 강화한 아마존의 혁신을 '베이조스주의'

로 명명했다.³ 이번 장에서 나는 노동자 관리 방식에 일어난 이 같은 디지털 전환이 사회적, 문화적, 정치적, 역사적으로는 물론, 심리적으로도 과장할 수 없는 영향을 미친다고 주장할 것이다.

자동화 시스템에서 살아남기

이처럼 초강력 자동화 생태계에서 생활하고 일하는 게 어떤 건지 다음의 명제를 보면 감이 좀 올 것이다. '알고리즘 주도 자본주의가 끊임없이 진화하는 환경에서 노동자들은 위태로운 직업이라는 멋진 신세계에서 착취와 모욕에 시달린다.'

《시즈널 어소시에이트Seasonal Associate》는 아마존에서 근무한 경험을 기록해 찬사를 받은 책으로 2014년 독일에서 출간되고 몇 년 후 영어로 번역되었다. 저자인 헤이커 가이슬러Heike Geissler는 세계 최대 자동화 네트워크 중 한 곳을 떠받치고 있는 지독한 노동 행태를 날카롭게 묘사한다. 저자는 '주문 처리 센터Fulfilment Centre'로 불리는 아마존 물류센터에서 일했던 시간을 연대기와 자서전 형식으로 결합해 풀어냈는데, 이는 우리의 논의를 위한 출발선이 될 것이다. 단, 가이슬러의 설득력을 강화하기 위해 인간과 기계의 상호작용 범위와 관련된 내용을 일부 보완할 예정이다.

책에서 가이슬러는 직설적이고 솔직한 것을 넘어 당혹스럽기까지 한 태도로 아마존의 노동 관행을 고발한다. 저자는 유명한 바버라

에런라이크의 《노동의 배신》, 에밀리 구엔델스버거Emily Guendelsberger의 《온 더 클록On the Clock》과 다소 비슷한 접근 방식에 자신만의 명민한 관점을 더해 임시 계약 경제 노동이 무자비하게 가하는 심리적, 신체적 압박을 추적한다. 오늘날 고용은 대개 기술 주도 자본주의가 끊임없이 진화하는 환경에서 그 어느 때보다 막대한 스트레스에 대처하는 방법을 배워나가는 걸 의미한다. 가이슬러는 이같은 현실뿐 아니라 훨씬 적나라한 분석까지 제시한다. 상당히 개인적이면서도 서사에 기반한 성찰을 통해 현대 노동이 지속적으로 '접속된 상태'를 요구함으로써 신체와 영혼을 파괴한다는 사실을 세 가지 관점에 입각해 입증한다.

첫째, 가이슬러는 공중 물류센터, 로봇 포장 및 글로벌 드론 배송 등 전자동 주문 처리 센터라는 아마존의 판타지를 강력하게 해체한다. 3D 매핑, 획기적 머신러닝, 드론 배송 시스템 등 완벽한 고객 경험을 위한 기술 혁신을 바탕으로 '이 순간의 미래'를 약속한 프라임에어 서비스의 홍보 영상을 풍자적으로 풀어낸다. 가이슬러는 라이프치히에 위치한 독일 아마존에 몸담았던 일화를 통해 아마존의 세계적 입지를 보여주기도 하지만, 인간 노동자의 영혼이 파괴되는 과정을 기술함으로써 생산 자동화 시스템의 허구성을 드러낸다. 바로 그 자동화 시스템이 직원을 심리적으로 로봇이나 다름없는 존재로 위축시키기 때문이다.[4] 이는 가이슬러가 아마존에서 목격한 억압적 노동 문화에 울리는 경고의 핵심이라고 해도 틀린 말이 아니다.

그녀는 참을 수 없는 생산 할당, 착취적 노동 관행 및 자동 관리 기술로 우리의 존재 방식이 해체되고 있다고 주장한다. '유연성'은 임시 계약 경제 노동에서 온갖 찬사를 받지만 무급 병가부터 퇴직 소득 누락 등 다수의 부채를 낳는 원흉이기도 한 만큼 가이슬러에게는 무색할 뿐이다. 뿐만 아니라 아마존이 요구하는 것이 사전 프로그래밍으로 반복되는 세미 휴머노이드 로봇 작업이다 보니 저임금 계약 노동자들은 정신 건강이 계속 악화될 수밖에 없다. 바람직한 직장 생활의 이미지는 주문 처리 센터가 요구하는 일상의 현실과 대비를 이루어 항우울제 소비량과 자살률이 급증하는 원인으로 작용한다.

둘째, 가이슬러는 위태로운 직장 생활의 부담과 책임을 좀 더 주관적인 관점에서 제시한다. 세계 최고 부호 중 한 명에게서 쥐꼬리만 한 월급을 받는 동안 자신이 얼마나 큰 절망과 무력감을 경험해야 했는지 고통스러운 사연을 들려준다.《시즈널 어소시에이트》에 특유의 신랄함을 부여하는 건 고단함과 황폐함의 정서다. 가이슬러는 아마존 근무가 생존을 위한 훈련이요, '순전한 인내'를 요구하는 상황이었다고 회고한다.

> 너는 죽지 않았다, 그것만큼은 확실하다. 너는 물리적 의미에서 살아 있고, 비유적 의미에서도 살아 있지만 너의 잠재력은 평소보다 심각하게 누적된 피로 속에 파묻혀 있다. 너는 하루하루 날짜를 지우며 경계, 즉 다음 단계의 출발선을 향해 나아가는데 이 경계에 도달하더라도 이내 또 다른 시즌별 계약직이 시작되거나, 혹은 시즌별 계약직을 반드시 시작해야 하는 때가 도래한다.[5]

가이슬러에게 아마존의 자동화된 관리 시스템에서 벌어지는 일이란 노동자의 주관적 감각을 박탈하고 신체의 힘을 약탈하는 데 지나지 않았다.

가이슬러가 아마존에서 근무하며 포착한 세 번째 특징 역시 기술과 밀접하게 연관되며, 앞의 두 가지 특징과 마찬가지로 미래상을 제시한다. 그녀는 기술 관련 업무의 경우 직원들의 재배치, 재조정 및 재선정이 얼마나 수시로 이루어지는지 강조한다. 이 때문에 직원들은 툭하면 생활 패턴을 바꿔야 할 뿐더러 그로 인한 신체적, 감정적 피로에 시달릴 수밖에 없다. 또한 개인과 가족의 생활 반경에 사소하고 주변적이며 순간적일지언정 명백한 침입이 수없이 발생하기도 한다. 가이슬러는 자동화 프로세스가 삶의 과제에 포괄적이고 다면적이며 누적되는 영향을 미쳐 개별 존재는 물론, 문화적으로 공유된 존재 역시 디지털 연결 및 스마트 기계의 영향에 잠식될 위험에 처해 있다고도 전망한다. 아마존 직원들이 "이미 개발된 기계를 위한 자리 지킴이"로 전락하고 있다는 두려움도 제시한다.[6] 그로 인한 피해가 규모나 범위 면에서 워낙 거대해 사회적 연결성이나 인간의 존엄성 중 현재의 디지털 전환 속에서 상처받지 않고 살아남을 만한 게 있는지 의문일 정도다.

그럼에도 기술 자동화, 머신러닝 혁신, 더 스마트하고 저렴한 디지털 솔루션에 대한 기업의 요구, 알고리즘의 관리 기법, 그리고 글로벌 오프쇼어링 및 전자 아웃소싱의 부상은 복잡하게 얽혀 있는 것으로 보인다. 그 결과 첨단 디지털화라는 궁지에 몰린 개인과 공동체는 심신이 피폐해질뿐더러 전반적으로 위축될 수밖에 없다. 그리고 모든 걸 집어삼키는 컴퓨터화가 완료되고 나면 인간에게 싸움을 이어갈 기력 따위는 남아 있지 않을 것이다. "아마존은 물류창고 로봇 생산업체를 매입하기 위해 약 7억 7,500만 달러를 투자하고 있다. … 그리고 당신은 한마디 이의도 제기하지 않는다"라고 가이슬러는 적었다.[7] 이처럼 알고리즘 자본주의가 주체적 에너지를 차단하고 좌절하게 만들면 이 모든 문제 현상은 무적으로 거듭난다.

가이슬러가 언급한 로봇 공학 및 기타 자동화 기술에 대한 투자는 모바일 로봇 주문 처리 시스템을 생산하는 업체이자 2012년 아마존에 합병된 키바시스템즈와 관련이 있다. 해당 로봇은 아마존이 물류센터 운영을 확장하고 새로운 기회를 창출하기 위해 개발한 것이다. 제품 진열대가 노동자 앞으로 곧장 이동하고, 작동 중에도 바코드를 스캔해 지침을 읽을 수 있는 등의 모바일 로봇 혁신은 미국 다국적 기술 산업의 발전을 재편하고 아마존 프라임 고객을 대상으로 한 배송 속도를 더 높이는 강력한 수단으로 평가받았다. 미국의 저널리스트이자 작가 제이슨 델 레이Jason Del Ray는 다음과 같이 적었다.

> 아마존이 주도하는 이 로봇 공학 경쟁은 오늘날 110만 명 이상의 미국인을 고용 중인 물류센터 산업에 지각변동을 일으킬 것이다. 그리고 인공지능 로봇의 부상은 이들 물류센터 로봇이 거의 모든 인간 노동자와 그들의 작업을 대체할 수 있는 날이 다가온다는 걸 의미한다.[8]

이 같은 로봇 군단이 아마존 물류센터 네트워크에 상주하는 인간 노동자를 전환하고 종국에는 대체하는 한편, 물류센터 내에서 로봇의 관리 및 수리를 담당하는 직원만 살아남게 될 것이라는 깨달음이 확산되고 있다. 그 결과, 노동자와 활동가 등 여러 주요 세력이 연합을 결성해 이 빅테크 기업의 무소불위 권력에 반대 목소리를 높이고 시위를 조직하기 시작했다. '우리는 로봇이 아니다!'라고 새겨진 티셔츠를 입은 아마존 시위대가 도처에서 목격되었다. 가이슬러가 느끼는 궁극의 두려움과 달리 반대 목소리가 아직 남아 있었던 것이다.[9]

노동자들을 관리하고 통제하는 알고리즘

　정치적 저항의 가능성을 어떻게 평가하든 오늘날 불안정 고용이라는 위기는 노동력, 특히 집단 작업의 리듬을 지배하게 된 알고리즘 기반 자동화에서 기인한다. 고도의 자동화와 알고리즘 관리, 즉 직원들의 활동을 정보화하고 해당 데이터를 스마트 기계에 다시 담기 위해 펼쳐지는 이 이중 프로세스의 퍼즐을 우리는 어떻게 이해해야 할까? 오늘날 임시 계약 경제를 통해 불안정한 일자리가 확산되는 건 단순히 이 두 가지 사회 기술 프로세스가 상호 작용한 결과일까, 아니면 머신러닝 알고리즘의 속도가 너무 빨라 현장의 직원들을 앞지르고 인간의 노동을 뒷받침하는 정서 조직과 문화 인프라까지 초월하게 된 것이 원인일까? 디지털 기술과 예측 알고리즘은 어떻게 아마존 같은 다국적 기술 기업에 의해 채택되고 개발되어 기존 고용의 생산성을 '갈아치우고' 이전에는 꿈도 못 꿨던 경제적 기회를 창출했을까?

아마존 내 직원과 알고리즘의 관계를 이해하려면 자동화 경제 발전의 틀 안에서 이 기업이 진화해 온 복잡한 방식을 파악하는 것이 중요하다.[10] 1990년대부터 오늘날까지 전개된 알고리즘 혁명의 상당 부분은 아마존이 고객 서비스의 디지털화를 위해 과감하게 단행한 실험 및 혁신을 통해 달성되었다. 아마존이 '아이템 기반 협업 필터링'을 개발하기 전, 대부분의 기업은 취향이 비슷한 소비자들의 구매 목록을 바탕으로 제품을 추천하는 '사용자 기반' 알고리즘을 배치했다. 이에 비해 아마존의 아이템 기반 협업 필터링은 해당 소비자의 구매 목록을 분석한 뒤 '비슷한 제품'을 연결하는 방식으로 예측 추천을 제시한다. 아마존의 온라인 소매 공정을 바꿔놓은 예측 알고리즘의 영향력은 물류센터 관리 시스템에 자동화 기술이 도입되면서 더욱 강화되었다.

오늘날 우리는 자본주의 생산 프로세스에서 알고리즘 관리뿐 아니라 알고리즘에 의한 노동의 자동화 역시 어느 때보다 확산되고 있는 세상을 살아간다. 데이터 기반 업무와 활동은 디지털 기술에 일상적으로 할당되거나 위탁된다. 일부 논평가들은 우리가 노동 활동과 업무 프로세스에 자동화 기술이 깊숙이 관여하는 '알고크라시 algocracy'의 부상을 목격하고 있다고 진단한다.[11] 전 세계 200군데 이상의 주요 물류센터 인프라에서 이루어지는 아마존의 유통 및 물류 운영이 대표적 사례다. 아마존 주문 처리 센터의 경우, 로봇이 지원하는 '픽 앤드 스토 스테이션pick and stow station'에서 직원들의 생산성을 모니터링한다. 직원들은 해당 주문 처리 센터에서 누적 산출된 각자의 생산성에 맞춰 (선반에 제품을 분배한 뒤 이들을 선반에서 내려 상자에 넣는 등) 작업을 완료해야 한다. 직원들은 10시간의 교대 근무 시간 동안 점심 시간 30분, 그리고 추가 휴식 시간 30분을 배정받는데 이때 물을 마시거나 화장실에 가거나 감독관과 대화할 수 있다. 이처럼 기계가 지배하는 새로운 노동 지형에서 직원은 자동화된 규칙과 요구라는 성가시고 거슬리는 시스템에 끝없이 시달린다. 실제로 아마존 알고리즘은 작업자가 목표 속도에 도달하지 못할 때마다 경고를 발동하는데, 심지어 경고를 너무 많이 받은 직원은 해고 위험에 처하게 된다.

토론토 대학의 알레산드로 델판티Alessandro Delfanti 교수는 아마존 내 알고리즘에 의한 작업자 개편과 그에 따른 물류센터 프로세스의 기술 조정을 조사한 뒤 작업자 활동 결과를 디지털 데이터로 전환해 자동 지능형 기계로 이전하는 것을 "기술적 탈취"로 표현했다.[12] 그는 자동화 기계 도입을 통한 노동자 생산성 조정, 작업의 세분화 및 표준화, 이직률 급증 및 그 결과로 나타난 디지털의 인력 통제를 기술적 탈취의 일환으로 본다. 그에 따르면 "아마존은 노동자를 자동화의 리듬에 매끄럽게 따라갈 로봇으로 만들 방법을 찾아야 한다. … 작업자가 선반에 상품을 진열할 때 그들의 자율성과 협력에 따라 이루어진 작업 결과가 데이터화되고 기계에 통합된다. 이는 물류창고 노동의 특징을 지속적으로 수집할 수 있는 토대가 된다." 델판티는 이탈리아의 아마존 물류센터 노동자들을 심층 인터뷰한 뒤 알고리즘이 노동 지식을 데이터 패킷에 사실상 "빨아들이고", 그렇게 생성된 정보가 알고리즘 전반에 반영되어 물류창고의 노동 프로세스 및 협력을 규제한다는 사실을 발견했다. 노동자 생산성 측정에 알고리즘이 침투한 것이야말로 작업자의 주체성을 억압하기도, 독려하기도 하는 원격 자동 통제의 핵심이라는 게 델판티의 결론이다.

알고리즘의 지배라는 새로운 체제에서 데이터는 작업을 할당하고 지시를 분배하며 업무 내용을 추적하는 등 작업자와 관리자를 중개하는 역할을 한다. 물류창고에서 살아남기 위해서는 기계 지능에 무조건 항복해야 한다. 델판티와 인터뷰 한 이들 중 한 명은 이렇게 밝혔다. "물류센터에서 일하지만 뭐가 어디로 들어가야 하는지 제가 직접 보거나 제어할 수 없어요. … 물류창고에 워낙 물건이 넘쳐나니까 카트에서 끊임없이 내려야 하죠."[13] 재고를 관리하고 어느 아이템이 어느 시점에 어느 위치로 들어가야 하는지 알려주는 건 알고리즘이다. 바코드 기기의 '연두색 불빛'을 통해 어느 아이템이 수거함에 들어가야 하는지 알려주는 것도, 작업자가 자신의 속도를 채우지 못했을 때 경고를 발동하는 것도 알고리즘이다.

델판티는 특히 노동자의 지식을 탈취해 소프트웨어 시스템으로 디지털화하는 것을 "증대된 폭정"으로 칭하고, 이는 엄연한 기술 탈취의 산물임을 강조했다. 델판티가 물류창고 노동을 개편한다고 지목한 알고리즘 시스템은 단순히 고도의 기술 프로세스로 작용하는 데 그치지 않고 조직의 새로운 기술 및 관리 관행 자동화에도 관여한다.

여기서 두 가지 사실을 도출할 수 있다. 첫 번째는 아마존 물류 운영에서 알고리즘의 가장 중요한 역할은 물류창고 작업자 추적이라는 점이다. 이는 부인할 수 없는 사실이지만 델판티의 분석은 관리자가 조직에서 자신의 역할을 수행하는 데 알고리즘 시스템에 얼마나 크게 의존하는지도 잘 보여준다. 실제로 그는 이렇게 적었다.

아마존은 관료들이 테일러주의적 환경에서 수행해야 하는 전형적 역할을 자동화했다. 노동자로부터 정보를 빨아들여 생산 프로세스의 흐름을 제어하거나 강화하는 역할 말이다. 관리자는 시스템 알고리즘을 통해야만 물품을 검색하거나 일련의 작업을 할당하거나 작업자 생산성을 계산할 수 있다.[14]

알고리즘은 기본적으로 작업자를 모니터링하고 기강을 잡는 데 활용되지만, 물류창고 작업의 관리 방식은 문화적 이데올로기와 물질적 인프라에 따라서도 달라진다. 델판티는 상당한 공을 들여 이 같은 현상을 분석하는데, 특히 아마존 조직 문화에 동참하기를 촉구하는 억압적 관행과 능력 강요에 상당한 비중을 할애했다. 여기에는 '오늘의 성공 스토리'에 대한 관리자 브리핑부터 박수갈채로 생산성 향상을 축하하는 관행까지 다양하게 포함된다. 실제로 델판티가 취재한 이들 중 한 명은 이렇게 회고한다. "경영진이 직원들을 불러놓고 이렇게 말하는 식이에요. '한번 생각해 봅시다, 여러분. 오늘도 여러분 덕분에 많은 아이들이 웃게 될 거예요. 여러분이 수천여 가정에 기쁨을 가져다준 거죠.' 이런 얘기를 들을 때마다 그 사람들 얼굴에 주먹을 날리고 싶다니까요."[15]

나는 아마존의 물류창고 운영에 대한 델판티의 비판에 대체로 공감한다. 하지만 '기계적 탈취'라는 용어는 만족스럽지 않다. 여기에는 기술 결정론의 위험이 도사리고 있다고 해도 틀린 말이 아니다. '증대된 폭정'이라는 개념 역시 그다지 설득력이 없어 보인다. 무엇보다 델판티의 비판은 내가 이전에 사회과학계에 너무나 만연해 있다고 주장했던 기술과 사회의 이원론을 강화하는 측면이 있다.

델판티가 묘사하는 알고리즘의 세계는 노동에 대한 기술적 침략의 측면과 문화적, 물질적 이해관계에 따른 경영 전략의 측면으로 나뉘는 듯 보인다. 하지만 과연 알고리즘에 의한 자동화가 이런 식으로 분류될 수 있는 것인지, 그리고 노동자의 에너지가 디지털 시스템과 기술 프로세스에 그렇게 깔끔하게 통합될 수 있는 것인지 자명하지 않다. 또 다른 문제는 노동자 지식을 수탈해 자동화 지능형 기계에 통합하는 데 분석적 초점을 맞추는 게 물론 가치 있기는 하지만 만약 그에 따른 정신적 부작용과 정서적 영향을 다루는 데 실패한다면 한계가 명확하다고밖에 할 수 없다. '기계적 탈취'라는 용어의 개념적 적절성과 무관하게 나는 알고리즘에 의한 업무 자동화와 관련해 근본적으로 더 중요한 요소가 있다고 본다. 디지털 격리 자체가 그것인데, 이는 지식의 알고리즘 시스템에 지식이 통합되는 방식과 그에 따른 개인의 절망과 정서적 황폐화 양상 모두를 통해 실현된다.

스마트 기계가 노동자의 지식과 업무 기술을 수탈하는 이 세상에서 자동화 임박에 따른 불안에 시달리는 사람들은 고립감에 휩싸이고 정서적으로도 피폐해진다. 특히 회사나 조직으로부터 단절될 뿐 아니라 일하는 삶의 버팀목이 되어온 어떤 의미나 목적의식으로부터도 멀어진다. 다시 한 번 강조하지만 그와 같은 세상은 단순히 수탈됐을 뿐 아니라 포위된 세상이다. 아마존이 운영 전반을 알고리즘에 위탁한 것은 물류창고의 효율성과 생산성을 강화하는 건 물론이고, 주문 처리 센터 노동자들을 추적하고 감시하며 규율하는 데 이어 모든 움직임을 예측하기 위해서였다. 노동자가 반드시 적응해야 하는 알고리즘 세상은 개인이 '기계의 톱니바퀴'로 기능하는 만큼 지독한 반복에서 비롯되는 단조로움과 지루함으로 특징지어진다. 하지만 범위를 더 확대하면 개인이 타인을 대하는 방식이나 위기에 대처하고 안팎의 변화에 대응하는 방식, 정서적 위기를 인지하고 해결책을 찾는 방법 등도 변화시킨다.

알고리즘 자동화, 즉 업무 속도와 직원의 생산성을 높이기 위해 감시, 측정, 할당량, 목표, 동기부여와 다양한 인센티브 기능을 제공하는 총체적 데이터 시스템 속에서 노동하는 삶에 적응할 가능성은 놀라울 만큼 낮아 보인다. 자동화 관리 시스템이 끝없이 전달하는 지시와 업무를 제때 해내지 못하는 이들은 공사를 막론하고 절망의 늪에 빠져든다. 이렇게 정서적으로 피폐해지고, 심지어 그것이 일상적으로 지속되면 개인의 삶은 우울감에 압도되고 신체적으로도 망가지고 만다.[16] 미국의 저널리스트 마고 루스벨트Margot Roosevelt는 〈로스앤젤레스 타임스〉에서 알고리즘이 정한 생산성 목표치를 달성하지 못해 30대 초반에 아마존에서 해고된 샤넬 호크스Chanel Hawkes의 사례를 소개하면서 이 사례가 임시 계약 고용의 취약성을 적나라하게 보여준다고 지적한다. 노동자들은 자신이 언제까지 일할 수 있을지도 알지 못한다. 호크스는 시간당 15달러에 알고리즘 자동화 시대가 낳은 모바일 로봇과 함께 근무 스케줄에 갇혀 있어야 했다. "그녀는 주 5일, 오후 6시부터 새벽 4시 30분까지 구강청결제, 책, 장난감을 포장했다"고 루스벨트는 적었다.[17] 작업은 힘들고 불쾌했으며("마치 10시간 동안 전력 질주하는 것 같았다"), 호크스는 극심한 손목 통증으로 속도를 유지하기가 어려웠다. 이에 아마존 상사들은 '단백질을 더 많이 먹으라'는 등 설교를 해댔고 알고리즘의 성과 관리 시스템도 호크스의 능력을 훌쩍 뛰어넘는 생산성을 요구했다.

이렇게 전형적인 데이터의 업무 침범으로 호크스는 결국 직장을 잃고 말았다. 하지만 호크스는 실직 이외에도 많은 걸 감당해야 했는데, 계속되는 손목 통증으로 운전이나 '식료품 카트 밀기' 등 일상생활조차 영위할 수 없게 된 것이다. 그녀는 한때 마음껏 펼쳐 보였던 예술적 재능도 더 이상 발휘하지 못한 채 절망 속에 표류하고 있다. 루스벨트에 따르면 "그녀는 커뮤니티 칼리지에서 미술을 전공한 자신이 다시 그림을 그릴 수 있는 날이 올지 의문이다."

디지털 기술이 불러온 비극

자동화된 물류센터 작업을 사회적 차원과 정서적 차원으로 구분할 수 있는 한, 직원들의 경험도 내면세계와 외면세계의 상호작용이라고 말할 수 있다. 하지만 이 같은 대칭적 상호작용을 알고리즘 감시와 자동화된 관리가 망가뜨리고 만다. 일터에서 디지털 기술이 수탈자의 지위를 차지함에 따라 불안과 절망이 폭발적으로 증가했다. 그 결과, 디지털 자본주의 사회에서 살아남기 위해 자기 구성적이고 끝없이 적응할 수 있으며 특출나게 유연한 직원으로 거듭나려면 둘 중 한 가지 전략을 선택해야 한다. 자동화 감시의 어두운 측면을 깡그리 무시하거나, 아니면 그것을 개인 주체성의 특정한 요소쯤으로 대하는 것이다. 하지만 정보 기술과 디지털 기술, 그리고 자동화 기술이 결합해 재구축된 알고리즘 물류창고에는 절망감과 파괴 성향, 그리고 우울증이 흘러넘치는 만큼 둘 중 어떤 전략도 힘을 쓰지 못한다.

이처럼 인간의 내면과 외부세계의 괴리가 커지면서 자동화 기술이 물류창고 등의 공장 작업에서 수행하는 역할을 지금까지와는 다른 관점에서 바라봐야 할 시점에 이르렀다. 알고리즘 자동화 일터의 확산과 그에 따른 불안, 절망과 우울증의 증가 현상 사이에는 내적 모순이 가득하다. 하지만 일부 사례를 통해 '바깥에서 안으로' 살펴들어감으로써 이 같은 수수께끼에 답을 구해보자.

2021년 3월 1일, 아마존 라스베이거스 주문 처리 센터의 48세 직원 폴 빌섹은 "동료 직원들이 공포스럽게 지켜보는 가운데 중이층 높이로 구성된 건물 4층에서 투신해 사망했다."[18] 처음에는 사고사라는 추측이 무성했지만 다음 날, 검시관은 빌섹의 죽음을 자살로 결론 내렸다. 높은 스트레스를 유발하는 아마존의 근무 환경과 억압적 관리 관행이 빌섹의 죽음을 부추긴 것으로 추정되었다. 하지만 언론은 그의 자살 사건보다 그 직후 물류센터에서 벌어진 상황에 더 큰 초점을 맞췄다. 얼핏 생각했을 때 그렇게 비극적인 일이 생겼다면 센터의 작업은 중단되고 아마존의 안일한 자동 규제는 무너졌어야 마땅하다. 하지만 아침 7시경 빌섹이 사망한 이후 라스베이거스 주문 처리 센터는 기존 스케줄 그대로 작업을 이어갔다. 감독관들은 직원들을 굳이 귀가 조치하지도 않았다. 빌섹의 동료 한 명은 이렇게 말했다. "관리자들도 무슨 일이 벌어졌는지 알고 현장에도 가봤지만 우리를 즉각 귀가시키지 않았어요. 그냥 누군가 죽은 것뿐이죠. 실적만 달성하면 다른 건 어찌 되든 상관없는 게 아마존 관리자들이라는 걸 확인한 것 같아요."[19]

지난 수년간 아마존 물류창고의 노동 환경과 관련해 수많은 논쟁이 있었다.[20] 가령 모바일 로봇과 함께 일하는 데서 오는 고도의 압박감, 디지털로 측정되는 화장실 휴게시간, 알고리즘의 직원 생산성 감시 등이 논쟁의 중심이었다. 하지만 정신적으로 무너지고 자살을 시도하는 등의 문제가 훨씬 심각하다. 빌섹이 아마존에서 근무하기는 했지만 그의 죽음을 계기로 전례 없는 수준의 정신적 스트레스에 직면한 업계 전체를 살펴볼 필요가 있다. 이 같은 추세를 보여주는 지표가 다양하게 존재한다. 〈데일리 비스트〉가 911 기록, 구급차 호출 및 경찰 보고서를 검토한 결과, 2019년 응급 구조대원이 아마존 물류창고 직원의 자살 시도 및 정신 건강 문제로 출동한 횟수만 해도 189회가 넘는 것으로 나타났다.[21] 같은 해 영국의 아마존 물류센터에도 구급차가 무려 600회 이상 출동했다.[22] 상황이 이렇다 보니 미국, 영국, 이탈리아, 독일, 스페인 등지에서는 아마존 물류창고 직원들의 파업과 시위가 대규모로 벌어졌다.

아마존은 내 영혼을 짓밟았어요

지금까지 근로자들이 알고리즘 자동화는 물론, 자신을 조직의 새로운 요구에 끼워 맞추는 과정에서 정서적으로 어떤 영향을 받는지 살펴보았다. 노동자들은 대개 더 오래, 더 열심히 일해야 하는 등 다양한 변화를 겪게 되었다. 창고 물류를 알고리즘에 따라 관리하게 되면서 생산성은 미처 상상 못했던 수준으로 향상됐지만 자동화 프로세스는 인간의 신체와 전쟁을 치르고 있다. 노동자의 작업 속도가 아무리 빨라졌다고 해도 일상을 지배하게 된 자동화 알고리즘의 속도에는 한참이나 못 미치기 때문이다.

알고리즘 관리가 노동자들을 숨 막히게 몰아붙여서 생기는 부작용은 이뿐만이 아니다. '해고'에 대한 두려움 역시 만연해졌다. 이는 자동화 지능형 기계가 갈수록 많은 부문에서 인간을 대체하고 있다는 통념에서 비롯된다. 미국의 사회학자 리처드 세넷은 이를 "자동화로 인한 쓸모없음의 불안"으로 칭했다.[23] 이 같은 두려움은 최근 극적으로 증가했을 뿐 아니라 스트레스, 피로, 좌절, 우울증과 폭력까지 유발하는 경향을 보인다. 말하자면 자동화로 인한 쓸모없음의 불안이 깊은 상처로 자리 잡고 있는 것이다.

 여기에서 언급한 노동자들은 대부분 자신이 더 오래, 더 치열하게 일하는 데다 스트레스는 늘었다는 사실을 알고 있지만, 이 같은 변화가 정서적으로 어떤 악영향을 미치는지는 알지 못한다. 〈뉴욕포스트〉의 딘 발사미니Dean Balsamini가 인터뷰한 모린 도넬리는 아마존 주문 처리 센터 직원 출신으로 '로봇이 운영하는' 직장에서 생활하며 겪어야 했던 치욕에 대해 상당히 긴요하면서도 정밀한 평가를 내린다. 2018년 말, 스태튼 아일랜드의 아마존 주문 처리 센터에 취업한 도넬리는 처음에는 자신이 하는 일에 열광했지만 열정은 이내 사그라들었다. "아마존 물류창고와 제3세계 노동 현장은 로봇 빼고는 다를 게 없어요. 아마존은 온 사방이 로봇인데 인간이 로봇보다 못한 대우를 받죠."[24]

 도넬리에 따르면 아마존은 노동자의 신체가 감당할 수 있는 일의 범위 따위는 안중에도 없이 모든 것을 침해한다. 직원들은 매일 물류창고에 출근하는 대로 면봉을 입에 넣어 약물 검사를 받아야 했다. 휴대전화 등 다양한 개인 물품은 압수당하거나 라커룸에 보관해야 했는데, 이는 물류창고 내부 사진이 유출되는 것을 막기 위한 기업 정책의 일환이었다. 하지만 도넬리가 지적한 것처럼 이들 규정은 직원들을 더 불안하게 만들 뿐이었다. 그녀는 "다섯 살 딸을 키우는 30대 싱글맘 한 명은 아이를 돌봐주는 부모님이나 아이 유치원에 급한 일이 생겨도 전화기가 없어서 통화조차 할 수 없었어요"라고 말했다. 여기서 기업은 노동자가 기계의 노예가 되어 갈수록 빨라지는 자동화 속도를 따라잡기 위해 무조건 노력해야 한다고 여긴다는 사실을 알 수 있다.

아마존은 근로자의 시간과 공간을 점령하는 데에도 능숙하다는 사실이 입증되었다. 물류센터에서 노동자가 화장실 다녀오는 시간을 측정하는 건 노동자들의 자존감을 수탈하는 대표 사례로 손꼽혀 왔다. 아마존은 자동화 지능형 기계의 무자비한 속도에 발맞춰야 하니 신체의 생리적 욕구조차 묵살하라고 요구했다. 심지어 화장실 휴게시간을 너무 많이 쓴 노동자는 곤경에 처할 수도 있었다. "화장실에 갈 때는 관리자에게 따로 보고해야 해요. 유치원을 졸업한 뒤로는 처음 겪는 일이었죠." 도넬리가 말했다. 이를 통해 알고리즘 자동화 시대가 근로자를 아기 취급한다는 걸 알 수 있다. 아마존은 마치 조직의 프레임에 생리적 욕구가 침투하는 경우를 (어쩌면 제거도 가능하다는 환상 속에서) 줄이면 노동자가 자동 생산의 속도와 요구를 '소화할 수 있을' 것이라고 믿는 듯하다. 도넬리는 근로자를 위한 의자가 부족한 것부터 숨이 턱턱 막힐 만큼 더운 실내, 극단적으로 짧은 점심시간("땅콩버터 샌드위치 반쪽을 입에 욱여넣고 탄산음료 몇 모금 마실 만한 시간")에 이르기까지 이들의 희생을 요구하는 사례를 끝도 없이 제시한다. 현실이 이렇다 보니 근로자가 알고리즘 규제 시스템에 적응하는 과정에서 고립감과 절망감에 압도되고 마는 건 어찌 보면 당연하다.

아마존 직원들은 근무 시간 동안 세상과 완전히 단절된다는 도넬리의 증언은 기술 기업들이 다른 건 안중에도 없이 이윤만 추구한다는 사실을 보여준다. 하지만 자동화 비중이 갈수록 높아지는 현대 사회에서 스스로 물러나 자신을 돌봐야 할 필요성이 얼마나 커졌는지도 알 수 있다. 이 같은 깨달음이 있기까지 개인적, 그리고 문화적으로 막대한 대가가 뒤따랐는데 도넬리는 이를 다음과 같이 정리했다.

> 그 일은 내 영혼을 짓밟았고 몸도 못 쓰게 만들었어요. 매일 열두 시간 가까이 일하는 동안 다른 사람들과 대화할 수 있는 시간은 5분도 채 안 됐죠. 잠을 잘 못 자서 가족들에게 짜증도 잘 냈어요. 무릎이 아파 죽을 지경인 데다 허리와 어깨에 통증이 계속됐어요. 왼쪽 엉덩이도 욱신거렸고요. 교대 근무가 끝나면 발목이 평소의 세 배 크기로 부어서 매번 얼음찜질을 해줘야 했어요.

일하기 위해 이 같은 여건을 감내하고 적응해야 하는 데다 정서적, 신체적 부작용까지 겪어야 한다는 사실은 충격적이다. 도넬리의 발언은 (아마존의 경우) 인간의 영혼을 억압하는 알고리즘의 관리 감시 기능이 정점에 이르렀음을 시사한다.

"그 일은 내 영혼을 짓밟았어요"라고 말하는 도넬리는 아마존에서 정확히 무엇이 부정당하고 약탈당하는 경험을 했기에 트라우마까지 생긴 것일까? 그녀의 발언은 상실의 트라우마를 강조한다. 그녀는 정신적으로 '짓밟혔고' 몸은 '못 쓰게' 되었다. 이렇게 정신과 신체를 구분하게 된 것은 실제 파열(노동자의 지식을 몰수해 자동화 기계로 이전)이 일어났고, 그 때문에 낙심해 응어리진 슬픔이 생겼기 때문은 아닐까? 생존주의에서 후퇴는 의식적이면서도 무의식적인 삶의 전략이 될 수 있다. 노동자가 완전히 소진되는 걸 막을 수 있는 한 가지 방법이기도 하다. 낙심은 우울증으로 이어지고 임시 계약 노동자는 심리적 번아웃으로 퇴행한다. 우울증에서 나타나는 황량한 수동성은 무엇보다 거부의 한 형태로서 근로자가 근무 환경에서 벗어나 벽 뒤에 숨는 것과 마찬가지다. 이렇게 대응하는 것이 알고리즘이 관리하는 현대 자본주의 사회에 계속 참여하는 것보다 훨씬 덜 고통스러울 수 있다. 긱 이코노미가 폐기될 수는 없지만 소위 우울증이라는 심리 상태는 일시 중지할 수 있다. 근로자의 우울증이 알고리즘 자본주의에 개인의 삶이 종속되는 것을 부정하는 역할을 하는 것이다.

쓸모없음에 대한 불안

자동화로 사람들의 기술적 숙련도가 저하되는 것은 비단 경제적 차원의 문제만이 아니다. 심리적 위기와 극심한 불안, 신체적 스트레스와 만연한 두려움을 초래하는 문제이기도 하다. 이는 궁극적으로 자신의 가치를 극도로 깎아내리는 결말을 초래하는데, 그래서 파악하기가 더 어렵다. 디지털 기술은 속도를 극대화하고 시간을 지우는 만큼 사람들에게 더 열심히, 더 오래, 더 빨리 일할 것을 요구한다.

또 한편으로는 주체성을 교묘하게 부정해 자아의 자율성을 짓밟는다. 자동화로 인한 숙련도 저하가 자아를 절망으로 이끈다고 할 수 있다.

나는 이렇게 자아가 망각되는 것이 정신분석학의 관점에서 유익하게 재구성될 수 있다고 본다. 프로이트는 제1차 세계대전 중 집필한 에세이 《애도와 우울Mourning and Melancholia》을 통해 한편으로는 사랑과 상실, 다른 한편으로는 정체성과 자기 동일시의 한계 사이의 복잡한 상호 연관성을 탐구했다. 그리고 사람들은 상실을 통해 스스로를 창조하고 재창조한다는 도발적 주장을 내놓았다. 망각과 기억, 그리고 엄청난 정서적 상실을 반복하면서 자기 발전의 궤도로 나아간다는 것이다. 사람들은 타인과의 정서적 유대에 따른 충만함에서 무엇인가를 얻지만 그와 같은 연결이 공허를 암시하기도 한다는 게 프로이트의 주장이다. 타인 등 자신 이외의 무언가에 감정을 투자하는 건 충만함을 경험하기 위한 기본 조건이지만 늘 상실의 가능성이 뒤따르는 만큼 견고한 자아에 균열이 생길 위험을 배제할 수 없다. 특히 프로이트는 사랑하는 사람을 잃었을 때 마주하는 고통이야말로 연인 관계의 모순을 실체로 드러내 양지로 나오게 하는 완벽한 기회라고 이야기한다.[25]

여기서 프로이트는 '정상적 애도'와 '우울의 복잡성'을 구분한다. 자아는 일반적 애도의 과정을 거치면서 사랑하는 타자로부터 분리되고 그들의 부재로 인한 고통의 감정을 모순과 더불어 받아들인다. 이 방식에서 잃어버린 타자에 대한 사랑은 상당한 정서적 갈등을 수

반할지언정 보존된다. 반면 우울한 상태에서 슬픔에 빠진 자아는 잃어버린 사랑을 끊어내지 못하고 프로이트가 '동일시'라고 부르는 심리적 절차가 이루어지는 내내 이를 붙들고 있다. 우울한 사람은 슬퍼하지 못하고 잃어버린 사랑에 대한 감사나 분노를 표현하지도 못한 채 자신에게 절망을 돌린다. "에고를 비우고 비워내 결국엔 황폐해지고 만다."

애도와 우울에 관한 프로이트의 이론은 자동화 지능형 기계가 인간을 대체할 것이라는 뿌리 깊은 문화적 두려움과 어떤 관련이 있을까? 이 같은 구분은 자동화로 인간의 작업이 단순화되는 현상을 더 잘 이해하는 데 어떤 도움을 줄 수 있을까? 프로이트의 연구, 그중에서도 상실과 슬픔, 그리고 우울의 영역은 대개 사랑하는 이의 죽음과 관련된 경우를 의미하는 것으로 이해된다. 하지만 엄밀히 말해 이 같은 해석은 정확하지 않다. 프로이트는 우울증의 원인을 파고들며 이렇게 적었다. "우울증을 유발하는 사례는 대개 죽음으로 인한 상실이라는 명확한 경우를 넘어 모욕당하거나 무시당하거나 실망하는 모든 상황을 포함한다."[26] 우울한 상태에서 이루어지는 동일시에 대한 프로이트의 분석은 이처럼 강렬한 양가감정이 문화 활동 전반에서 떠오를 가능성을 열어두었다.

알고리즘에 대한 사회의 불안이 만연한 이 시점에서 나는 프로이트의 이론을 활용하면 자동화로 인한 인간의 숙련도 저하를 더욱 생생하게 이해할 수 있다고 생각한다. 《애도와 우울》이 출간된 지 100년도 더 지난 지금, 경제와 사회는 기계 지능과 알고리즘에 지배당하고, 전산화된 자본주의는 자동화 논리에 기반해 인간의 삶을 평가한다. 하지만 자동화에 따른 숙련도 저하에 대한 불만이 우울증으로 전환된다면 이 같은 상황은 어떻게 이해해야 하는지 의문이 제기된다. 그렇게 되면 사람들은 자기 파괴적으로 바뀔까? 분노할까? 자동화로 인한 쓸모없음의 불안은 일종의 긴급한 절망을 묘사하는 것일까, 아니면 알고리즘 시대의 자동화로 인한 숙련도 저하는 동일시할 인간 주체가 없는 상태에서 더 많은 우울증을 유발하게 될까?

나는 자동화로 인한 숙련도 저하의 불운을 겪으며 불만에 찬 이들이 상실한 것은 정확히 무엇인지 끊임없이 질문하자고 제안하고 싶다. 여기에는 중요한 이유가 있다. 우선, 여기에는 오해할 만한 구조가 만연해 있다. 무의식 속의 고통스러운 기질은 상징화할 수 없는 것이다. 프로이트에 따르면, 우울증에서 "상실은… 발생했지만 상실한 게 무엇인지 명확하게 인식할 수 없고, (그 사람) 역시 상실한 게 무엇인지 의식적으로 인지할 수 없다고 가정하는 것이 합리적이다."[27] 확실성에 열광하는 데이터 중심 사회의 틀 안에서 이렇게 '알지 못하는' 상태는 절망적이다. 프로이트는 신체적 통증과 정서적 고통을 정신분석학적 관점에서 해체해 기존 지식에 또 한번 반기를 들었다. "우울증의 복잡성은 공공연한 상처처럼 기능한다."[28] 프로이트는 개인 주체는 치유되지 않은 상처로 정서적 고통에 시달리며, 이 상처가 너무 심각해 사회생활의 트라우마에서 회복되지 않을 것이라고 추측한다.[29] 하지만 이 트라우마의 내적 복잡성은 훨씬 확장된다. 일찍이 프로이트는 우울증의 역학을 신경학적 관점에서 설명했는데

우울증이 결국 "정신적 영역으로 포섭되어" 상처처럼 기능한다는 것이다.[30]

프로이트에게서 많은 영향을 받기는 했지만 내가 그의 아이디어를 차용하는 범위는 지극히 제한적이라는 사실을 강조해야 할 것이다. 저자들 중에는 프로이트의 자아 및 사회 관련 이론에 날카로운 비판을 제기하는 이들이 많다.[31] 프로이트는 정신분석학적 예측의 범위에 굳이 제한을 두지 않았다. 개별 사례 분석은 거시적 수준에서 이루어졌고 성격 발달 특성 역시 총체적으로 정리했다. 하지만 프로이트의 연구가 개념적, 사회학적으로 아무리 부적절했다고 해도 알고리즘이 지배하는 현대 사회에서 개인적 꿈과 희망의 심리 사회적 측면을 파악할 수 있는 건 그가 우울증과 슬픔을 분석한 덕분이라고 생각한다. 알고리즘이 주도하는 자동화는 인간의 주체 정서 발달에 결정적 영향을 미친다. 새로운 종류의 기술 수탈로 느끼는 고립과 절망, 그리고 우울증은 인간을 소진시켜 심지어 자기 파괴로 몰아가기도 한다. 내가 자동화로 인한 숙련도 저하를 묘사할 때 핵심은 임시 계약 노동자들이 우울증 등의 정서 질환과 유사한 정신적 소진을 겪는지 여부가 아니다. 그보다 인공지능 혁명이 일과 고용, 나아가 인간 능력과 관련된 개인의 정체성에 의문을 제기하는가 하는 문제가 더 중요하다.

우리는 이 모든 것을 통해 더 열심히, 더 오래, 더 빨리 일하는 사람들의 '정서적 분열'을 추정해 볼 수 있다. 알고리즘이 지배하는 현대 사회에서 자동화라는 기술 변화의 바탕에는 개인의 정체성이 축소되고 노동자가 이전과는 다른 방식으로 자동화 재생산 프로세스에 통합되는 등의 중대한 전환이 자리하고 있다. 한마디로 알고리즘에 의한 관리와 고용이 정체성의 심리적 차원과 사회적 차원을 모두 변화시키는 것이다. 자동화 지능형 기계는 사람이 따라잡을 수 없는 속도로 작동하는데, 바로 그 속도가 전산화된 자본주의의 핵심 수익 원인 만큼 알고리즘 관리는 근로자의 경험을 탈개인화하고 압도한다. 오늘날 노동자 활동에 대한 알고리즘의 관리와 감시는 분산되고 확산되며 모든 것을 포괄하는 일종의 일상적 공포로 경험되고 있다. 이 같은 이미지가 시사하는 건 개인의 분리보다는 정서의 강제 후퇴다. 인간의 노동은 자동화된 기계 지능과 달리 속도가 느리다는 이유로 평가절하된다. 따라서 최첨단 기술 기업들이 직원들을 느리고 무심하며 대체 가능한 '기계의 톱니바퀴'로 취급하는 것은 어쩌면 당연한 일인지 모른다. 뿐만 아니라 오늘날 많은 직원이 자동화라는 소용돌이의 한가운데서 벼랑 끝에 서 있다고 느끼는 것도 당연한 일이다.

  나는 기술 기업의 생산성 데이터, 감시 및 알고리즘 기준에서 뒤처지지 않기 위해 고군분투하는 물류창고 노동자들의 고충과 현재 논의되고 있는 '정서적 전환'이 밀접하게 연관된다고 본다. 이 같은 관점에서 저소득 임시 계약 노동자들이 알고리즘에 적응하는 방식은 특정한 정서 구조가 지금의 지배적 사회-기술 관계를 어떻게 '뒷받침하는지' 잘 보여준다. 여기서 우리는 주체성을 무력화시키는 구조를 파악할 수 있다. 가령 대규모 노동력의 숙련도 저하를 디지털 혁명의 전반적 여건에 연결 지어 생각해 보자. 미국의 정치경제학자 해리 브래버먼Harry Braverman은 이 같은 전반적 절차를 자신의 '탈숙련화 이론'에서 명확히 설명했다.[32] 브래버먼은 숙련된 노하우가 육체노동자들 사이에서 점진적으로 사라지고 있으며, 이 같은 탈숙련화는 사무 업무의 기계화로 오히려 가속도가 붙는 중이라고 보았다. 하지만 우리 시대의 탈숙련화에는 알고리즘과 자동화 전략이 주도하는 체계적 강압과 노동자 지식의 수탈이 포함된다. 빠르게 이루어지는 알고리즘 계산, 데이터 제어 및 자동화된 관리 프로세스는 업무뿐 아니라 노동자의 탈숙련화 역시 수반한다.[33]

자동화된 물류창고 노동에 필요한 건 별다른 숙련 기술이나 휴게시간, 사회관계, 혹은 적절한 수면 없이도 제 기능을 할 수 있는 신체다. 그 신체는 심지어 끊임없는 부상에 시달리고 불안감이 갈수록 심해지더라도 처방약으로 관리하며 살아남을 수 있어야 한다. 종합하면, 자동화된 작업과 알고리즘 관리는 개인의 고립과 우울증을 사육한다. 진정제 처방약과 더불어 개인의 소외와 정서적 우울증은 알고리즘 감시의 확산 속에 남아 있는 일말의 자아마저 말살한다. 프랑스의 정신분석학자 줄리아 크리스테바는 "우울증은 필수 프로세스로부터의 정신적 철수를 표현한다. 모든 연결, 즉 언어적 연결, 성적 연결, 그리고 궁극적으로 자살 충동으로부터 보호해 주는 생명과의 연결은 단절되었다"고 적었다.[34]

알고리즘이 유발한 필수 프로세스에서 철수할 때 발생하는 우울증은 인간이 사유하는 데 사용되는 광범위한 자원의 탈숙련화 역시 포함한다. 샤넬 호크스는 자동화 물류창고에서 일한 이후 일상의 기본 과제조차 수행할 수 없게 되는 등 고통과 혼란 속에 자신을 잃어버렸다. 그림을 그릴 수 없고 다른 형태의 상징적 표현 역시 하지 못한 채 신체적 고통에 갇히고 말았다. 모린 도넬리 역시 정서적으로 단절된 채 살아간다는 점에서 비슷했다. 개인의 주체성이나 자율성의 가능성은 알고리즘 감시를 통한 자동화의 늪 속에서 증발해 버렸다. 도넬리의 경우 영혼과 육체 모두 망가져 제 기능을 못하게 되었고 다른 이들은 심지어 더 피폐해져 자살이 유일한 탈출구로 보일 정도다. 크리스테바가 지적했듯 "조금만 눈을 돌려도 정신적 삶은 위축되고 영혼은 죽어간다는 사실을 알 수 있다. 이것이 바로 지금의 위기다."[35] 저소득 임시 계약 노동자들은 지금, 슬픔에 빠져 본인의 신체에서조차 이방인이 될 위험에 처했다.

인간의 주체성 회복마저 도구화되는 현실

자동화로 인한 쓸모없음의 유령에서 기인하는 부작용을 견뎌내는 기업만이 승승장구할 수 있다. 기업들은 자사 직원들에게 얼마나 좋은 대우를 해주는가에 따라 평가받기도 한다. 아마존 물류창고는 운영 방식 때문에 엄청난 비판을 받았다. 근로자들은 가혹한 노동 환경, 혹독한 교대 근무와 열악한 노동 관행에 대해 비난을 퍼부었다. 의원들도 아마존을 상대로 직원 모니터링에 사용되는 작업 속도 데이터의 투명성을 강화하라고 요구하는 등 알고리즘에 기반한 불투명한 운영의 단속에 나섰다. 언론인들은 아마존의 가혹한 업무 문화를 폭로하는 기사를 통해 아마존이 멋진 신세계에서 허용 가능한 영역을 디지털 기술로 어디까지 확장하고 있는지 보여주었다.

이 같은 신랄한 비판에 대해 아마존은 침묵으로 일관하거나 터무니없는 주장을 내세우는 방식으로 대응하고 있다. 기본적으로 아마존은 아무리 거센 비판이 쏟아져도 꿈쩍 않는 접근법을 고집해 왔다. 하지만 아마존 물류창고에서 발생한 자살 시도와 심리적 붕괴는 노동자들이 아마존의 침해적 근무 환경에 대응하지 않고 있음을 보여준다는 언론 보도에는 즉각 해명을 내놓았다. 아마존은 미국의 뉴스 및 오피니언 웹사이트 〈복스Vox〉에 전달한 보도자료를 통해 다음과 같이 강조했다.

> 우리는 직원의 신체적, 정신적 웰빙을 최우선순위에 놓고 있으며 우리의 노력과 그에 따른 전반적 성공에 자부심을 갖고 있습니다. 우리는 근무 첫날부터 포괄적 의료 서비스를 제공해 직원들은 하루 24시간 중 가장 필요한 때에 무료 비밀 상담 서비스를 받거나 정신적, 신체적 건강을 위한 다양한 휴가 및 의료 지원 옵션을 누릴 수 있습니다.[36]

여기서 평론가들은 아마존이 기업 이미지 때문에 다소 과민반응을 보였다는 사실을 놓치지 않았다. 미국의 저널리스트 시라 오비데

Shira Ovide가 〈로스앤젤레스 타임스〉에서 지적한 것처럼 이는 마치 아마존이 다음과 같이 주장하는 것과 같다. 우리는 "사람들을 저임금 일자리에 가둬두었다가 로봇으로 대체하는 디킨슨 시대의 착취 공장"을 운영하지 않는다.[37]

오비데는 전산화된 자본주의가 이제 자신을 직접 성찰하는 수단을 도입했다고 볼 수 있다고 강조했다. 기업들이 회의적으로 바라봤던 정서, 감정, 창의성, 정신 건강 등이 이제는 중요한 요소로 부각돼 알고리즘 감시와 자동화 관리의 발전을 위한 수단으로 사용된다. 아마존은 심지어 이른바 '마음챙김실'까지 선보였다. 직원들이 '정신건강과 마음챙김 훈련'에 관한 동영상을 보면서 근무 시간을 1분 단위로 감시하는 자동화 시스템에서 잠시나마 벗어날 수 있도록 하는 것이다. 일부 기술 기업들은 알고리즘을 활용해 직원의 생산성을 측정하면 직원들이 불가능해 보이는 목표에 도달하기 위해 노력하도록 (떠미는 게 아니라) 보호할 수 있다고 주장한다. 하지만 개인의 주체성 회복을 '마음챙김 훈련'의 관점에서 접근하는 건 알고리즘이 주도하는 현대 사회에서는 무엇이든 도구가 될 수 있다는 점을 분명히 보여준다.

3장

넷플릭스의 추천 시스템이 현대 문화를 소비하는 방식

ALGORITHMS OF ANXIETY

ALGORITHMS OF ANXIETY

알고리즘 추천 시스템은 지나치게 개인적인 동시에 지독하게 획일적일 수 있다. 글로벌 주문형 스트리밍 미디어 업체 넷플릭스가 무한대의 선택지를 제공하면서도 자동화의 강압성을 띠는 건 바로 이 때문이다. 이렇게 독특한 조합에 양면성이 있다고 여기는 소니아 쿱찬다니Sonia Khubchandani는 영화에 대한 사랑이 깨진 것은 넷플릭스 때문이라고 말한다. 그녀에 따르면 "소원은 신중하게 빌어야 한다"고 들 하는 게 다 이런 경우를 두고 하는 말이었다. 넷플릭스는 콘텐츠와 디지털 플랫폼이 넘쳐나는 미디어 포화 상태 속에서 우리의 시청 습관을 정리하고 세분화한다는 강점을 지닌다. 명성이 자자한 넷플릭스 알고리즘은 TV와 영화 취향에 따라 시청자를 분류해 둔 '취향 클러스터' 수천 개를 비교 참조해 시청자 개인의 행동 데이터를 구축한다. 게다가 넷플릭스의 콘텐츠는 온갖 세부 장르('시대극' '재치 있는 유럽 TV 코미디' '스칸디나비아 TV 드라마' '현실 도피를 위한 리얼리티 TV')로 분류되는 것은 물론, 하나의 테마에서도 끝없이 변주돼 하루 24시간, 365일 내내 개인 맞춤형 엔터테인먼트 세계를 제공한다. 미디어 분열이 계속되는 오늘날, 넷플릭스에는 삶을 단순하게 만들어준다는 찬사가 쏟아진다. 넷플릭스의 자동화 기술이 개인의 선택 부담을 덜어줌에 따라 수백만 명이 예측 알고리즘이 제시하는 형태 그대로 시청 습관을 형성해 가고 있다. 예측 분석이 문화 영역에 적용됐을 때 발생하는 중독성을 두고 쿱찬다니는 이렇게 말했다. "처음에 넷플릭스는 최고였죠. 모든 게 완벽해 보였어요. 원하는 건 무엇이든 요구해도 다 들어줄 것 같았거든요."[1]

자동화 기술이 감시, 규제 및 통제를 강화해 소비자 취향을 오류 없이 반영한다고 해도 그때마다 만족감이 보장되는 것은 아니다. 알고리즘은 컴퓨팅으로 예측하는 본질적 특성상 일정 수준의 좌절감을 동반한다. 쿱찬다니가 강조한 것처럼 불안감과 지루함이 갈수록 커질 수밖에 없다. "넷플릭스를 보다 보면 중간에 휴대폰을 보거나 잡담하게 돼요. 다시 돌려보면 되니까 화장실도 바로 가고요." 알고리즘 추천 시스템이 소비자를 이끄는 초자동화 세계에서 엔터테인먼트를 즐길 땐 찰나의 이탈을 수시로 경험할 수밖에 없다. 미디어 업체와 소비자 시장이 일관된 시청 경로를 구축하고자 온갖 노력을 쏟더라도 말이다.

넷플릭스는 소비자가 미디어를 소비할 때 끼어들 수 있는 모든 불편이나 달갑지 않은 이변을 제거하겠다고 약속했다. 하지만 거실의 평면 스크린으로든, 침실의 휴대기기로든 몰아보기의 기쁨을 누리는 순간조차 불확실성의 찝찝함은 쉽게 가시지 않는다. 뒤에서 살펴보겠지만 예측 분석에 기반해 문화를 소비할 때 사람들은 늘 지금 뭔가를 놓치고 있다는 불안감에 시달려 결국 이 알고리즘의 구속에서 '벗어나고' 싶은 충동에 휩싸인다는 사실을 잊어선 안 된다.[2] 다른 한편으로는 지루할까 봐 전전긍긍하기도 한다. 쿱찬다니는 넷플릭스 경험에 대해 이렇게도 말한다. "한때 내 안에 불꽃을 일으켰던 영화의 마법과 영감이 사라지고 있어요. 이제 특별한 게 없어요."

넷플릭스에서 '특별한 게 없다'는 얘기가 사실이라면 이는 아마 문화 소비가 단순 데이터로, 개인의 선택이 알고리즘으로, 그리고 개인 역시 자동화 기계 지능의 고립된 수용자로 전락할 위기에 처했기 때문일 것이다. 이 같은 상황에서 알고리즘이 사람들로부터 의사 결정권을 앗아간다거나 자동 추천 시스템으로 소비자 선택권이 약화되는 듯 비치는 건 당연한 일이다. 미국의 작가 리지 오셰어Lizzie O'Shea는 넷플릭스의 추천작들을 검토한 뒤 〈가디언〉에서 이렇게 지적했다. "넷플릭스 알고리즘이 제시한 나에 대한 통찰은 아무런 감흥이 없다."[3] 가령 로맨틱 코미디는 기발하고 엉뚱하며 가벼운 경향이 있음에도 오셰어는 "이렇게 사탕 같은 서사의 공급만 늘어나는 게 꺼림칙하다"는 느낌을 받았다. 알고리즘 추천을 통한 영화 탐색 플랫폼이 오히려 우리의 시청 취향을 망가뜨릴 것만 같다는 것이다.

자동 추천은 심지어 소비자를 제약하고 제한할 수 있다. 대중문화에 대한 사람들의 관심은 다방면을 향해 있는 데다 개인의 정체성이란 본질적으로 다양하고 혼합적이며 모순적인 것임에도 말도 안 되게 통일된 시청 취향을 제시하기 때문이다. 이 같은 문화적 우려는 강력한 주체성을 발휘하는 알고리즘이 부상하면서 확산되었다. 하지만 알고리즘 추천 시스템을 활용하는 과정에서 자동화된 힘에 지배당하는 것에 대한 광범위한 두려움 역시 반영되어 있다.

어쨌든 대중문화와 미디어의 소비는 다양한 경험과 다채로운 취향에 기반해 이루어지는 만큼 오늘날의 머신러닝 시대와 평화롭게 공존하기는 어렵다. 오세어는 "문화를 소비한다는 것은 즐거움과 놀라움으로 가득한 동시에 위안과 자극을 받으며 다양한 고민과 자기 성찰로 나아가는 경험이어야 한다"라고 지적했다.

알고리즘이 우리의 의사 결정을 침범하는 이 시대에 이 같은 문화 소비의 기본 조건은 과연 어떻게 실현될 수 있을까? 오히려 우리가 이 같은 기존 통념에서 벗어나 데이터 기반 추천 시스템이 추천해 주는 소비자 행동과 시청 습관에 더 잘 적응해야 하는 걸까? 게다가 문화 소비의 영역에서 알고리즘 시스템이 어떻게 기능하는지 대개 볼 수 없는 상황에서 결과와 기회와 위기가 형성되는 복잡한 방식을 우리가 어떻게 파악할 수 있을까? 법학과 교수이자 예일대학 로스쿨 정보사회프로젝트의 제휴 연구원 프랭크 파스콸레Frank Pasquale는 본질적으로 눈에 보이지 않고 만질 수 없으며 평가할 수 없는 알고리즘의 본질적 특성에 기반해 오늘날 우리가 "블랙박스 사회"를 살고 있다는 진단을 내렸다. "중요한 결정은 데이터 자체가 아니라 알고리즘이 데이터를 분석한 내용을 기반으로 이루어진다"는 파스콸

레의 통찰에 따라 디지털 기술 자체, 그리고 디지털 기술이 인간의 의사결정에 침범하는 것에 대한 도발적 경고가 쏟아져 나온다.[4]

주체성이 위기에 처한 것뿐 아니라 머신러닝 알고리즘이 사람들을 계속 디지털 콘텐츠 소비로 유도해 불안감이나 괴로운 열정을 회피하도록 만드는 것도 문제다. 오셰어는 이렇게 적었다. "우리가 윤리적 결정을 기계에 위탁하는 데 저항해야 하듯 문화적 결정도 기계가 대신 내리도록 허용해서는 안 된다. 넷플릭스 알고리즘처럼 경로 의존성에 기반해 문화 소비에 대한 선택을 유도하는 관행에는 중립성이 보장되지 않는다."

이번 장에서 나는 넷플릭스의 작동 방식을 구축한 기술적, 제도적 핵심 전환의 일부를, 특히 알고리즘 추천 시스템 개발을 중심으로 간략하게 소개할 것이다. 이를 통해 알고리즘 컴퓨팅과 현대 문화 사이의 복잡한 관계를 파악하고, 그 내용을 바탕으로 이번 장의 뒷부분에서 중요한 논의를 이어갈 것이다. 이를 위해 알고리즘과 현대 문화 연구에 대한 통합적 접근법을 최근의 사회 이론에 나타난 최신 동향 중심으로 살펴보고, 알고리즘 주체성의 구체적 방향을 규정하는 이들 사회 이론을 인간의 주체성과 현대 문화의 소비에 대한 논쟁과 관련해 설명할 것이다. 나는 개인의 의사 결정을 인간이 아닌 알고리즘 추천 시스템이 주도하게 되면서 불안과 두려움이라는 현대 사회의 질병이 지속된다고 생각한다. 머신러닝 알고리즘 문화는 그것이 퇴출하겠다고 약속하는 트라우마적 갈등의 발현이라는 게 나의 논지다.

넷플릭스의 예측 알고리즘, 성공을 견인하다

2000년대와 2010년대를 휩쓴 디지털 혁명으로 알고리즘 기술이 확산되면서 영화와 TV 산업은 콘텐츠 제작과 홍보, 그리고 추천 방식에 극적 전환을 맞았다. 아마존 프라임, 디즈니+, 애플TV, 훌루, 피콕, HBO 맥스 등 주문형 동영상 서비스를 제공하는 미디어 기업이 수도 없이 등장해 이른바 '스트리밍 전쟁' 시대가 도래했다. 그리고 그 중심에는 당연히 넷플릭스가 있었다. 1997년 DVD 우편 대여 사업을 시작한 넷플릭스는 2007년에 주문받은 동영상과 미디어를 스트리밍 송출하는 기업으로 전격 변신한 뒤 그야말로 경이롭다고밖에 할 수 없는 성장을 기록했다.[5] 구독자 수를 예로 들어보자. 2012년 2,400만 명에 불과했던 구독자 수는 2022년 2억 2,200만 명으로 급증했다. TV 시리즈와 오리지널 영화를 직접 제작하기 시작하면서 TV와 영화의 기존 청사진을 획기적으로 재창조했다. 단순 배급만 하다가 제작으로까지 진출한 덕분에 〈하우스 오브 카드〉부터 〈브리저튼〉에 이르는, 세계에서 가장 많은 사람이 시청한 TV 프로그램을 탄생시킬 수 있었다. 그 결과, 스탠더드 앤드 푸어 500 지수 가운데 최고의 주식 수익률을 자랑하는 기업으로 급부상했다. 넷플릭스의 프로그래밍 책임자 테드 서랜도스Ted Sarandos는 시청자가 보고 싶어 하는 콘텐츠를 맞춤 제공하는 예측 알고리즘이 넷플릭스의 재정 성공을 견인했다고 말한다. 광고에 의존하지 않는 만큼 구독자를 유치하고 유지하는 능력이 중요하기 때문이다.

그렇다면 넷플릭스에서 알고리즘 추천 기술은 어떤 역할을 할까? 알고리즘 추천은 컴퓨팅과 문화의 상호작용에 어떤 영향을 미칠까? 이를 이해하기 위해서는 넷플릭스 같은 기술 기업이 서비스의 기반으로 삼는 알고리즘의 구조에 대해 알아야 한다. 이 알고리즘 구조는 복잡성을 제거하고, 선택에 따르는 인간의 모호함을 없애려는 단순화 구조를 내포하고 있으며, 그 결과 고유하고 신뢰할 수 있는 미디어 서비스를 제공하려는 목적을 가지고 있다.[6] 그 과정에서 상호작용은 ① 신속한 글로벌 확대와 관련 데이터 역량, ② 넷플릭스 추천 시스템, ③ 넷플릭스의 A/B 테스트 도입이라는 세 가지 차원에서 이루어진다.

① 신속한 글로벌 확대와 관련 데이터 역량: 넷플릭스가 영화와 텔레비전 산업에 일으킨 변화 중 가장 놀라운 건 디지털의 글로벌 규모와 범위다. 2010년 이전까지만 해도 넷플릭스는 미국 내에서만 서비스를 제공했지만 2015년에는 서비스 국가가 50개국으로 늘었으며 현재는 무려 190여 개국에 달한다. 비즈니스 분야의 학자 루이스 브레넌Louis Brennan은 넷플릭스가 불과 7년 만에 200개국이 조금 안 되는 국가로 사업을 확장한 것은 '기하급수적 세계화'에 다름 아니라고 주장했다. "신중하게 산출된 확대 주기가 갈수록 빠르게 실행돼 서비스 이용 국가와 고객의 수가 점점 더 늘어나는" 것이다.[7] 여기에는 다양한 시장과 문화, 그리고 기술적 요인이 작용하지만 브레넌은 넷플릭스의 글로벌 확장 프로세스를 크게 세 단계로 구분한다. 첫

번째는 극복해야 하는 '낯섦'의 정도가 비교적 덜한 지역으로의 확장이다. 대표 사례로 지리적으로 가깝고 문화적으로도 유사한 캐나다를 들 수 있다. 두 번째 단계에서는 현지의 사업 관계자들과 파트너십을 체결하고 브로드밴드 인터넷 등 필수 운영 시스템을 지원받아 수익 확대를 꾀한다. 이때 빅데이터와 예측 분석을 위한 대규모 기술 투자가 이루어지지만 각 지역의 문화적 취향에 걸맞은 콘텐츠 제작을 위한 지출도 집행된다. 세 번째는 지역적, 문화적 범위를 한층 확대하는 단계로 이를 통해 수많은 언어와 그에 따른 자막 제공이 추가되고, 기기와 시스템, 그리고 지불 옵션이 다양해지며 넷플릭스의 글로벌 콘텐츠 라이브러리에 대한 추천 알고리즘을 최적화하는 작업이 이어진다.

이 같은 주장을 어떻게 받아들여야 할까? 브레넌의 분석이 넷플릭스 글로벌 확장의 핵심을 포착하고 있기는 하지만 그렇다고 해서 세계 각지의 세계화 프로세스가 하나같이 이 3단계를 거친다고 단정 지어서는 안 된다. 상황은 복잡하고 균일하지 않은 방식으로 진행된다.[8] 예를 들어, 2022년 넷플릭스는 우크라이나에 대규모 침공을 강행한 러시아에 대한 서비스를 전면 중단했다. 이는 독재 정권이 부상한 지역의 경우, 브레넌이 말한 기하급수적 세계화가 오히려 역전된다고 가정해도 무방하다는 점을 시사한다. 넷플릭스가 시장 확대를 추진할 때마다 거치는 복잡한 방식을 통칭하는 데는 '신속한 세계화'라는 용어가 더 적절할지 모른다. 하지만 그와 같은 확장이 시장의 힘, 공공 정책, 정부 규제 등 명시적 방식에 얽매여 있고 '탈

세계화' 세력의 영향을 받을 수도 있다는 사실을 인지해야 한다. 넷플릭스의 글로벌 확대를 견인한 요인들에 대한 브레넌의 분석이 개념적, 사회적 비판에 직면해 있기는 하지만 나는 대체로 동의한다. 하지만 브레넌은 이 같은 확장이 낳은 대표적 결과를 제대로 강조하지 않았다고 할 수 있다.

넷플릭스가 미디어 산업을 신속하게 키우는 과정에서 가장 두드러지게 나타난 현상은 거의 전적으로 데이터와 관련된다. 우편 주문 비디오 사업을 주문형 스트리밍 사업으로 전환하는 과정에서 넷플릭스는 데이터가 기업의 운명을 결정지을 것이라는 사실을 빠르게 깨달았다. 2억 2,000만 명이 넘는 190개국 가입자의 시청 습관을 파악하자 거대한 양의 데이터가 확보되었다. 이 같은 데이터는 머신러닝 알고리즘 덕분에 고객 행동 지식으로 변환되었고 넷플릭스는 이를 활용해 기존 미디어보다 최적화된 마케팅은 물론, 훨씬 효율적으로 맞춤화된 서비스를 제공할 수 있게 되었다.[9] 이제 넷플릭스의 추천 알고리즘으로 바로 넘어가 보자.

② 넷플릭스 추천 시스템[NRS]: 넷플릭스가 처음에 추천 알고리즘을 개발할 때 활용한 건 '고객 평점'이었다. 고객 평점 데이터를 수집하고 대조 및 분석함으로써 특정 소비자가 이 영화를 좋아할지 말지 예측한 것이다. 넷플릭스가 이 시기에 개발한 이른바 시네매치 Cinematch는 기본적으로 협업 필터링 알고리즘이었다. 우선 고객들이 높은 평점을 준 비슷한 영화를 분류한 뒤 고객 평점의 유사성을 계

산해 추천을 도출했다. 가령 두 명의 고객이 〈브레이킹 배드〉와 〈오자크〉에 높은 평점을 매겼다고 가정해 보자. 이 같은 데이터가 생성된 뒤 이 중 한 고객이 〈베터 콜 사울〉에도 호감을 표시한다면 시네매치 알고리즘은 다른 한 명의 고객에게 〈베터 콜 사울〉을 추천할 것이다. 물론 이 같은 항목 간 협업 필터링은 일부 고객들에게만 적용되는 것이 아니다. 넷플릭스의 고객 기반을 구성하는 수백만 명의 시청자가 이 같은 접근법에 적용을 받는다.

하지만 고객 평점을 기반으로 협업 필터링 모델을 개발하려 했던 넷플릭스의 초기 시도는 예측 정확도가 떨어진다는 문제가 있었다. 평점이 반드시 즐거움의 정도를 반영한다고 할 수는 없기 때문이다. 가령 〈오만과 편견〉은 대개 명작으로 평가받지만 그렇다고 해서 긴장을 풀고 한껏 늘어지고 싶은 저녁에 즐길 수 있는 영화는 아니다. 그래서 넷플릭스는 머신러닝 알고리즘을 재정비하되, 이번에는 실시간 데이터에 더 큰 초점을 맞췄다. 시청 행위 자체를 좀 더 세부적으로 살펴 실제로 본 영화에 대한 데이터를 수집함으로써 이전의 별 다섯 개짜리 평점이 아닌, 고객 취향 데이터에 기반한 자동 예측을 내놓았다.

이는 사실상 '콘텐츠 기반 필터링'으로 전환했음을 뜻했다. 콘텐츠 기반 머신러닝은 고객의 과거 데이터에서 정보를 추출한 뒤 해당 기술 플랫폼과 소비자의 상호작용에 기반해 유사성을 조합하고 계산한다. 이를 위해 넷플릭스는 소비자가 콘텐츠를 시청한 날짜와 시간, 시청한 기기는 물론, 시청 도중 잠시 쉬거나 되감기하거나 빨리

감기한 건 언제였는지도 추적하는 알고리즘으로 변경했다. 고객이 시청 도중 '무엇'을 하는지 등 세밀한 부분까지 넷플릭스가 실시간으로 볼 수 있게 됐다는 의미다. 넷플릭스는 알고리즘, 머신러닝과 고성능 컴퓨팅을 혼합함으로써 고객이 하나의 에피소드 시청을 '완료하는 비율', 그리고 다음 에피소드를 시작하기 전까지의 '시간 격차'를 모니터링할 수 있었다. 데이터는 그야말로 놀라운 규모를 자랑해 소비자 참여를 심층적으로 이해하는 게 가능해졌다.

머신러닝의 발전과 더불어 넷플릭스에서는 소비자 행동 및 시청 히스토리에 관한 정보를 추출하는 것 이외에 또 다른 변화가 일어났다. 특정 소비자의 행동을 다른 소비자와 비교 분석할 수 있게 되면서 데이터를 이해하고 개인화 논리를 도출하는 방식 또한 혁신한 것이다. 말하자면 넷플릭스 추천 시스템은 콘텐츠 기반 필터링 알고리즘과 협업 필터링 알고리즘이 결합해 작동한다. 덕분에 넷플릭스는 고객의 과거 경험 데이터를 축적한 뒤 해당 데이터를 다른 고객 선호도의 가중 평가에 연결할 수 있었다. 특정 지역이나 국가가 아닌, 전 세계 고객 한 명 한 명의 시청 취향을 추출하는 알고리즘 추천 시스템을 개발함으로써 선구적 기업으로 자리매김했다.

③ 넷플릭스의 A/B 테스트 도입: 추천 알고리즘의 효율성을 개선할 새로운 방식을 창조하는 것은 머신러닝 및 다른 개인 맞춤형 기술 프로세스의 차원을 훌쩍 뛰어넘는 문제다. 앞서 언급한 것처럼 소비자별로 어떤 넷플릭스 홈페이지를 경험하는가는 전적으로 알고리

즘에 의해 결정되지만 다양한 알고리즘과 추천 요소가 구성되고 변화하는 방식을 보면 컴퓨팅 자체가 조직 문화에 긴밀하게 종속돼 있음을 알 수 있다.

자동화 기술은 대개 파급 효과나 의도하지 않은 부작용을 동반하는 만큼 넷플릭스가 말하는 '알고리즘에 의한 고객 맞춤'이라는 용어는 더욱 광범위한 사회 문화적 맥락에서 살펴봐야 한다. 그중 유독 두드러지게 나타나는 부작용 중 하나는 넷플릭스 추천 시스템을 사용하는 고객의 시행착오가 끝없이 이어지고 있다는 점이다. 조사 결과 넷플릭스 사용자들은 일반적으로 10~20개의 추천작을 검토한 뒤 한 가지를 골라 시청을 시작한 지 60~90초 만에 흥미를 잃는 것으로 나타났다. 반자동 인터넷 TV의 노련한 소비자들이 일상적으로 추천작을 '폐기하고' 있는 것이다. 추천작 선정 방식이 복잡할수록 그중 한 가지를 선택하는 데 따르는 불안감도 커지는 등 소비자들이 자동화 소비 지형에 빠르게 압도되고 있다.

21세기 초 미디어 소비의 자동화를 연구하는 사람이라면 누구나 이 같은 문제가 실제로 만연하다는 사실을 알고 있을 것이다. 넷플릭스가 미적지근한 소비자 참여도와 멤버십 유지율을 개선하기 위해 'A/B 테스트'를 시작한 것도 소비자와 알고리즘이 만나는 지점에서 반복적으로 호출되는 자동화의 유토피아적 이데올로기에 대응하기 위해서였다.[10] 넷플릭스의 A/B 테스트는 본질적으로 시청자의 습관 및 그들의 생활환경에 대한 통제된 실험을 의미한다. 여기서 '대조군'으로 지정된 그룹 A는 기존의 넷플릭스 추천 서비스를 제공받고, '치료군'으로 지정된 그룹 B는 기존의 알고리즘 결과물과는 다른 변수를 제공받는다. 그 결과 두 그룹이 전혀 다른 추천이나 플랫폼 경험에 노출된다. 대조군의 모든 회원은 동일한 넷플릭스 경험을 하는 반면, 치료군은 서로 다른 알고리즘 추천을 받는 것이다. 넷플릭스 머신러닝 책임자 카를로스 고메즈 우리베Carlos Gomez Uribe 와 닐 헌트Neil Hunt 에 따르면 고객 참여 데이터를 활용한 이 같은 오프라인 실험은 미디어 제공업체가 "제품 관련 결정을 내리는 데 필요한 정보의 가장 중요한 원천"으로 기능한다.[11]

알고리즘 추천과 주체적 인간 사이에서

우리가 지금껏 살펴본 모든 현대 문화에 컴퓨팅 코드가 침투함에 따라 첨단 자동화 사회의 핵심 문제가 점차 그 모습을 드러내고 있다. 나는 이를 좀 더 구체화하기 위해 넷플릭스 추천 시스템 같은 알고리즘 추천 시스템이 실제 문화 소비를 예측할 수 있는지 날카로운 질문을 던지려 한다. 과연 알고리즘이 인간의 선택과 선호도, 그리고 취향을 결정할 수 있는지 말이다. 한마디로 알고리즘 컴퓨팅 논리가 문화 논리에 실제로 어느 정도 수준까지 침투했는지 알아보고자 한다. 이를 간편하게 수행하는 방법은 알고리즘을 사회 행위자로 제시하는 특정 사회학을 개괄적으로 설명한 다음, 이를 관련된 유물론적 해석과 대조해 보는 것이다. 사회 및 문화 생활에서 알고리즘의 역할이 커지고 있음을 강조한 최근 연구는 사회학자 마시모 아이롤디Massimo Airoldi의 저서 《머신 아비투스Machine Habitus》에서 찾아볼 수 있다. 아이롤디는 프랑스 사회학자 피에르 부르디외의 연구에 기반해 머신러닝 알고리즘의 부상으로 일어난 사회 기술적 변화를 분석하고 이 같은 변화를 개념화하는 데 부르디외의 사회학이 어떤 역할을 하는지 평가하고자 했다.

아이롤디는 "사회적 행위자로서의 머신러닝 시스템은 플랫폼화된 분야에 복잡하게 기반해 있을 뿐 아니라 그에 의해 구축된다"면서 "머신러닝 시스템이 현실을 인식하거나 유의미하게 이해할 수 있는 것은 아니지만 자의적 담론, 보이지 않는 경계와 구조를 통해 사회 재생산에 실질적으로 기여한다"고 강조했다.[12] 머신러닝 알고리즘에 이 같은 프레임을 구축해 부르디외의 관점을 공개적으로 지지한 것이다.

여기서 해당 관점의 핵심 요소 몇 가지를 간략하게 짚고 넘어가보자. 부르디외는 잘 훈련된 개인의 습관이 사람들을 그들이 속한 사회의 더 광범위한 힘에 어떻게 연결해 주는지 상당히 탁월한 이론을 전개했다.[13] 이 같은 일련의 성향을 아비투스라는 개념으로 제시할 수 있는데, 부르디외에 따르면 이는 개인의 성향이 주어진 사회의 일부 문화적 특징과 맞물려 구축된다는 것을 의미한다. 개인은 경제, 사회, 정치, 그리고 상징적 권력에서 서로 다른 아비투스를 지니는데, 이는 일정 시간과 공간에 걸쳐 지속되어 온 규칙과 자원에 의해 형성되기도 하고 그들을 형성하기도 한다. 부르디외의 관점에는 이 같은 암묵적 문화 지식이 사회의 재생산에 밀접하게 관여한다는 전제가 깔려 있다.

아이롤디가 설명한 것처럼 "아비투스가 견고한 문화적 성향의 내적 체계라는 부르디외의 개념은 인지의 자동적 측면, 그리고 무의식적으로 구현돼 있는 '문화적 도식'을 시사한다."[14] 이는 자동 조종당하는 사회적 삶이다. 가령 누군가 당신을 도와주면 자동으로 '감사'를 표하고 낯선 이를 위해 출입문을 잡아주거나 붐비는 버스나 지하철에서 노인들에게 자리를 양보하는 것과 마찬가지다. 아이롤디는 이 같은 연상과 공통 규범, 그리고 반사신경의 무의식적 네트워크를 머신러닝 알고리즘으로 확대하길 원했다. "만약 실제 AI 요원이 '제인 오스틴처럼 글을 쓰거나' '반 고흐처럼 그림 그릴 수 있다면' 이는 19세기의 예술 신앙에 기반한 창조적 영감이나 깊은 인식 덕분이 아니다. 그보다 현재 데이터 패턴의 양심 없는 재현을 기반으로 실용적 추론이 이루어진 것이다"라고 아이롤디는 말한다.[15] 그는 알고리즘 모형이 통계적 가중과 함수 매개변수에 기반해 문화적 성향을 인코딩하고 이를 통해 결과를 예측한다고 보았다.

아이롤디에 따르면 주체적 인간과 컴퓨팅 기계의 학습 궤도는 상당히 유사하다. 우선, 인간과 기계는 모두 반복을 통해 학습한다. 단 컴퓨터 학습의 경우, (신호등이나 자전거처럼) 지극히 일상적인 물체도 엄청나게 많은 양의 사례 데이터를 활용해야 인식할 수 있다. 또한 인간과 기계는 모두 특정 기질을 중심으로 사회화를 이룬다. 인간의 경우 생물학적, 유전적, 심리적 기질이 사회화에 관여하는 반면, 기계는 엔지니어와 컴퓨터 과학자들의 설계 내용과 무의식적 선입견이 반영된 구조적, 문화적 기질에 따라 사회화가 이루어진다. 또한 사회화 과정에서 축적된 세계관을 바탕으로 일반적이고 유연한 지식이 구축된다. 지도받는 머신러닝 시스템이 전 세계에서 수집한 거대 데이터 세트를 바탕으로 훈련받는다면 아이들 역시 왜곡되지 않고 보편적인 지식을 추구하는 교육 환경에서 세상에 대한 성향을 습득하게 된다. 하지만 기계와 인간은 모두 '오버피팅'(모델이 학습 데이터에 지나치게 최적화되어 새로운 데이터에 대한 일반화 능력이 떨어지는 현상-옮긴이)으로 인해 저급해지는 경향이 있는데, 머신러닝 시스템은 알고리즘 편향성이, 아이들은 이데올로기와 왜곡된 이해가 오버피팅을 일으키는 원인이 된다.

  아이롤디가 자동화 기계 지능을 분석한 바탕에는 이 같은 아이디어가 깔려 있지만 그의 주장 중 가장 흥미로운 건 컴퓨팅 코드와 현대 문화의 상호 연결성이다. 최근 들어 학자들은 물론 기술자들도 코드와 커뮤니케이션, 혹은 자동화와 첨단 사회의 상호 관계를 고정된 것이 아니라 역동적인 것으로 바라봐야 한다고 강조하고 있다. 이 같은 학문적 주장을 한 단계 더 발전시키고 싶었던 아이롤디는 상상력을 좀 더 발휘해 컴퓨팅 코드와 문화 재생산이 결국엔 동일 프로세스 내에 밀접하게 연결된 요소라는 점을 지적한다. 우리가 반드시 파악해야 하는 사항은 코드가 문화를 결정하는 방식이나 사회적, 문화적 행동이 컴퓨팅 코드를 구축하는 방식이 아니라 문화가 디지털의 맥락에서 어떻게 구조화되고, 문화 생산의 자동화된 기능들이 코드 반복에 의해 어떻게 사회 재생산에 동원되는가 하는 점이다. 다시 말해, 디지털 혁명 이후의 사회학은 기계가 인간으로부터 학습하는 방법과 인간이 기계로부터 학습하는 방법을 모두 파악하기 위한 대담한 시도가 되어야 한다. 아이롤디는 오늘날 기계와 인간을 나누는 수많은 이분법을 거부하고, 대신 코드 속 문화와 문화 속 코드에 초점을 맞춘다.

그런데 코드와 문화의 상호 참조는 어디서 끝나는 것일까? 아이롤디는 자동화 사회를 이렇다 할 기반이나 뿌리 없이 끝없는 복제만 반복하는 대리 사회 정도로 여긴다. 디지털 구조화 프로세스에는 불안할 만큼 자기 폐쇄적인 측면이 있어서 이를 중재하지 않고 방치할 경우 사회적 다양성, 힘의 격차, 혁신과 실험, 심지어 역사 자체까지 사라져 버릴 수 있다. 여기서 위험한 것은 취향이 자동 지능형 기계와의 상호작용을 통해 학습되고 지배적 기술 기준에 따라 형성되기 때문에 문화 소비도 코드나 머신 아비투스, 또는 이른바 기술적 무의식이라고 부를 수 있는 것에 무심코 순종하는 방식으로 일어난다는 점이다. 그렇다고 해서 아이롤디가 백해무익한 결정론자라는 말은 아니다. 오히려 그는 사회학에서 이어져 내려오는 지나치게 단순한 신조에 비하면 미묘한 뉘앙스의 기술 사회학을 제시해 코드와 문화의 관계라는 문제를 한층 매력적인 방식으로 수정하려 한다는 걸 알 수 있다. 하지만 아이롤디가 엄격하게 입각해 있는 부르디외의 관점에서는 어떤 식으로든 기계 지능을 거치지 않고 구성된 삶의 요소는 찾아보기 힘든 게 사실이다.[16] 이 관점에서 넷플릭스 같은 기관은 대중문화 소비에 명확한 형태를 부여함과 동시에 그 범위를 제한해 자동화 기계 지능에 연결된 개인의 삶의 궤적을 구속한다.

이제 관계적 물질주의 성향이 분명한 연구를 살펴보고 머신 아비투스 이론과 비교해 보자. 머신 아비투스 시대의 자동화된 사회적 삶을 개념화한 아이롤디의 시도가 현대 사회 이론에 크게 의존해 있다면, 콘텐츠 마케터이자 연구자 니코 파즈코비치^{Niko Pajkovic} 역시 자신의 에세이 《알고리즘과 취향 형성^{Algorithms and taste-making}》에서 같은 방식을 사용했다고 할 수 있다. 파즈코비치는 아이롤디와 마찬가지로 이론 비판적 관점에 입각해 알고리즘 문화를 둘러싼 담론을 분석한다. 하지만 아이롤디가 부르디외의 사회학을 빌려왔다면 파즈코비치는 프랑스 철학자 앙투안 에니옹^{Antoine Hennion}의 이론을 차용한다. 에니옹처럼 인간이나 기계에 결정적 주체성을 부여하는 계몽주의 모델을 버릴 것을 촉구하고, 그 대신 알고리즘 추천 시스템 시대 취향 전이의 실제 적용에 대한 비판적 관점을 구축한다. 에니옹은 물질주의적 사회생활 자체가 창조성, 수행성과 전환성의 경계 없는 흐름이며 개인 주체는 그 안에서 흘러가는 기능을 할 뿐이라고 여긴다. 이론의 초점을 감성, 중재, 애착, 그리고 특이점에 맞춰 두고 다음과 같이 전개해 나간다.

취향의 세계는 조직된 장소, 훈련된 신체, 텍스트, 기구 및 다양한 물질 대상을 기반으로 구성된다. 취향은 이렇게 역사의 일부를 이루는 집합적이고 물질화된 구현 체계 없이 존재할 수 없으며 취향을 결정하는 요인, 대상의 성질, 애착 자체의 본질에 대한 의문을 끊임없이 생산한다. 이렇게 규정되는 취향은 설명할 대상이라기보다는 주체성과 집합성이 결합된 형태이며 우리, 우리와 함께 살아가는 타인, 자아와 신체의 관계를 구성하는 대상이다.[17]

이 같은 관점을 토대로 관계적 물질주의 윤리가 유익하게 구축될 수 있다. 파즈코비치는 여기서 나타나는 몇 가지 개념적 딜레마를 인식하고 있는 듯하지만 그럼에도 관계적 물질주의야말로 앞으로 나아갈 최고의 방법이라는 주장을 꺾지 않는다. 개인의 취향과 선호를 거부하고, 개인의 주체성을 폐기하며, 사회적으로 구성되고 미화된 기술을 거부하는 방식으로 에니옹의 철학을 집대성해 자동화 기계 지능 분야의 관계적 실용주의를 노골적으로 지지한다.

인간과 기계 간 상호작용이라는 개념에 특별한 비중을 두면 주체성의 문제를 놀라울 만큼 빠르게 해결할 수 있다. 수행성의 경우, 본질적으로 표면, 화면, 설정과 상황에 초점을 맞추기 때문이다. 그 결과 '생산' 혹은 '전환'의 명목하에 주체성의 입지가 위축되면서 인간 행위자와 비인간 행위자가 상당히 다양해진다. 알고리즘 추천 시스템 시대에 취향이 어떻게 형성되는가를 둘러싼 파즈코비치의 분석은 아이롤디의 분석과 극명한 대조를 이룬다. 아이롤디는 머신 아비투스에 기반한 개인의 문화 자본이 사회적 구성, 응축, 그리고 진화를 거쳐 곧장 취향으로 발전한다고 제시하는 경향이 있다. 하지만 파즈코비치는 취향이 유대와 애착, 그리고 중재라는 프로세스 안에서 그것을 통해 조직되는 만큼 문화 소비 취향을 둘러싼 예측 분석에 점진적 변화가 일어난다고 본다. 관련해 파즈코비치는 다음과 같이 정리한다.

> 에니옹이 제시하는 취향의 '실용주의적' 개념을 받아들이는 것은 우리의 취향이나 선호가 우리의 절대적 주체성에 지배받지 않고, 우리가 소비하는 작품의 미적 속성으로부터 비롯되지 않으며, 우리의 사회적 지위에 따른 외부 환경의 결과로 치부할 수 없다고 인정하는 것이다.[18]

대부분의 관계적 물질주의와 마찬가지로 이 같은 관찰에는 극단의 현상학적 관점이 담겨 있으며 인간의 감정처럼 복잡하고 주관적인 것과 엮이지 않겠다는 거절의 뉘앙스를 읽을 수 있다.

아이롤디와 파즈코비치가 각각 분석한 내용을 비교해 보면, 알고리즘 기술과 그것의 미학적 영향에 대한 두 사람의 견해가 놀라울 만큼 유사하다는 사실을 알 수 있다. 두 사람은 문화적 취향과 선호가 형성되는 데 알고리즘이 어떤 작용을 하는지 현대 사회 이론이 조명하고 있으며, 문화 상품과 서비스의 소비뿐 아니라 취향이 관계적이고 반사적으로 형성되는 과정에도 알고리즘 기술이 지대한 영향을 미친다는 데 동의한다. 하지만 알고리즘 시대에 취향을 생산하고 전환하는 활동의 복잡성에 대해서는 극명한 의견 차이를 보인다. 아이롤디의 경우, 부르디외의 견해에 따라 취향은 사회 계층의 영향을 직접 받아 생성된다고 간주한다. 사회에서 알고리즘이 변화하면 계급 집단 간, 그리고 집단 내의 위계질서가 재생산되고 변형되는 만큼 취향은 고유의 오해로 점철돼 있음을 알 수 있다. 다시 말해, 취향이 '진실되고' '고유하며' '개인적'이라는 그릇된 인식의 바탕에는 머신러닝 알고리즘의 상징적 폭력이 깔려 있다. 반면 파즈코비치는 이 같은 해석을 거부한다. 사회적 행위자는 알고리즘 기술에 수동적으로 참여하지 않으며, 오히려 꾸준히 창조적인 방식으로 문화적 대상과 사회 기술적 과정을 변화시킨다.[19] 이 같은 방향성은 어떤 의미에서는 컴퓨팅 코드와 동시대 문화 간의 관계를 파악하는 데 복잡성을 더한다. 파즈코비치가 적은 것처럼 "넷플릭스 추천 시스템은 현대 영화와 텔레비전 취향을 구성하는 복잡한 네트워크에 깊숙이 얽힌 수많은 행위자 중 하나로 간주하는 게 가장 좋다. 이는 취향이라는 개념에 컴퓨팅 언어, 논리 및 인터페이스를 추가함으로써 복잡성을 더한다."[20]

나는 파즈코비치의 주장이 결정론적 논조가 좀 더 강한 아이롤디의 견해를 유용하게 수정한다고 생각한다. 어쨌든 이들의 관점을 대조함으로써 얻을 수 있는 통찰은 지극히 제한적이다. 이 같은 개념 이론은 대개 핵심 이슈로 연결되지 못하기 때문이다. 그럼에도 '알고리즘 단계'의 동시대 문화생활에서는 반사적이고 관계적인 요소가 우위를 점한다고 해도 틀린 말이 아니다. 대부분의 경우, 그리고 갈수록 많은 문화 상품에서 필터링 알고리즘은 매끄러운 예측을 내놓는다기보다 끝없이 확대되는 '가능한 선택지'에서 소비자의 '중심'을 잡아주는 역할을 한다. 알고리즘 기술이 빛의 속도로 발전한다는 사실은 추천 시스템이 시청이나 소비를 권하는 콘텐츠보다 '추천 기능' 자체가 훨씬 빠르게 변화한다는 것을 의미한다.

정보 추천의 찰나성을 고려하면 시청자가 미디어, 측정, 의미와 마음의 재배열에 대해 고찰할 여유는 거의 없다. 사람들은 머신러닝 예측 알고리즘이 자신의 엔터테인먼트 소스에 융합돼 있다는 사실을 결코 받아들일 수 없다. 따라서 일종의 '알고리즘 끄기' 기능을 통해 '스크린 속 삶'의 가능성과 즐거움에 몰입할 수도 있지만 그랬다가는 왜곡, 편견, 잘못된 정보, 조작이나 속임수를 바탕으로 결정하게 될지 모른다는 불확실성에 시달릴 수 있다. 심지어 최근에 일어난 혁신을 보면 기업들이 소비자를 문화 소비의 영역에서 고유한 선택을 할 만한 역량이 없는 존재로 인식하고 있음을 알 수 있다. 넷플릭스에서 알고리즘이 영화나 프로그램을 골라주는 '임의 재생' 기능은 선택의 횡포에서 달아날 도피처를 제공하기 위해 고안되었다. 시청자들이 하위 메뉴를 끝없이 스크롤해야 하는 지루함을 없애고 대신 취향에 꼭 맞는 프로그램을 자동 선택해 주는 것이다. 하지만 이렇게 많은 이들이 찾는 엔터테인먼트라는 도피처도 여전히 시청자를 실망시키는 경우가 많아 소비자들은 또다시 '임의 재생'에 의존하게 된다. 이것이 알고리즘 시대의 소비자들이 일상적으로 맞닥뜨리는 불안이 증폭되는 상황이며, 이는 머신러닝 알고리즘이 오늘날과 미래의 불안뿐 아니라 개인에게 미치는 부작용에 대해 중대한 질문을 제기한다.

알고리즘이라는 마법의 주문

자동화 사회를 개인과 알고리즘으로 단순히 양분할 수는 없다. 자동화를 경험하는 복잡한 방식 역시 우리의 욕구와 감정에 따라 크게 달라지며 이들이 그대로 컴퓨팅 언어와 논리, 그리고 인터페이스에 반영된다. 개인이 온라인에서 보내는 시간이 갈수록 길어지는 사회에서 자동화 지능형 기계는 예측 분석과 콘텐츠 필터링을 통해 행위자의 (인지적, 정서적) 구조를 새롭게 창조한다. 머신러닝 알고리즘의 컴퓨팅 언어 역시 점점 더 차별화되고 세분화되는 소비자 선호를 정확히 파악해 개인 맞춤형 제안을 내놓는다.

이 같은 자동 시스템의 개인화가 패션과 소매부터 교육과 정부 서비스에 이르는 다양한 부문에서 수백만 소비자들의 호평을 받고 있다는 데는 의심의 여지가 없다. 반면, 기술 기업이 새롭게 디지털화된 공공의 영역에서 어떤 개인 데이터를 채굴했는지 알아내는 데 상당한 에너지를 쏟는 개인도 많다. 이들은 이 같은 알고리즘 큐레이션이 어떻게 이루어지고 또 어떤 결과를 가져오는지 걱정하는 한편, 알아내기 위한 노력을 쏟는다. 본질적으로 관리가 불가능한 정보 과부하의 세계에서 사람들은 앱과 로봇, 그리고 자동 지능형 기계를 관리하는 데 갈수록 많은 시간을 소비한다.

많은 경우 개인들은 오늘날 알고리즘 사회의 규모와 범위, 그리고 상호 작용에 깊은 불안감을 느끼고 있다. 그들은 자신의 개인 데이터가 수집되고, 저장되며, 행동 기반 미래 시장 behavioural futures markets에서 가치 있는 지식으로 변환되어 빅테크 및 기타 디지털 기업만 이득을 본다는 데 분노를 느끼기도 한다. 디지털 플랫폼 소유자와 네트워크 서비스 제공업체의 부상으로 경제, 사회, 정치권력에 쏠림 현상이 생기는 것도 불안할 수밖에 없다. 심지어 이 같은 자동화 사회가 계속해서 이어질 것이라는 예감까지 지극히 합리적이다. 사람들은 폭주하는 이 세상에 대처하기 위해서는 개인의 결정과 일상의 업무를 기계에 위임하는 수밖에 없다는 태도로 살아간다. 때로는 우리의 삶이 자동화 컴퓨팅 모형에 잠식당해 빠져나갈 길 따위는 이미 사라진 만큼, 그렇게 해야 그나마 부담을 덜거나 자유로워질 수 있는 듯 보이기도 한다. 말하자면 사람들은 자신의 삶을 집어삼킬 듯한 알고리즘 세상의 위협 속에서 디지털 혁명의 제도적 확산이 피할 수 없는 일인 듯 자신을 속여야만 한다.

2015년 미국의 철학자이자 매체학자 이언 보고스트는 〈컴퓨팅의 대성당The cathedral of computation〉이라는 제목의 글에서 신의 죽음과 알고리즘의 부상을 연결해 자신의 주장을 전개했다. 소프트웨어의 신화적 지위가 갈수록 굳건해지고 있는 미래에 사람들이 초합리주의적 사고를 투영하면서 현대의 문화적 삶이 "컴퓨터의 신권 정치"로 퇴보했다고 제시했다. 보고스트에 따르면 "우리의 알고리즘 문화는 물질적이라기보다 종교적 현상, 사람들이 신을 대체해도 좋다는 마음으로 허용한 컴퓨터를 향해 보내는 호소다."[21] 한마디로 사람들은 자동화 지능형 기계와 신앙적 관계를 맺고 어떻게 살고 사랑하며 일해야 하는지 전적으로 의존하고 있다. 애리조나 주립대학의 교수 에드

핀Ed Finn은 자신의 놀라운 저서 《알고리즘이 원하는 것What Algorithms Want》에서 보고스트의 핵심 명제를 새롭게 해석해 "알고리즘 문화와 합리주의 전통은 단순한 거부나 신격화보다 훨씬 복잡한 관계를 맺고 있다"고 주장한다.

이 같은 관점에서 컴퓨터 과학자와 엔지니어들의 임무는 사회 질서와 문화적 숙달을 향한 현대성의 야망을 소프트웨어로 전환하는 것이다. 핀에 따르면 "오늘날 우리가 직면한 문제는 우리가 컴퓨팅을 대성당으로 만들었다는 것이 아니라, 이미 존재하는 대성당을 갈수록 컴퓨팅이 대체하고 있다는 사실"이다.[22] 따라서 디지털 알고리즘에 의존해 상품을 구매하고 서비스 보안을 유지하며 일상 업무를 수행하는 소비자들이 이상하고 신비로운 주문에 사로잡힌 것은 당연한 일이다. 하지만 알고리즘 세상이 신비로운 힘의 권력으로만 이루어지는 것은 아니다. 컴퓨팅 코드가 마법의 주문이라는 인식이야말로 이렇게 멋진 신세계의 조건이자 결과라고 핀은 말한다. "코드는 전지전능하다는 신화가 오늘날 우리의 가장 큰 문제"라고 그는 덧붙인다. "최첨단 기기를 생산하는 일종의 기계 유토피아에서 저임금 노동자는 그늘에 가려져 있다. 브러시드 메탈 제품의 세련된 디자인과 마케팅으로 인해 인간의 손길 따위는 지워지는 것이다. 마찬가지로 이 유토피아의 열렬한 관객인 우리는 소프트웨어 알고리즘이 컴퓨팅의 마법으로 생겨난 결과물이라고 굳게 믿는다."[23]

알고리즘이 현대 문화생활에 어떤 영향을 미치는지 알아보려면 마법적 힘이라는 발상에 유념해야 한다는 핀의 주장은 일리가 있다.

하지만 좀 더 개념을 보완하고 사회 심리를 조정할 필요가 있는 것도 사실이다. 나는 핀의 도발적 주장에 기반해 알고리즘 문화를 마법의 주문으로 여기는 신화가 사실은 인위적 전능함의 한 형태라고 주장하고 싶다. 사람들이 스스로 선택을 내리고 관리해야 하는 바로 그 시점에 자동화에 의존하는 셈이기 때문이다. 우리는 선택의 부담에서 벗어나기 위해 알고리즘 운영 체제의 제안이라기보다 결정, 주도라기보다 강요에 휩쓸리고 있다. 핀은 "코드는 마법의 힘을 발휘할 수 있고 세상을 바꿀 수 있으며 마음을 변화시킬 수 있다"고 결론지었다.[24] 물론 그럴 수도 있겠지만, 이 같은 변화의 조건이 되는 상호 보완적이면서도 모순적인 사회 심리 요인이 아직 연구되지 않은 만큼 내가 여기서 제시하는 결론은 핵심적인 도전 과제에 대해 대략적 지침을 제시한다.

우선 우리는 첨단 기계 지능이 가능한 모든 면에서 주체성의 극적 변화를 수반한다는 사실에 주목할 수 있다. 다소 시대착오적이어서 오늘날 많은 비판을 받는 아이디어가 새로운 방식으로 재구성되고 있는데, 바로 세상에서 무언가를 선택하거나 행동하려면 자기 주체성을 끊임없이 발휘해야 할 뿐더러 유연한 정체성을 구축해야 한다는 발상이다. 포스트모더니즘과 포스트휴머니즘 사상이 그랬듯 알고리즘 시대가 도래하면서 주체성이 내적 영역보다는 외적 영역으로 옮겨갔다. 헤겔부터 하버마스에 이르는 계몽주의 사상에서 인간 주체를 지극히 긍정적으로 바라보는 개념은, 사람들이 인위적 요소와 컴퓨팅 시스템, 그리고 머신러닝 알고리즘에 갈수록 더 많은 결정을 위임하는 오늘날의 첨단 자동화 세상과는 근본적으로 맞지 않는 듯 보인다. 디지털 혁명의 여파로 자동화가 갈수록 주체성을 대체하거나, 혹은 적어도 극단적 수정을 가하고 있다. 수많은 인위적 주체가 등장하고 머신러닝이 주체성을 점령하는 바로 그 지점에서 미래의 전지전능함이 탄생한다. 주체성 자체를 기술이 소유하게 되면서 인공 기술 메커니즘과 컴퓨팅 시스템이 우리의 관습과 습관을 바꾸고 일상적 관행 자체를 재구축한다. 이처럼 새로운 알고리즘 세계뿐 아니라 컴퓨팅 파워의 문화적 발현에도 적응하고자 노력하는 태도가 자동화를 필연적으로 강력하게 만드는 핵심이다.

우리가 이렇게 새로운 디지털 환경에 적응할 수 있는 것은 머신러닝 알고리즘 덕분이다. 나아가 우리에게 무슨 일이 일어날지, 또 미래에 어떤 삶을 살게 될지도 머신러닝 알고리즘을 통해 확실히 알 수 있다고들 한다. 하지만 자율성을 달성하기 위해 인위적 주체에 결정을 위임하는 것은 모순이 아닐 수 없다. 여기서 우리는 알고리즘에 위임된 주체라는 용어를 사용해 알고리즘 시대의 현상에서 중요한 게 무엇인지 강조할 수 있다. 이는 의사결정이 인위적 주체에 위임되는 상황을 일컫는 것으로 각 개인이 알고리즘 시스템의 경계 안에 머무는 한, 오류가 발생하지 않는다는 인식을 조장한다. 이때 설령 모두는 아니더라도 대다수는 (비즈니스 일정이나 친밀한 관계 등에 인위적 주체를 활용하는 식으로) 인간의 의사결정을 알고리즘에 전가하면 전능한 결과를 맞이한다는 착각에 빠질 위험이 있다.

한마디로 주체성을 자동화 지능 기계에 위탁하면 포괄적으로 재구성된 자율성의 일부로 도식화된다. 오늘날의 자율성을 기본적으로 자동화 문제라고 말하는 것은, 디지털 혁명 이후 소비와 관련된 모든 것과 마찬가지로, 개인에게 무한대의 선택이 주어졌다고 말하는 것과 같다. 이때 개인은 한편으로 끝없이 도피를 꿈꾸면서 다른 한편으로는 일상적으로 활성화된 예측 알고리즘에 의존한다. 하지만 예측 분석은 사람들이 원하는 만큼의 확실성을 제공하지 못한다. 개인이 수많은 인위적 주체자에게 전달받는 '예측'에는 타협된 주체성과 제한된 자율성에서 기인하는 당혹스러운 불안감이 수반된다.

첨단 자동화 사회는 예측과 선택을 무한대로 제공할 뿐 아니라 그렇게 하는 데서 명백한 기쁨을 누리는 것처럼 보인다. 예측 분석과 개인의 즐거움이 하나로 합쳐지는 것이다. 이 같은 관점에서 예측 알고리즘이 주입된 삶을 갈망하는 것은 무한한 가능성의 삶을 갈망하는 것과 같다. 생활환경이 자동화될수록 사회적 행위자는 대부분의 변수를 포함하고 잠재적 소비 대상을 놓칠 위험을 분산하는 방향으로 행동하기 위해 예측 분석이 필요하다. 따라서 예측 분석은 상실, 혹은 선택지나 대안을 놓칠지 모른다는 두려움을 차단해 주는 상상 속 보호 장치로 거듭난다. 이 같은 위협에 대해 영국의 저명한 정신분석학자 애덤 필립스Adam Phillips는 자신의 저서 《미싱 아웃Missing Out》에서 다음과 같이 설명한다.

누군가 계약서나 실제 인간관계에서 면책 조항을 원한다는 것은 더 좋은 것이 나타날 수 있다는 가능성을 열어두는 것이다. 이들은 더 좋은 게 있을 것이라는 사실을 인지하고 자신들의 계산에 포함시켜야 한다. 이 같은 가능성을 공식화해야 한다는 것은, 설령 그게 뭔지는 몰라도 내가 가장 원하는 것을 갖지 못했음을 최소한으로 인정하는 셈이다. 그리고 물론 여기에는 더 좋은 게 나타날 것이라는 낙관주의도 포함된다. 만약 면책 조항에 확신이 부족하다면 이는 미래의 열린 결말을 지지하는 것이기도 하다.[25]

자동화된 삶은 '더 좋은 것이 나타날 가능성을 허용하는' 예측 계산의 삶이다. 첨단 자동화 사회에서 수많은 욕망의 대상을 적절히 스캔, 선별 및 확보함과 동시에 다른 새로운 예측과 선별, 그리고 계산을 실시해 탁월한 대안까지 약속할 수 있는 것은 오로지 머신러닝 알고리즘뿐이다. 넷플릭스의 '다른 것 더 보기' 기능은 이렇게 약속된 탈출구를 제공한다. 하지만 놓칠 위험성을 분산시키는 게 기술만으로 할 수 있는 것은 아니다. 삶의 방식 또한 영향을 미친다. 예측은 추천 순서대로 자동 정렬되지 않는다. 기업과 조직에서는 협업 필터링, 콘텐츠 기반 텍스트 마이닝, 메트릭 요소 분해 및 다양한 지원 기술을 활용해 예측 분석의 논리를 발전시킨다.

한편, 사회 행위자들은 알고리즘 시대의 자동화 사회에서 살아가는 삶을 모니터링하고 반영하며 평가하고 참여한다. 그렇다면 시스템과 자아가 협업하는 건 전통 방식에 수반되는 제약과 배제로부터 사람들을 해방시키기 위해서라고 볼 수 있다. 따라서 일각에서는 머신러닝 알고리즘이 기존 사회의 꽉 막힌 통설에서 벗어나 지속적으로 실험하는 삶을 가능하게 해준다고 주장한다. 하지만 알고리즘에 의한 기계 예측은 본래 인공지능이 제거해 주거나, 혹은 적어도 줄이고 제한해 주길 바랐던 불확실성을 한층 더해 자동화된 삶의 불안을 오히려 가중시킨다. 자동화 지능형 기계에 결정권을 넘겨줌으로써 의사결정에서 '벗어난다는 것'은 일종의 사기로 드러났기 때문이다. 주체성을 발휘하는 데서 '벗어난다'는 건 다양한 회피와 도피, 그리고 거부의 행태를 포함한다는 것이 자동화된 생활의 여러 문제 중 하나다. 게다가 이 모든 것은 언제든 다시 돌아와 개인을 괴롭히고 향후 오히려 굴곡진 삶을 선사할 수 있다.

따라서 머신러닝 알고리즘 문화는 그것이 극복해 준다고 약속하는 트라우마적 갈등의 양상을 보인다. 만약 개인이 매일같이 내린 결정이 만족스럽지 않다면 자동화 지능형 기계가 그와 같은 결핍의 감각에 답해줄 수 있다. 첨단 자동화 환경에서 머신러닝 알고리즘의 핵심은 자율적, 반자율적, 원격적 역학에 따라 행동이 조직되는 환경을 만들고, 그 환경은 '직접적인 개인 감독'이나 인간의 의사결정으로부터 분리된 맥락 속에서 이루어지도록 하는 데 있다. 정신분석학적 관점에서 보면 우리의 욕망은 서로 모순되고 성취는 덧없으며 지속적으로 틀어지는 만큼 의사결정을 알고리즘에 위임하는 것이 오히려 속 편할 수 있다. 그나마 스스로 미래를 통제하고 자기 숙달을 실현할 방법이 아직은 존재한다고 위안할 수 있기 때문이다. 이 같은 관점에서 자아에 대한 나르시시즘적 집착은 예측의 나르시시즘으로 대체된다. 이때 개인 주체는 자동화 지능형 기계의 비인격적 힘을 통해 탐욕스러운 욕망이 원하는 바를 예측할 수 있다고 안심하고 싶어 한다.

머신러닝 예측이 매혹적으로 실현되길 바라는 마음으로 본능에 충실함으로써 얻어지는 만족을 포기하는 것은 프로이트가 '억압의 프로세스'로 칭한 나르시시즘적 프로젝트에 부합한다. '억압의 프로세스'는 경험을 무의식의 영역으로 전환해 기쁨, 놀이, 소망, 꿈, 그리고 욕망을 부정하는 것이다. 프로이트가 지적한 것처럼 "억압의 본질은 단순히 의식의 영역에서 뭔가를 제외하고 거리를 두는 데 있다."[26] 하지만 참을 수 없는 생각이나 끔찍한 욕망을 거부하는 행위는 개인 차원에서만 일어나는 것이 아니다. 우리가 의식상에서 받아들일 수 없는 경험의 개인적 측면과 사회적 요인 사이에는 밀접한 연관성이 있다. 예를 들어, 머신러닝 기술과 첨단 자동화는 회피와 도피, 그리고 억압이 자동화의 영역으로 승격되는 좀 더 일반적인 과정의 일부다. 알고리즘과 앱, 그리고 컴퓨팅은 대개 알고리즘 시대의 이 같은 억압 논리에 충실한 역할을 수행한다. 의사결정이 알고리즘에 위임된다는 것은 사고와 성찰, 그리고 인간의 모순을 직접 대면하는 게 갈수록 덧없어진다는 것을 의미한다. 선택지를 열어두고 인생의 프로젝트를 유연하게 진행하는 것이 최적의 사회 경로 중 하나라고 할 수 있다면 알고리즘 기술과 머신러닝 예측이 이를 더욱 수월하게 달성하도록 도와줄 것이다. 인간의 의사결정 체계는 일상적으로 지표를 놓치거나 흔들릴 수도 있으니 말이다. 알고리즘 추천 시스템의 시대에 우리가 위임하고 전가하며 거리두기를 한 의사

결정은 나르시시즘의 성향을 띤다. 넷플릭스의 '다른 것 더 보기' 기능은 마치 상상의 영역처럼 모든 것이 마법처럼 연결돼 있고 닮기까지 한 세계를 약속한다. 하지만 이것이 보여주는 건 다름이나 타자성 따위가 상당 부분 사라진 알고리즘 세계에 불과하다.

4장

〈오징어 게임〉을 통해 본
알고리즘 시대의 정체성과 정서

ALGORITHMS OF ANXIETY

ALGORITHMS OF ANXIETY

《전쟁과 죽음에 대한 고찰Reflections on War and Death》에서 지그문트 프로이트는 이렇게 적었다. "망상을 높이 평가해야 하는 이유는 우리를 고통에서 끄집어내 기쁨을 만끽하게 해주기 때문이다. 따라서 우리는 망상이 이따금 현실과 충동해 산산조각 나더라도 잠자코 받아들여야 한다."[1] 프로이트는 과학 기술의 발전과 현대 사회의 정치적, 이념적 혼란이 맺고 있는 복잡한 관계에 대해 제시했다. 프로이트 사상에서 억압된 무의식은 마치 야누스 같은 형태로 삶을 긍정하는 동시에 죽음을 기대하는데, 이 같은 양상은 석기 시대부터 스타워즈가 등장할 때까지 내내 지속돼 왔다. 무인 항공기, 살상 로봇, 치명적 자율 무기 등은 현대의 하이테크 시대를 상징하는 대표 아이템으로 알려져 있다. 하지만 이들 기술은 군사 분쟁, 새로운 전쟁, 그리고 글로벌 테러에 동원될 뿐 아니라 사람들이 가장 은밀하고 개인적인 방식으로 경험하기도 한다. 인공지능 군사-산업 복합체는 무엇보다 개인의 정서와 정체성의 위기, 그리고 제도적 격변을 나타낸다.

나는 이번 장에서 머신러닝 알고리즘 기술의 변화에 따른 개인의 정체성과 정서의 변화를 다룰 것이다. 이 같은 정서의 전환이야말로 경제, 사회, 그리고 정치 전반으로 확산되고 있는 자동화 기술의 특징이라고 주장할 것이다.

〈오징어 게임〉 속 AI의 정밀한 통제

2021년 미국 넷플릭스 차트 1위를 차지할 정도로 대성공을 거둔 한국 서바이벌 드라마 〈오징어 게임〉은 빚과 버티기라는 소재를 잘 엮어 시청자를 사로잡았다. 이름 대신 숫자가 적힌 녹색 점프수트 차림의 캐릭터들은 하나같이 빚더미에 앉아 있다. 각기 천문학적 채무를 진 등장인물 456명 중 단 한 명만이 어마어마한 부를 차지하는 반면, 나머지는 머리에 총을 맞고 죽음에 처해질 운명이다.

목숨을 걸고 게임을 벌인다는 스토리는 새로운 것은 아니다. 〈배틀로얄〉이나 〈헝거 게임〉 등 디스토피아 배경의 게임에서 생존자들은 하나같이 상대방을 무차별적으로 죽이고 도륙했다. 잔인한 폭력과 끔찍한 공포는 태초부터 존재해 왔다. 하지만 〈오징어 게임〉에서 무모하면서도 조직적으로 펼쳐지는 자기 해체와 회피 의식은 특별한 데다 묘하게 몽환적인 구석이 있다. 에피소드마다 펼쳐지는 생존주의와 야만성의 향연에 시청자들이 열광하면서 〈〈오징어 게임〉은 90개국 이상에서 넷플릭스 최고 순위를 기록했다) 2021년의 세계에는 일종의 중독적이고 강박적인 현상이 넘쳐흘렀다.

〈오징어 게임〉의 성공 요인은 무엇일까? 일부 비평가들은 이 작품을 후기 자본주의 사회에 대한 날카로운 비판으로 바라본다. 작가 조이 윌리엄스Zoe Williams는 〈가디언〉에 기고한 글에서 현대의 일상에서 작동하는 자본주의의 거대한 파괴적 모순을 〈오징어 게임〉이 포착했다고 평가했다. 빚과 우울증을 노골적으로 연관 지었다는 지적도 빠뜨리지 않았다. "예전에는 환경 파괴가 불안감의 최대 요인이었던 만큼 종말 이후를 배경으로 한 영화가 많았는데 … 지금은 빚이 가장 큰 불안 요소라니 마치 빅토리아 시대를 살고 있는 듯하다. 지극히 현실적이면서도 완전히 비현실적이라는 역설을 지닌 이 드라마가 불안감에 불을 지펴 일상적 정신 질환을 유발한다."[2]

성숙 단계에 들어선 자본주의는 고삐가 풀렸다. 전 세계를 원하는 대로 주무르려 하는 데다, 이를 위해서는 개인의 가장 내밀한 사생활까지 들여다보는 등 직접 감시해야 하기 때문이다. 이 같은 연결성 속에서 자기 성찰과 파산은 복잡하게 얽혀 있다. 다국적 글로벌 자본주의에 부채는 필수 요소다. 윌리엄스는 이렇게 결론 내렸다. "글로벌 금융 위기 이후 10년이 지난 지금, 전 세계가 이런 질문을 던지는 드라마에 주목하는 건 결코 우연이 아니다. '내가 과연 이 빚을 갚을 수 있을까?'"

〈오징어 게임〉이 등장한 이 시대가 금융화의 위기는 물론 그 위기의 금융화가 점점 심화되는 시대라는 사실은 부인할 수 없다. 황동

혁 감독은 시리즈 전체를 "현대 자본주의 사회에 대한 풍자 혹은 우화"의 감성이 지배한다고 말한다.[3] 하지만 불안과 소외, 그리고 거기서 비롯된 두려움 역시 〈오징어 게임〉의 인기를 견인했다.[4] 나는 극도로 폭력적인 이 한국 드라마가 첨단 기술의 지배를 받는 고도의 자본주의 세계에서 끝없이 진화하는 욕망의 정곡을 찔렀다고 평가하고 싶다. 생존주의와 야만주의가 서로 충돌하면서도 유사성을 갖는다면 그것은 후기 자본주의 사회의 완강한 자기 확신으로 인해 권력과 착취의 기술이 더욱 정교하게 발전했기 때문이다. 다만 현대 알고리즘 시대에 우리는 방대한 디지털 정보, 그리고 하루가 다르게 빨라지는 디지털화에 직면해 있으며, 이는 우리가 소중한 노동으로 일구어낸 사회 질서에 근본적 혼란과 소외를 일으킨다. 〈오징어 게임〉에 등장하는 얼굴 인식 모니터링이나 동작 감지 장치, 혹은 로봇 공학 등의 기술을 보면 글로벌 디지털 경제가 폭력과 파괴를 그 자체로 순수하게 즐긴다는 사실을 알 수 있다.

이는 알고리즘 자본주의의 힘이 인간에게 필요한 수준을 크게 넘어섰음을 의미한다. 〈오징어 게임〉에서는 보복을 통해 사회질서를 지키려는 강박이 놀랍도록 암울하게 펼쳐진다. 운동장에 자동 무기가 무차별 발포되거나 신원을 알 수 없는 군인이 참가자의 머리를 순식간에 구멍 내는 식이다. 이처럼 절대적 사회 통제에 대한 병적 욕망에는 기술이 크게 작용한다. 〈오징어 게임〉은 정보 데이터 뱅크, 가면 쓴 군인으로 구성된 관리자 계층과 인간 표적 사이의 디지털 중재를 통해 죽음의 게임 장르를 완전히 새로운 차원으로 끌어올렸다. 첨단 디지털 시스템으로 낙오자 집단을 감시하고 어린이 놀이에서 파생되는 심리적 동요를 강력하게 억눌러서 무력감과 좌절감, 그리고 혼란을 유발하는 이 시리즈의 비뚤어진 폭력성은 《파리 대왕》과 《동물농장》, 예능쇼 〈누가 백만장자가 되고 싶은가 Who Wants to be a Millionaire〉가 결합한 형태라고 요약할 수 있다.

이 시리즈가 윤리적 황량함을 즐거운 생존 드라마로 제시한 데는 동의하기 쉽지 않다. 하지만 테스트웍스 테크 에반젤리스트 이창신이 말한 "〈오징어 게임〉 속 AI의 가면"은 군사 관리의 자동화가 도덕적 능력에 얼마나 다양하면서도 혼란스러운 영향을 미치는지 어느 정도 설명해 준다. '가면을 썼다'고 표현하는 건 이 복잡한 디지털 시스템이 '무대 뒤에서' 작동하는 만큼 알고리즘의 힘이 대개 보이지 않고, 목격되지 않으며, 알아차릴 수 없기 때문이다. 여기서 알고리즘은 수백만 달러 상금의 최종 승자를 예측하기 위해 승자가 될 가능성이 있는 참가자를 추론하는 데 정확히 관여한다. 이 같은 활동은 '게임 참가자' 456명의 이미지에서 텍스트를 추출하고 신체 움직임과 감정을 추적하는 등의 형태로 이루어진다.

알고리즘 감시가 '자동 살인 비즈니스'에 어떻게 적용되는지는 1화에 등장하는 '무궁화 꽃이 피었습니다' 게임에서 확인할 수 있다. 이 게임은 술래가 '무궁화 꽃이 피었습니다'를 외치는 동안 움직여서 결승선에 도착해야 한다. 만약 술래가 뒤를 돌아봤을 때 움직이는 아이가 있으면 그 아이는 탈락이다. 〈오징어 게임〉 버전의 경우에는 움직이다 적발된 참가자가 탈락하는 건 같지만 이때 탈락한 사람들은 자동 사격단에게 총살당한다는 점에서 다르다. 드라마에서 참가자들에게 달릴지 멈출지 지시하는 건 거대한 로봇 소녀다. 참가자가 움직이다 적발되면 이 로봇 소녀가 보이지 않는 곳에 설치된 소총을 발사해 사살한다.

AI의 '정밀한 통제'와 '통제된 정밀성'은 조작적이고 통합적인 특유의 논리를 나타내며 서바이벌 드라마 참가자들은 그 안에서 기술의 시종으로 전락한다. 눈에 정밀 레이저 줌카메라가 설치된 로봇 소녀는 얼굴 인식 및 동작 감시 기술을 복합적으로 작동해 소총을 자동 제어하는데, 이 모든 것이 게임에 이데올로기적 정당성을 부여한다는 사실은 부인할 수 없다. 여기서 기계 지능은 이 게임을 완벽한 정확성과 수학적 정밀도로 심판한다고 묘사되는데, 이것이 인간과 로봇의 핵심적인 차이다. 이창신은 이렇게 적었다.

> 드라마에서도 나오듯, 〈오징어 게임〉에서는 공정함이 중요한 요소였고 그 공정함을 보증하기 위해 AI가 사용되었다. 지면 치명적인 결과가 일어나는 게임을 하는데 인간이 술래 인형 역할을, 게임 스태프가 저격수 역할을 했다고 상상해 보라. 인간은 많은 사람들의 움직임을 한번에 정확하고 공정하게 추적하고 감지할 수 없다. 그래서 움직임이 있었느냐 없었느냐를 두고 큰 다툼이 일어날 것이다. … AI를 사용하면 이러한 문제를 해결할 수 있다. 인간 술래가 당신이 움직였다고 하면 논쟁이 일어날 수 있지만 AI 로봇이 움직임을 감지하고 쏘면 아무도 이의를 제기하지 않는다.[5]

기술이 필요한 이유는 실제 공정성 때문이 아니라 〈오징어 게임〉의 세계가 '객관적으로 관리된다'고 인식되게 만드는 AI 자체의 역량 때문일 것이다.[6]

〈오징어 게임〉의 공포는 AI 기술이 얼마나 광범위한 영역에 깊이 침투하는지 확인하고 나면 더욱 배가된다. AI 기술은 감시, 통제, 살해 도구의 기능을 할 뿐 아니라, 말 그대로 참가자의 신체를 포함한 삶의 모든 조직에 데이터 과학을 침투시킨다. 그럼에도 기계의 정밀성이라는 이데올로기는 또 다른 주요 시사점을 갖는다. 〈오징어 게임〉 1화가 끝날 무렵, 시청자들은 '무궁화 꽃이 피었습니다' 게임에 온갖 신기술이 활용된다는 사실뿐 아니라 이 게임을 VIP가 지켜보고 있음을 알게 된다.

특권층인 VIP들은 절박한 빚쟁이 수백 명이 겁에 질린 채 목숨을 걸고 경쟁하는 모습을, 샹들리에 같은 값비싼 장식이 넘쳐나는 곳에서 내기를 하고 음료를 마시며 즐긴다. 이 글로벌 엘리트 전망대는 TV 시청자에 대한 일종의 전방위적 은유라고 할 수 있다. 철학자이자 영화평론가 벤스 낸시Bence Nancy가 지적한 것처럼 "우리는 움직임 하나하나에 신중을 기하는 참가자이기도 하지만 냉혹하게 게임을 지켜보는 VIP이기도 하다."[7] '모든 게 가능하다'는 〈오징어 게임〉의 무섭고 짜릿한 공포가 바로 이 이중적 관점에서 기인한다. 지그문트 프로이트는 자아가 강력하게 억눌러 온 감정을 표출해도 좋다는 암묵적 허용에서 공포가 시작된다고 지적했다. 이런 의미에서 극심한 공포라는 유령은 관찰자에게 무한대로 확장되는 희열과 놀라움을 선사한다고 할 수 있다. 다시 말해 〈오징어 게임〉은 살아남기 위해 고군분투하는 세상에서 공포가 달성하는 치명적 엑스터시에 대한 은유라고 이해하는 게 가장 좋을 것이다.

〈오징어 게임〉으로 바라본 현대인들의 내면 세계

〈오징어 게임〉은 첨단 기술로 구현된 레트로풍 게임을 통해 서로 간에는 물론, 사회와도 전쟁을 벌이는 현대인의 모습을 적나라하게 담아냈다. 이 드라마의 엄청난 인기는 나르시시즘과 공격성이 번갈아 작동하며 구축한 사회 질서에 기술 문화가 한시적이나마 놀이터를 제공했다는 깨달음에서 비롯된다. 〈오징어 게임〉은 처음부터 끝까지 병적 공격성이 각 등장인물의 모든 움직임을 결정지을 만큼 극단의 소외를 보여준다. 게임 참가자들은 채무로 인한 죄책감과 자기 증오뿐 아니라 무력감과 자기 부정으로 완전히 무너졌다. 하지만 이 같은 시련의 자기 학대성은 수백만 달러의 상금을 딸 확률로 금세 시들해진다. 무의식적인 감정 세계의 들끓는 공격성과 연결된, 결코 이길 수 없는 내면의 싸움은 차라리 외부의 싸움으로 옮겨지는 것이 나을지도 모른다. 즉 자본주의 사회라는 문화적 강제의 형태로 전이되는 것이다. 이탈리아의 정신과 의사 프랑코 포르나리Franco Fornaria는 《전쟁의 정신분석The Psychoanalysis of War》에서 "공포가 실행하는 최고의 안보 기능은 내부의 적으로부터 자신을 방어하는 것이 아니라 적

을 발견하게끔 만드는 것"이라는 점에서 역설적이라고 적었다.[8]

이 같은 관점에서 봤을 때 〈오징어 게임〉이 죽음의 게임에 첨단 기술을 차용해 문화적 반향을 일으킨 건 인간 개개인이 이미 자기 자신과 전쟁을 벌이고 있었기 때문이다. 하지만 시리즈에 등장하는 'AI의 가면'은 비단 인간 자유의 포기뿐 아니라 사회 질서를 재생산하는 데 필수인 욕망이나 공격성 또는 도덕성과 관련해서도 광범위한 질문을 제기한다. 따라서 〈오징어 게임〉에서 게임 참가자들이 거주하는 세계는 외부 전쟁과 내적 전쟁 간 격차가 상당 부분 지워진 세계다.

사회가 기술적으로 복잡해질수록 심리적 억압(특히 공격과 파괴 본능에서 비롯된 본능적 만족감의 억압)의 강도도 높아진다는 개념은 잘 알려져 있을 뿐더러 사회과학이나 광범위한 대중 토론에 자주 등장한다. 이 같은 관점에서《문명 속의 불만 Civilization and its Discontents》을 집필한 프로이트는 "문명은 본능이 폐기된 잔해 위에 세워졌다"고 적었다. 그는 문명에 관해 설명하면서 본능적으로 무질서한 인간의 감정이 점점 질서를 찾아간다고 강조했다. 욕구를 억압하는 방식으로 사회를 운영하는 과정에서 타협과 거래, 그리고 지속적 재협상이 끊임없이 이루어진다는 것이다. 사회가 존재하기 위해서는 억압이 필수라고 프로이트는 말한다. 그는 '억압'과 '강제 포기'를 사회 질서의 구축 요인으로 전제한 가운데 쾌락 원칙은 현실 원칙에 희생되고 본능적 욕망은 에로스와 뒤섞인다고 보았다. 성욕, 공격성, 그리고 인간 본성 등의 성질은 이성의 척도이자 현실적으로 중요한 것을 판가름하는 사회 질서 구축 비즈니스에 밀려난다. 하지만 사회 질서가 억압된 욕구나 본능적 만족의 포기에 기반해 있다면 무의식에 잠재된 이들 성질은 사회의 원활한 운영을 언제든지 방해하거나 전복시킬 수 있다. 프로이트에 따르면 문명은 만족과 불만, 항복과 반항, 복종과 전복이 공존하는 일종의 '타협 형성'이다.[9]

이 같은 혼란은 사회 질서를 자기 모순적일 뿐 아니라 한편으로는 자기 파괴적인 방향으로 몰고 간다. 사회는 무의식의 무정부적 성질을 활용하기도, 억누르기도 하는데 사실 '문명'의 주춧돌이 된 이 조직에서 (철학자 헤르베르트 마르쿠제가 간편하게 '잉여 억압'으로 칭한) '질서의 과잉'이 나타났다. 그리고 이는 경제와 사회, 그리고 정치가 교차하는 지점에서 '강력한 반동 형성'을 일으켰다.[10] 인간이 즉시 만족하고 싶은 욕구 대신 지연된 만족에 안주할수록 내면의 감정 세계가 해체되면서 무의식의 공격적 에너지가 폭발해 질서에 집착하는 자아를 오히려 강화한다. 하지만 '문명'으로 구축된 질서의 과잉 혹은 극단은 훨씬 강력한 동요에 의해 무력화된다. 우리의 공격성이 생산한 극도의 불안이 그것인데 프로이트는 이를 타나토스, 혹은 '죽음의 욕구'라고 칭했다. 그는 자기 해체와 자기 파괴를 향한 치명적 욕구가 유년기에 부모의 감정과 자신의 감정을 동일시하는 데서부터 성생활, 억압적 정치체제에 만연한 새디즘과 마조히즘에 이르는 모든 곳에서 작용한다고 여겼다. 프로이트의 관점에서 타나토스는 원초적 공포와 방어를 모두 동원했다. 이에 비해 우리는 차단할 수 없어 공포를 일으키는 감정의 힘, 자아와 사회적 삶의 핵심에 위치한 타자성을 다룬다.

정서적 삶의 병리적 모순은 프로이트 사상에서 친숙한 모티브다. 사회 질서는 처음부터 끝까지 본능적 만족을 포기함으로써 유지된다. 하지만 이 같은 정서적 희생에서 비롯되는 고통으로 내적 에너지가 소모되는 경우, 억눌린 본능이 내적 양심을 형성해 문화 자체의 정서적 회복탄력성을 갉아먹는다. 프로이트는 자신의 환자 중 일부가 파괴적이고 고통스러운 경험을 반복하려는 강박을 보이자 이를 내면화된 공격성을 가혹하게 질책하는 초자아의 가학적 쾌락으로 규정했다. "문명은 개인의 위험한 공격 욕구를 약화시키고 무장해제하며 정복한 도시의 주둔군처럼 이를 감시하는 기관을 그 안에 설치함으로써 지배권을 얻는다"라고 프로이트는 말한다.[11] 초자아가 개인의 자아감에 심각하게 반대하는 것은 병리적 현상으로서 자기 증오라는 치명적 양심을 확립한다. 이 극단적 자기 파괴는 정서적 죄책감의 근원에 자리한다. 사회 질서라는 이름으로 개인이 쾌락을 추구할 자유가 심각하게 위축되면서 사람들에게 스며든 죄책감은 병리적 성향을 띤다.

이 같은 관점에서 주체성에는 본능의 포기와 커져가는 양심의 두려움이 혼재한다. 불만에 찬 현대인은, 적어도 개인의 심리 수준에서는, 타협점을 찾아 쾌락 원칙 대신 자기 파괴적 역학의 현실 원칙에 안주하기 마련이다. 프로이트가 강박적 신경증, 혹은 가학적이고 마조히즘적인 우울증이야말로 현대인이 삶에 대해 갖는 '불만' 혹은 '불쾌감'의 핵심이라고 묘사한 것도 바로 이 때문일 것이다. 하지만 과도한 안전에 집착해 본능을 억누르는 사회의 틀 안에서 이렇게 깊어지는 죄책감은 개인의 삶뿐 아니라 문화의 중심에도 나타난다. 자기 파괴적 죄책감이 전 세계로 퍼져나간다는 것은 이제 타나토스 또는 죽음의 욕구라는 관점에서 초자아의 가학적 작용이 커지고 있음을 의미한다. 프로이트는 "죄책감은 모순에 따른 갈등, 에로스와 파괴 혹은 죽음의 본능 간에 벌어지는 영원한 투쟁의 표현"이라며 광의의 고찰을 내놓았다.[12] 파괴적 힘으로서의 죽음에 대한 욕구는 개인의 성욕과 성적 에너지에 부과된 '위대한 희생'의 반대 개념이 아니다. 프로이트는 대신 억압이 소멸시키고자 하는 바로 그 폭력이 유발돼 삶과 죽음의 힘인 에로스와 타나토스가 불가분의 관계로 얽힌다고 보았다.

정신분석학적 관점에서 보면 죽음의 욕구나 타나토스는 한계를 모르는 것처럼 보인다. 한편으로 무의식적 죄책감은 사나운 내적 강박에 따라 극단적이고 끝없는 자기 폭력을 휘두름으로써 타인을 향한 개인 주체의 폭력적 공격성을 억제한다. 이에 비해 문화적으로는 살인적 파괴, 잔혹한 문화적 적대감, 성전, 더욱 정교해진 소멸의 기술을 수행하는 데서 오는 치명적 즐거움을 선사한다. 문화평론가 테리 이글턴은 프로이트의 타나토스가 은밀하게 반동적인 사회 질서의 변덕스럽고 이중적인 하수인이라고 지적하면서 이렇게 적었다.

문명이 형성되는 과정에서 죽음의 욕구는 순전히 기능적인 목적으로 활용되며 갈수록 전략적이고 치밀해진다. 그러나 그것은 여전히 권력과 파괴 그 자체에 대한 쾌감을 드러내면서 이들을 훼손할 위협을 끊임없이 제기한다. 이는 질서에 대한 충동 자체가 잠재적으로 무정부적임을 암시한다. 문명 건설이라는 사업에는 처음부터 죽음이 침투해 있다. 인간의 문화를 만드는 요소는 동시에 그것을 망가뜨리기도 한다. 혼돈을 진압하려는 그 힘이 혼돈을 은밀히 사랑하고 있는 것이다.[13]

따라서 우리는 헤겔의 뒤를 이어 타나토스의 교활함에 대해 이야기해야 한다. 이는 각 개인의 삶이 죽음을 향해 영원히 앞으로 나아가도록 이끈다. 철학자 폴 리쾨르에 따르면 "에로스와 타나토스 사이의 투쟁은 선포된 전쟁으로 진화한다. 프로이트의 말을 빌리면, 전쟁은 죽음의 함성이라고 할 수 있을 것이다."[14]

알고리즘 시대의 치열한 생존 전쟁

사회 질서의 토대가 삶의 에너지와 파괴 동력 사이의 타협, 즉 에로스와 타나토스 간의 전투라면 〈오징어 게임〉의 스펙터클은 새로운 알고리즘 자본주의가 필연적으로 생산하는 트라우마의 혼란스럽고 양면적인 역학에서 나오는 듯하다. 무엇보다 이 서바이벌 드라마는 게임쇼에 대한 세계적 집착에 착안해 아이들의 놀이를 전면에 내세우는 한편, 이를 이상하면서도 가학적으로 변형하고, 나아가 정교한 디지털 기술로 야만성을 강화했다. 하지만 이 시리즈는 우리 사회의 폭력성과 파괴성, 그리고 잔인성을 반영하는 데 그치지 않는다. 비정상적으로 처벌적인 사회경제 구조에 대한 감상까지 제시한다. 이 같은 구조에서는 개인 소멸의 위험보다 부채와 가난에서 비롯되는 개인의 치욕이 더 두렵다. 여기서 우리는 이성과 욕망, 질서와 혼란, 안전과 폭력, 만족과 공포 사이의 오랜 대립을 무너뜨린 프로이트 이론의 흔적을 볼 수 있다. 〈오징어 게임〉 이후 채무의 두려움, 거기서 불가피하게 피어나는 비인간화의 트라우마가 자동화 사회라는 여건 속에 살아가는 사람들의 끈질긴 불안으로 등극했다.

〈오징어 게임〉을 오롯이 정신역학적 관점에서만 해석하는 것은 무엇보다 현대의 두려움, 불길한 예감과 불안이 항상 사적 영역과 공적 영역의 두 가지 항목으로 발현되어 배가된다는 사실을 강조하기 위해서다. 개인이 항상 무의식적 파괴 정서에 맞서 자신과의 전쟁을 벌이고 있다면, 여기서는 알고리즘 자본주의 시대에 매일같이 재창조되는 광범위한 사회 불평등을 포함하는 문화와도 전쟁 중이라고 할 수 있다. 사람들은 내부의 위험보다 외부의 위험에 대처하는 데 감정적 부담을 덜 느낀다고 프로이트가 강조한 것도 바로 이 때문일 것이다. 하지만 이는 다시 흥미로운 역설을 제기한다. 그래서 〈오징어 게임〉의 참가자들은 프로이트가 말한 운명을 그대로 겪었는가? 갚지 못한 막대한 채무의 심리적 무게가 이미 생지옥을 의미한다면 〈오징어 게임〉이 제시하는 적은 어떤 점에서 새로운가? 기술은 사회관계뿐 아니라 개인의 내면에서도 진행되는 참을 수 없는 전쟁에 뭔가 새로운 것을 도입할 수 있을까? 애덤 필립스가 보기에 프로이트의 정치학은 현대 사회 전반의 폭력, 특히 전쟁과 대면했을 때 특히 더 위험하다. 그의 이론에 따르면 "정신분석 이론은 늘 전생을 탈 역사화할 위험을 수반한다. 전쟁이 마치 심리적으로 일반화 가능한 요소를 지녀서 어느 정도 보편성이 있고, 기술이 아무리 발달해도 전쟁 경험에 물질적 차이가 생기지 않는다는 인식을 생산하기 때문이다."[15]

나는 〈오징어 게임〉이 전쟁의 원형 같은 설정을 제시해 알고리즘 시대의 자동화 사회에서 맞닥뜨리는 불안, 두려움, 그리고 공포를 극적으로 과장한다고 생각한다. 나아가 기술이, 필립스가 말하는 "물질적 격차에서 기인하는 전쟁 경험의 차이"를 만들어 드라마 전반의 트라우마를 생성한다고 본다. 미리엄-웹스터 사전에 따르면 전쟁은 "사람이나 집단이 서로 경쟁하거나 싸우는 상황"으로 규정된다. 이 같은 정의는 〈오징어 게임〉의 생존 의식과 정확하게 맞아떨어진다. 극심한 경제적 불안과 사회적 불평등이 전면화된 드라마 속의 치열한 경쟁 환경에서 일시적 동맹과 파괴적 적대관계가 펼쳐지는 것이다. 하지만 전쟁이 조직화된 폭력으로 구분된다면 〈오징어 게임〉은 디지털 기술이 구현한 공포의 '잉여' 또는 '과잉'에 대한 새로운 설명을 제공하는 듯하다. 프로이트에 따르면 인간의 파괴성, 공격성과 잔혹성이 무서운 이유는 이들을 생산하고 증폭하는 두려움을 포착하는 게 불가능하기 때문이지만, 오늘날의 전쟁 알고리즘 기술은 적이 어디에 있는지 정확하게 예측한다.[16] 첨단 기술을 바탕으로 이상화된 폭력의 연대기 〈오징어 게임〉에 수백만 시청자가 빠져들고 매료돼 가학적이고 치명적인 서바이벌 게임의 역사를 '다시 쓰게' 된 이유도 바로 여기에 있다.

알고리즘 경쟁이 불러온 전 세계의 폭력성

기술 개발의 혁신을 이야기할 때 컴퓨터 과학자, 소프트웨어 엔지니어, 디자이너, 개발자 등 기술 전문가의 (이제는 구식인) 관점에서 사회적 장단점을 고려해 종합적으로 평가하기가 불가능하다는 사실이 갈수록 명확해지고 있다. 획기적 물체 감지 알고리즘인 YOLO$^{You\ Only\ Look\ Once}$의 설계자 조셉 레드먼$^{Joseph\ Redmon}$은 AI 시스템을 다양하게 운용하는 데서 발생하는 윤리적 우려를 이렇게 요약했다. "내 일이 어떤 영향을 미치는지 목격한 뒤 나는 컴퓨터 비전 연구를 중단했다. 이 일을 사랑하지만 군사적 응용과 프라이버시 문제를 더 이상 묵과할 수 없었다."[17]

레드먼은 컴퓨터 비전 알고리즘이 의학, 보건, 환경 분야 발전 등 사회에 엄청난 혜택을 가져다준다는 사실을 인정했다. 하지만 컴퓨터 기계가 주변 환경을 관찰하고 해석하는 방식과 관련해 자신이 발전시킨 알고리즘 혁신이 설계의 과정에서 은밀하게 빼돌려져 왔으며, 자신의 작업이 전장에서 적군의 차량 및 관련 물체의 움직임에 대한 드론 데이터를 수집하는 데 사용되었다는 사실을 알게 되었다. 이는 레드먼이 이해한 욜로의 광범위한 사회적 목적과는 무관한 용도였다. '윤리적 AI'란 인간관계의 질감과 품질을 지원하거나 향상시키는 것을 의미한다는 사실을 인식하지 못한 행위다. 레드먼에 따르면 알고리즘 컴퓨터 비전 기술을 군사 시스템에 적용해 전 세계인들과 그들의 커뮤니티를 추적하고 경우에 따라 살해까지 하는 건 이 같은 정의에 부합하지 않는다. 레드먼은 결국 자신의 기술이 도덕적으로 미심쩍은 군사 혹은 상업 프로젝트에 악의적으로 사용되는 것을 막기 위해 관련 분야 연구를 완전히 중단했다.

하지만 그렇게 간단하게 끝날 일이 아니었다. 도덕적으로 양심적인 다른 수많은 기술 전문가들처럼 레드먼은 컴퓨터 비전 과학 커뮤니티 안팎에서 날카로운 비판에 시달렸다. 윤리에 자유주의를 결합했다는 것이다.[18] 그렇다고 해서 개인과 정치가 무관하다는 건 아니다. 그보다 기술 혁신과 과학 발전은 구조적 특성상 그 기반이 되는 사회 정치적 여건에 깊숙이 관여할 수밖에 없음을 강조하는 것이다. 기술과학 발전이 일어나고 수용되며 적용되는 각 단계가 복잡하게 연결되지 않고 개별적으로 진행되는 게 가능하다거나 바람직하다고 믿는 사람은 거의 없다. 머신러닝 알고리즘과 관련 AI 기술의 발전으로 제기되는 문제는 민간 및 상업적 응용, 그리고 군사적 응용을 구분한다고 해서 해결되는 게 아니다. 조직화된 폭력을 체계적으로 통제하기 위해서는 자동화 세력, 알고리즘의 힘, 그리고 새로운 무기를 어떻게 활용할 것인가의 문제도 해결해야 한다.

이 같은 발전이 일어나면 머신러닝 알고리즘의 군사 작전 적용이 확대되고, 특정 AI 감시 기술이 집중 보급되며, 드론이나 반# 원격 살상 로봇 및 기타 치명적 자율 무기 시스템이 체계적으로 확산되기 마련이다. 전투원뿐 아니라 적의 동조자로 의심되는 사람들까지 AI로 공격하는 미 공군의 행태가 세계 군사 질서에서 갈수록 중요한 화두로 떠오르고 있다. 2020년 말, 미국 U-2 첩보기는 캘리포니아에서 전투원 자동 살상을 위한 리허설을 실시했다. 이 전투기는 인간이 조종했지만 공군에서 알투뮤^{ARTUMu}로 칭하는 자율주행 AI가 '정찰 임무 중 모의 미사일 공격'을 위한 레이더 및 기타 센서 기술 활용 여부를 결정할 '최종 권한'을 갖고 있었다. 자동화 기술은 전장의 전통 시설물을 알고리즘 방식으로 전환해 다양한 미디어의 여러 화면으로 전환해 준다. 새 시대의 자동화 기계 전쟁은 군사 작전 및 인력의 어휘를 기계 계산과 알고리즘 예측에 걸맞도록 수정하고, 이 같은 기술 수정의 결과로 나타나는 우려와 불안을 없애는 데서 시작된다.

미 공군의 조달·기술·물류 담당 차관보인 윌 로퍼$^{Will Roper}$는 '살상 로봇' 실험을 통해 새로운 전쟁 시대가 열렸음을 선언하면서 "알투뮤는 레이더를 방어용으로 배치할지, 아니면 선제공격을 위해 배치할지를 조종사 없이 최종적으로 결론 내렸다. … 알투뮤가 지휘권을 가졌다는 사실에서 우리는 개별 임무가 아니라 군이 전쟁터에서 판단 우위를 점하려면 AI를 얼마나 완전히 수용해야 하는가의 문제를 고민해야 한다"라고 지적했다. 로퍼의 발언은 세계 초강대국뿐 아니라 다른 여러 국가도 분명 고민해야 하는 문제다. 군사 기술의 전면 자동화는 탈산업 정보화 시대의 전쟁 수단을 변화시키고 있다. 로퍼가 암시했듯 전 세계 군사 작전의 발달에 AI가 발 빠르게 적용되고 있는 상황에서는 불가피한 일이다.

자동화 기계 전쟁은 현대의 알고리즘 시대에 자연스러운 현상이다. AI는 많은 선진국 군대에서 갈수록 중요한 도구가 되고 있을 뿐 아니라 '실패'했거나 '불량'한 여러 국가에서도 사용할 수 있게 되었다. 하지만 향후 국가들이 AI에 더 많이 투자하고 더 민첩하게 움직일 확률이 높은 건 단순히 뒤처지지 않기 위해서만은 아니다. 원격 제어, 반자율 및 자율 무기 기능으로 AI가 인명 살상에 동원되는 군사 환경이 이미 창조되었다. 최근 사례로 리비아 국민군과 민병대를 수년간 이끈 지도자 칼리파 히프터 Khalifa Hifter에게 충성하는 군인들이 튀르키예의 지원을 받는 리비아 정부군으로부터 후퇴할 때 드론 공격을 받은 사건, 아제르바이잔이 분쟁 지역인 나고모 카라바흐에서 아르메니아를 상대로 초소형 드론을 배치한 사건 등을 들 수 있다.

이처럼 알고리즘으로 자동화된 전투에 대한 정확한 보고는 구하기 어렵지만, 분명한 것은 선진국과 개발도상국에서 AI 군사-기계 복합체의 영향력이 갈수록 커지고 있다는 사실이다. 이 같은 새로운 추세는 아프가니스탄, 이라크 및 기타 분쟁국에 미군이 조기에 신기술을 배치하면서 시작됐지만 그렇다고 전쟁 기술의 전면 교체가 일어나는 것은 아니다. 전쟁 기술은 새로운 것에서 오래된 것, 가상에서 현실, 지역에서 글로벌, 공공에서 민간으로 광속 전환되었다 다시 회귀할 수도 있기 때문이다. 저널리스트 게릿 드 빙크Gerrit De Bynck는 〈워싱턴 포스트〉에서 다음과 같이 적었다.

드론은 수년간 전쟁에서 핵심 역할을 했지만 보통은 인간이 원격 조종해 왔다. 이제 자율 드론은 쉽게 구할 수 있는 이미지 인식 및 자동 조종 소프트웨어를 결합해 저렴한 비용으로 대량 생산할 수 있다. 이 같은 종류의 무기는 무조건 주류로 편입될 수밖에 없다. 오늘날 자폭형 무인 항공기를 개발하기 위한 프로젝트가 여러 정부에서 수십 개씩 진행되고 있다. 미국, 중국, 러시아 같은 국가들은 자율 무기 제한 조약을 논의하는 와중에도 자율 무기를 개발하기 위해 경쟁하고 있다.[19]

다시 말해, 세계의 폭력은 갈수록 알고리즘 전쟁으로 치닫고 있다.

파괴적 세상으로 질주하는 기술 사회

"기계 문화에서 소외는 보편화된다." 독일의 철학자 위르겐 하버마스는 이렇게 적었다.[20] 현대성의 구축 과정에 대한 제한적이고 공식적인 서술에서, 그것이 감상적 자유주의 이데올로기의 산물이든 아니든, 기술 사회는 질서를 약속하고 안전을 보장하며 끊임없는 개선 요구에 맞닥뜨린다. 하지만 질서에 대한 욕망을 은밀하게 뒷받침하는 것이 타나토스, 혹은 죽음의 욕망인 만큼 안전을 향한 갈망 역시 폭력과 파괴의 욕구에 지속적으로 사로잡힌다. 기술 사회의 질서 건설 프로젝트에는 죽음의 욕구가 처음부터 비극적으로 과도하게 스며들어 있다. 심지어 극한에 다다른 기술 사회는 악마적 자기 파괴 경향이 끔찍할 만큼 강해지면서 완벽에 가깝게 조직화된 폭력을 휘둘러 사회생활의 의미를 앗아간다. 하버마스가 기술한 것처럼 "최대의 도달 범위를 가진 기계는 인간을 자연으로부터, 동료 인간으로부터, 그리고 마침내 자기 자신으로부터 제거한다."[21] 하버마스는 기술이 '환멸에 빠진 세계'를 조장한다는 막스 베버의 선언을 강조한다. 기술적 노하우와 옵션, 과학적 가능성으로 가득 찬 세계는 '과제'와 '문제', 그리고 온갖 '전략'으로 넘쳐나지만 깊은 의미는 지니지 못한다. 이 같은 관점에서 볼 때 자기 파괴를 추구하는 건 자아의 핵심에 자리한 타자성을 나타낸다. 이는 오히려 기술 사회에서 다양한 합리적 과제와 도구적 행동에 착수할 능력으로 거듭나 사회 재생산 비즈니스에 참여한다. 하지만 여기서 우리가 다루는 건 주체 따위 없이 스스로 추진하고 강화되는 기술 세계다. 프랑스 인류학자 루이 뒤몽 Louis Dumont 은 기술적으로 찬란한 현대는 "인간이 없는 세계, 인간이 의도적으로 자신을 제거한 세계, 따라서 인간이 자신의 의지를 부여할 수 있는 세계"라고 적었다.[22]

〈오징어 게임〉의 황동혁 감독이 말했듯 이 시리즈의 목표 중 하나는 고도의 디지털 기술이 타인을 잔혹하게 다루는 데서 발생하는 가학적 쾌락을 'VIP 특권층이 어디까지 즐길 수 있는지' 탐구하는 것이었다. 무고한 남녀를 모욕하고 죽음으로 몰아가는 아이들 게임의 치명적 파괴성은 전 세계의 VIP 특권층에 충격과 활기를 동시에 선사한다. 넷플릭스 시청자 역시 얼굴 없는 관리자가 선을 벗어난 이는 누구든 가혹한 폭력으로 다스리는 모습을 지켜보면서 일종의 마조히즘적 몽상에 빠져들었다. 물론 알고리즘 자본주의의 맹목적 자동화가 현대 사회의 심장부에 참을 수 없는 공포를 심은 것과 마찬가지로 기술적 합리성과 파괴적 폭력의 이 매혹적인 조화는 더 넓은 의미에서 멀티 플랫폼 트랜스미디어, 가상현실, 알고리즘 감시 및 기타 디지털 시뮬레이션에도 스며든다. 조직화된 폭력의 치명적 엑스터시는 디지털 시대의 삶에 만연해 있는 고뇌와 불안과 모순을 보상해 준다고 약속한다.

이와 같은 '보상'의 약속으로 전쟁 파괴의 무대는 멀티 플랫폼 디지털 기술과 소셜미디어가 최근 몰두하고 있는 자동화 전쟁으로 옮겨갔다. 제2차 세계대전부터 베트남전쟁에 이르는 전통적인 형태의 전쟁이 벌어졌을 때 신문이나 라디오 등은 피비린내 나는 전투와 전쟁의 저속한 학살을 투명하게 전달하고자 노력했다. 이에 비해 기술 시뮬레이션과 감시가 지배하는 오늘날의 새로운 전쟁에서는 네트워크로 연결된 디지털 커뮤니케이션과 소셜미디어가 초현실적 자동화 살상 기계를 내 손안에서 느끼도록 해주었다. CNN부터 페이스북, X에 이르는 일련의 미디어가 군사적 파괴에 탐닉하면서 '무법 행위'를 자행하는 얼굴 없는 적을 향한 공포가 디지털로 구현되고 알고리즘으로 증폭되었다.

자동화 기술과 정교한 무기가 복잡하게 얽힌 이 조합에서 우리는 프랑스의 문화이론가 폴 비릴리오$^{Paul\ Virilio}$의 '정보 폭탄'을 연상할 수 있다. 여기서는 첨단 군사 기술, 뉴미디어, 그리고 엔터테인먼트가 결합해 말보다 이미지, 현실보다 시뮬레이션의 힘이 고조된다. 비릴리오는 "이미지는 어디에나 존재하고 침투한다. 이미지의 역할은 예술이나 군사, 또는 기술 등 특정 영역에 국한되지 않고 현실의 모든 곳에서 발휘된다"라고 적었다.[23] 현대 알고리즘 시대에 개인은 끔찍한 이미지와 오해의 소지가 다분해 위험하기 짝이 없는 정보 폭격에 노출된다. 파괴력과 치명성의 과시를 즐기는 조직화된 폭력이 이들을 상업적으로 서늘하게 포장해 제시한다.[24]

이렇게 치명적인 자동화 경향의 또 다른 사례를 생각해 보자. 2020년 11월 27일, 이란의 저명한 핵 과학자 모센 파크리자데Mohsen Fakhrizadeh가 아내와 닛산 차를 타고 고향 집으로 향했다. 주말을 맞아 테헤란을 벗어나 휴가를 즐기기 위해서였다. 당시 국방혁신연구기구에서 이란의 핵 연구 프로그램을 이끌고 있던 파크리자데는 그날 오후, 이스라엘 해외 정보기관 모사드의 도로 매복 공격으로 사망했다. 이란 정부는 이 사실을 공표하면서 이번 암살이 이스라엘 정부가 미국 트럼프 행정부의 암묵적 지원을 받아 명령한 '국가 테러' 행위라고 주장했다. 이번 사건이 발생하기 전에도 이란 핵 과학자들이 줄줄이 암살되었는데 상당수가 파크리자데 교수의 동료들이었다. 여러 정부 기관의 초기 발표에 따르면, 국가가 승인한 파크리자데 암살 사건은 첨단 디지털 기술이 사용되었다는 점에서 다른 핵 과학자 살해 사건과는 차이가 있었다.

이후 수주, 수개월 동안 각종 커뮤니케이션 네트워크와 소셜미디어에는 파크리자데 암살에 관한 이야기 이외에 무수한 소문이 나돌았다. 이스라엘 정부가 살인을 저지를 암살단을 파견한 것이라고 수많은 보고서가 주장하는 가운데 〈뉴욕포스트〉는 '이란의 모센 파크리자데는 62명의 암살단에게 살해되었다'는 헤드라인을 내건 기사를 보도했다.[25] 또 다른 보도에서는 이번 살해를 이란 정보기관의 중대한 실패로 규정했다. 소셜미디어에 처음 올라온 또 다른 보도에서는 살상 로봇을 암살범으로 지목하기도 했다. 언론에는 이스라엘 암살범과 파크리자데 경호원 간의 총격전을 직접 봤다는 목격자 인터뷰가 넘쳐났지만 소셜미디어는 모든 작전이 원격 조종으로 수행되었다는 추측으로 불타올랐다. 소셜미디어를 뒤덮은 모든 주장과 반론 중에서도 가장 눈에 띄는 건 다음과 같은 글이었다. "그냥 테슬라가 닛산을 만들었고, 닛산 차가 스스로 운전하고 주차하고 총까지 쏴서 자폭했다고 하지 그래요?"

이 같은 원격 기술의 영향력은 해외 정보, 보안 및 첩보 분야에서 분명 높은 수준의 회의론과 불신을 불러일으켰다. 하지만 시드니 대학교 국제안보연구센터의 제임스 더 데리언James Der Derrian이 지적했듯 우리는 해외 첩보 작전부터 테러와의 전쟁에 이르는 각종 전쟁과 관련해 소셜미디어와 글로벌 커뮤니케이션 네트워크 덕분에 체계적 자기반성을 할 수 있게 되었다.

멀티 플랫폼 트랜스미디어를 통해 네트워크로 연결되고 확산되며 빠르게 업데이트되는 전쟁의 이미지는 구글, 위키피디아, 트위터를 통해 순식간에 정체성과 가상현실로 전환된다. 우리는 걸프전의 스마트 폭탄 이미지부터 이라크 전쟁의 총기 카메라 이미지까지 폭력의 이미지가 아무리 저화질이고 야간에 촬영되었으며 희미하게 처리돼 있더라도 가장 잘 만들어진 출판물 기사보다 훨씬 많은 시선을 사로잡고 다양한 해석을 낳아 논란이 되는 모습을 목격해왔다. 휴대전화로 대중화된 초소형 비디오카메라가 국지적 사건을 어떻게 전 세계적 위기로 증폭시키는지도 목격했다. 동일한 카메라가 다음 전쟁으로 초점을 옮기면 어떤 일이 벌어지는지도 만천하에 드러났다. 위기의 순간은 뉴스의 심연 속으로 사라진다.[26]

2020년 11월 말, 피범벅이 된 파크리자데의 차량 이미지와 영상이 빠르게 유포되었다. 하지만 이는 언론인, 블로거 및 기타 소셜미디어 참여자들의 자기 이해와 자기 프레임이 '뉴스의 일부'로 편입됐다는 차원의 문제가 아니다. 이 같은 소셜미디어의 피드백 루프가 군인, 군무원, 정보 요원 및 기타 정부 인사들의 판단만큼이나 (때로는 더하다고 할 수 있을 만큼) 중요해졌다는 게 더 일반적인 요점이다. 이때 원거리에서 발생한 군사 행동은 기술적으로 중계되는 과정에서 조직화된 폭력의 가속화와 변위, 그리고 인식을 구성하고 전환함으로써 최근 글로벌 디지털 경제의 위협과 위험성을 재편하는 지연 효과에 맞닥뜨린다.

파크리자데의 암살 사건과 관련해 어떤 보도가 이루어지고 어떤 허위 정보가 유포되었든 '그날 오후에 실제로 무슨 일이 일어났는지, 그 일이 벌어지기까지 어떤 일들이 있었는지에 대한 공상과학

소설 같은 이야기'는 2021년 말 〈뉴욕타임스〉가 법의학적으로 상세히 보도한 적이 있다. 저널리스트 로넨 버그먼Ronen Bergman과 파르나즈 파시히Farnaz Fassihi는 '과학자와 AI 원격 조종 살상 기계'라는 기사에서 이스라엘군이 첨단 자동화 기술을 배치해 군사 작전 요원을 파견하지 않고도 암살을 시행할 수 있었다고 주장했다. 두 사람은 이스라엘과 이란, 그리고 미국의 정부 관계자 및 군인들과의 인터뷰를 바탕으로 이렇게 적었다.

이 작전이 성공할 수 있었던 건 수많은 요인이 복합적으로 작용한 결과다. 여기에는 이란 혁명 수비대의 심각한 보안 실패, 모사드의 광범위한 계획과 감시, 그리고 파크리자데의 체념에 가까운 태평함 등이 포함될 수 있다. 하지만 이는 AI와 다중 카메라가 장착되고 위성을 통해 작동하며 분당 600발을 발사할 수 있는 최첨단 컴퓨터 저격총의 첫 시험대이기도 했다.
원격으로 조종되는 이 고성능 기관총은 이제 원격 표적 살상을 위한 전투 드론으로 최첨단 무기고에 합류했다. 하지만 격추 가능한 드론과 달리 이 로봇 기관총은 상공에서 주의를 끌지 않고 어디든 배치될 수 있어 보안과 첩보의 세계를 재편할 가능성이 있다.[27]

물론, 이렇게 다양한 기술 간에는 구분해야 할 중요한 차이가 존재한다. 하지만 모든 걸 종합해 봤을 때 자동화 기술의 발전은 전 세계 군사력을 중대하게 재구성하고 있다. 데리언에 따르면 전쟁은 어쩌면 영원히 달라졌다. 오늘날 우리는 에로스와 타나토스 사이의 균형이 워낙 위태롭고 취약해 언제든 자동화 기계 전쟁의 혼돈과 대학살이 펼쳐질 위험성이 있는 '양자 전쟁'의 출현을 목격하고 있는지 모른다.

5장

메타버스, 인류의 미래를 다르게 상상하다

ALGORITHMS OF ANXIETY

 ALGORITHMS OF ANXIETY

페이스북 커넥트 2021 행사에서 마크 저커버그는 세계 최대 소셜 네트워킹 서비스의 이름을 '메타 플랫폼'으로 변경한다고 발표했다. 그리고 메타버스에 대해 응축과 변위를 절묘하게 혼합하여 이렇게 말했다.

> 저는 메타버스가 인터넷의 다음 챕터이자 우리 기업의 다음 챕터라고 믿습니다. 이제부터 우리에게 1순위는 페이스북이 아닌 메타버스가 될 것입니다. 시간이 지나면 굳이 페이스북을 거치지 않아도 우리의 다른 서비스를 사용할 수 있다는 뜻입니다. 그리고 우리의 새로운 브랜드가 여기저기 모습을 드러내기 시작하면서 사람들이 메타라는 브랜드와 우리가 추구하는 미래를 알게 되길 바랍니다. 저는 고전 공부하는 것을 좋아하는데 메타라는 단어는 '너머'를 뜻하는 그리스어에서 유래했습니다. 제게는 늘 지금보다 더

많은 걸 구축할 수 있음을 시사해 주는 단어죠. 스토리에는 언제나 다음 챕터가 있습니다. 그리고 기숙사 방에서 시작한 우리의 스토리는 상상할 수 있었던 모든 것을 넘어 사람들이 서로를 찾고, 자신의 목소리를 찾으며, 비즈니스와 커뮤니티를 시작하고, 세상을 변화시키는 데 사용하는 앱으로 성장했습니다.

저는 지금껏 우리가 구축한 모든 것이 자랑스럽습니다. 오늘날의 한계를 넘어 꾸준히 나아가고 있는 만큼 다음에는 어떤 길이 열릴지 설레기도 합니다. 화면의 제약, 거리와 물리적 여건의 한계를 넘어 모두가 함께하고 새로운 기회를 창출하며 새로운 것을 경험할 수 있는 미래로 향해 갈 것입니다. 이는 특정 기업을 넘어 우리 모두가 함께 만들어가는 미래입니다. 우리는 사람들을 새로운 방식으로 모으는 새로운 것을 만들었습니다. 사회 문제로 분투하고 폐쇄적 플랫폼 아래에서 생활하며 많은 걸 배웠습니다. 이제 이 모든 걸 바탕으로 다음 챕터를 열어야 할 때입니다. 저는 전 세계 어느 기업보다 이 일에 많은 에너지를 쏟고 있습니다. 그리고 여러분도 이 같은 미래를 보고 싶다면 함께해 주시길 바랍니다. 미래는 우리가 무엇을 상상하든 그 이상이 될 테니까요.[1]

저커버그의 발언을 형식이나 문체의 측면에서 들여다보면 실리콘밸리의 이 엘리트가 기술을 끊임없이 도덕화하고 설교하며 옹호한다는 걸 알 수 있다.[2] 하지만 좀 더 면밀하게 살펴보면 그가 현재에서 미래로 눈을 돌리고 있다는 사실을 발견하게 된다. 저커버그는

2021년 페이스북이 겪었던 시련에 연연하지 않았다. 당시 페이스북은 허위 정보 유포 혐의를 받은 데 이어 청소년층의 정신 건강에 부정적 영향을 미친다는 연구 결과까지 마주했다. 이에 저커버그는 페이스북을 평가절하고 메타를 선보임으로써 그 순간을 영리하게 미래로 제시했다. 메타버스야말로 불가능이 없음을 보여주는 사례라고 단언했다.

충분히 노력만 하면 무엇이든 이룰 수 있다는 사기적 명제에 대한 저커버그의 신념은 극도로 개인주의적인 기술 억만장자들의 신조와 잘 맞아떨어진다. 하지만 현재와 미래를 이런 식으로 혼합하면 기업과 사회에 각기 상반된 결과를 초래할 수 있다. 저커버그는 첨단 머신러닝, 블록체인, 증강현실, 암호화폐 및 기타 디지털 기술의 발전을 활용해 '스마트 웹'으로의 전환을 정교화하는 과정에서 디지털 전환이 일반화되려면 이상화된 비전의 메타버스가 반드시 뒷받침되어야 한다고 제시한다. 하지만 경험과 애플리케이션, 제품과 기기가 상호 연결된 이 미래 네트워크가 사물의 고유한 본질에 변화를 가져온다면 오늘날 다국적 기술 기업의 수익 활동에 과연 수용될 수 있을지 지켜볼 일이다. 다시 말해, 메타버스가 저커버그에게는 변화를 예고하겠지만 그렇다고 해서 인스타그램이나 왓츠앱 등 메타의 다른 회사들이 기존의 수익 활동에서 손을 뗄 정도의 지각변동은 아니라는 것이다.

반면 메타가 재창조한 세계에서 사회와 공공의 영역은 축소됐다고 해도 틀린 말이 아니다. 저커버그는 사회가 극적으로 간소화되고 업데이트되며 메타에 걸맞게 현대화되어야 한다고 설파한다.[3] 하지만 지속적이고 3차원적인 가상의 세계에는 미래가 결코 빠르게 다가올 수 없는 만큼 몰입감 있는 평행 현실이 시급히 필요하다는 인식이 존재한다. 또 누군가는 오늘날의 정치 현실이 워낙 혼란스럽고 절망적이며 위협적이다 보니 현대의 기술적 환상이 이에 대한 도피처 역할을 한다고 주장할 수 있다. 이 같은 관점에서 메타버스를 향한 저커버그의 꿈은 현재의 위협과 위험을 소멸시켜 미래의 기회와 가능성을 다시 쓰는 거대한 제거의 힘을 상징한다.

저커버그가 자신의 기업 브랜드를 소셜미디어에서 3D 가상 세계로 변경한 데는 이 같은 구체적 상황뿐 아니라 거대한 경제 이슈까지 걸려 있다. 2020년대 초반, 물리적 세계와 디지털 세계를 한데 묶을 차세대 인터넷 플랫폼에 대한 기술적, 문화적 탐구가 광범위하게 시작된 데는 여러 이유가 있겠지만 그중 최고는 분명 대형 기술 기업들의 새로운 수익원 모색이었다. 일각에서는 메타버스의 선전으로 수익을 창출하기 위한 경쟁을 심지어 '땅 따먹기'라는 용어로 표현했다.[4] 물론 이보다 복잡한 요소가 작용했겠지만 그럼에도 메타버스가 디지털 상거래로 창출하는 수익은 연간 수천억 달러에 이를 것이라는 게 수많은 분석가의 전망이다. 일부 시장 조사에 따르면 그 규모는 2026년 무려 7,500억 달러를 넘어설 것으로 예상된다. JP 모건은 한술 더 떠 메타버스에서 발생하는 경제 기회가 연간 1조 달러를 넘을 것이라는 보고서까지 내놓았다. 메타버스에 이루어질 투자와 잠재적 재정 수익이 놀랍도록 막대하다는 의미다. 의류와 화장품부터 음악, 영상과 예술작품, 심지어 가상 체험 및 몰입형 이벤트에 이르기까지 모든 것을 사고파는 디지털 재창조가 그 열매를 따먹으려는 다국적 기술 기업들을 줄 세우고 있다.

이번 장에서 나는 메타버스로 인해 발생하는 주요한 사회적, 문화적 이슈에 초점을 맞출 것이다. 처음엔 메타버스를 몰입형 증강현실을 아우르는 다양한 3D 디지털 시스템의 관점에서 설명할 것이다. 이를 위해 벤처 캐피털리스트이자 기술 작가인 매튜 볼^{Matthew Ball}이 고안한 영향력 있는 설명을 인용한다. 그런 다음 메타버스의 담론과 발전, 그리고 가능한 운명을 현대 사회가 이미 겪고 있는 중대한 제도 변화와 관련해 어떻게 가장 잘 이해할 수 있을지 살펴볼 것이다. 그리고 마지막으로 메타버스를 정체성 및 라이프스타일 변화와 연결지어 설명할 것이다.

메타버스로 가속화되는 디지털 세계

우리는 '메타버스'라는 용어를 어떻게 사용해야 할까?[5] 인터넷을 대체할 것으로 예상되는 이 3차원 가상 세계는 사회에 정확히 어떤 결과를 초래할까? 이 논의를 시작하려면 우리는 포괄적이면서도 명쾌한 매튜 볼의 저서 《메타버스 모든 것의 혁명》을 참고해야 한다. 다른 저자들은 플랫폼화, 데이터 인프라, 디지털 초연결성, 메타버스의 파괴적 영향에 대한 기술적 개요를 제시한 데 비해 볼은 메타버스 혁명의 공적 측면과 사적 측면, 집단적 측면과 개인적 측면을 모두 포착하는 방식을 취했다. 메타버스 연구에서도 역사와 미래를 모두 중점적으로 살펴보고 정치적 비평까지 놓치지 않는다. 이처럼 세 개의 관점을 하나로 묶어냈다는 점에서 그의 저서는 광범위한 주목을 받을 수밖에 없었다. 가상 세계의 역사(컴퓨터 과학과 공상과학 모두)에 대해 아는 사람은 블록체인이나 지불 레일에 대해 잘 알지 못하고, 최신 개발 AR/VR 하드웨어에 해박한 사람은 메타버스가 제기하는 거버넌스 문제에 익숙하지 않은 경우가 많기 때문에 이는 놀라운 업적이다. 볼은 광범위하면서도 변칙적인 작업을 통해 장황하지만 설득력 있게 메타버스를 개괄한다. 중대 기술과 예리한 시놉시스가 전체적으로 조화를 이룬 가운데 스마트 웨어러블 기기, 일론 머스크, 사이버 펑크와 대체 불가능한 토큰[NFT] 등의 주제를 다룬다.

　볼의 저서가 놀랍도록 다양한 주제를 다루고 있기는 하지만 이를 분산된 절충주의로 간주하는 시각은 틀렸다. 물론 그는 소비주의와 금융부터 보건, 교육, 도시 계획에 이르는 다양한 분야와 산업에서 얻은 아이디어를 자신만의 관점으로 소화한다. 이 책을 집필하면서 이전에 디지털 기술의 최전선에 대해 썼던 에세이를 광범위하게 활용한 것도 사실이다. 그럼에도 이 책이 상당히 혁신적이며, 최신 기술 발전이 제기하는 새로운 문화적 의문들에 높은 인식을 가진 사상가의 작품이라는 점을 간과해서는 안 된다.

　이제 나는 볼이 쓴 저서의 핵심을 간략하게 설명하려고 한다. 이를 통해 메타버스가 모든 가상 세계의 가상 세계라고 한 그의 발언에 비판적 논리를 전개할 것이다. 이때 배경 이론의 핵심은 현대 사회에서 일어나는 네트워크 디지털 전환과 중대한 정체성 변화가 될 것이다.

볼은 책의 서문에서 메타버스의 출현은 '모바일 인터넷의 일종의 승계 상태'로 자리매김해야 한다고 주장한다.[6] 메타버스는 디지털 기술의 점진적 발전도, 수단만 달라진 인터넷의 연장도 아니다. 볼은 '메타버스 이전'과 '메타버스 이후'라는 명확한 역사 구분을 거부한다. 메타버스는 밀도 있게 연결된 가상 생활의 프레임워크로 제품과 서비스, 그리고 역량이라는 기술 사회의 세 요소가 영구 3D 네트워크에 통합되어 있다고 본다. 그는 기존 문헌에 메타버스 기술에 관한 혼란이 만연하다는 사실을 인정하면서도 다음과 같이 규정하는 데 주저하지 않는다.

> 실시간으로 반응하는 3D 가상 세계가 대규모 폐쇄 구조 속에서 상호운용되는 네트워크. 이는 개별 존재감, 정체성, 기록, 권한, 사물, 커뮤니케이션, 지불 등의 데이터 지속성을 지닌 사용자들이 사실상 무제한으로 동시 접속해 지속적으로 경험할 수 있다.[7]

볼은 증강현실이 확대되고 현대 서구 사회의 특징이 점차 가상 시뮬레이션으로 전환되면서 온라인 세계가 3D로 승격된다고 본다. 이때 메타버스의 대체적 경험에서 접근 장치를 분리하는 그의 주장은 주효하다. 사람들이 시각 인터페이스 없이도 모바일 인터넷에 접근할 수 있는 것처럼(가령 시리나 알렉사 같은 가상의 개인 비서를 생각해 보라) VR 헤드셋 없이도 메타버스에 접근할 수 있을 것이라는 얘기다. 메타버스에 접근하는 데 VR 및 AR 헤드셋이 널리 사용될 수도 있겠지만 필수 조건은 아니라고 그는 말한다.

모바일 인터넷 모드에서 원시 메타버스 모드로 옮겨감에 따라 가상 세계가 폭발적으로 증가하고 있다. 볼은 "메타버스의 개념, 역사, 미래는 모두 게임과 밀접하게 연관된다"고 적었다. 마인크래프트와 로블록스 같은 가상 세계 플랫폼에 메타버스의 성향이 필연적으로 반영돼 있다는 것이다. 모든 메타버스 세계에서 최대의 관건은 규모다. 이들 게임은 전 세계에서 이미 매달 수십억 시간의 몰입형 게임플레이를 창출하고 있다고 그는 지적한다. 소비자 여가를 위한 게임이 서로 다른 가상 세계 수백만 개를 통합하고 있다는 점도 분명히 밝힌다. 만약 볼의 추측을 뒷받침할 만한 증거가 부족해 보인다면 이는 규모와 영향을 살펴보는 것만으로 얼마든지 더 중요한 문제를 강조할 수 있기 때문이다. 가령 볼은 로블록스가 본래 월간 사용자 수 500만 명에 불과했지만 5년여 만에 2억 2,500만 명으로 급증해 중국을 제외한 모든 지역에서 최고의 게임 회사로 거듭났다고 강조한다. 하지만 원시 메타버스 출현의 결과라는 측면에서 이 정도 성장은 빙산의 일각에 불과하다. 볼이 관찰한 것처럼 "여기에 안주하는 건 1990년대의 지오시티나 야후, 혹은 AOL 포털을 오늘날 우리가 알고 있는 인터넷의 한 형태로 규정하는 것과 마찬가지 행태다."[8]

볼이 저서에서 논의한 여러 트렌드와 흐름처럼 이 같은 전환은 예측 불가능한 요소들에 둘러싸여 있다. 기술적, 사회경제적 변화는 메타버스 자체가 일반화된 이후에도 계속 이어질 것이다. 볼은 2010년대 초반 100만 명 이상의 사용자를 끌어모은 온라인 가상 세계이자 멀티 플레이어 플랫폼인 '세컨드 라이프'(메타버스에서 아바타로 상호작용하는 인터넷 기반 가상 세계-옮긴이)를 자주 언급한다. '세컨드 라이프'가 메타버스의 초기 경험을 제공했다면서 오늘날에는 이 같은 플랫폼의 기능이 강력하게 확대된 한편, 사용자 참여는 단순화되고 과격해졌다고 지적한다. 그렇다면 메타버스 환경의 발전은 경제와 사회에 어떤 영향을 미치는 걸까? 글로벌 경제 투자의 흐름을 봤을 때 메타버스의 혁신은 주요 기술 기업에 달려 있다고 볼은 말한다. 특히 메타와 마이크로소프트가 메타버스 경제 구축에 핵심 역할을 할 것으로 전망한다. 실제로 메타는 현재 수십억 달러를 투자해 메타버스와 관련된 새로운 일자리, 제품 및 서비스를 창출하고 있으며 심지어 마이크로소프트는 메타버스 기술에 훨씬 더 많은 투자를 하고 있다.

《메타버스 모든 것의 혁명》은 워낙 장황해 말이 많다는 느낌까지 든다. 세부 내용이 방대하기는 하지만 볼의 글은 대개 설득력을 발휘한다. 하지만 기본적으로 전작들을 한데 묶은 작품이어서 아이디어가 항상 체계적이거나 규율적 방식으로 전개되는 것은 아니다. 일부 구간에서는 언론인의 황당한 평가에 그칠 위험성도 보인다. 하드웨어와 상호운용성을 다룬 챕터는 기술적으로 정교한 설명을 제시하지만 특별할 건 없으며, 개인용 컴퓨터, 케이블 인프라, 휴대전화, 인터넷, 스트리밍 및 증강현실의 역사 부분은 디지털 신기술을 총망

라한 연구가 이렇게 심심할 수 있나 싶을 정도다. 이 책은 메타버스의 승자와 패자를 예상하면서 독자의 흥미를 돋우기 시작하다가 기술적 문제를 버리고 문화적, 정치적 질문을 던지는 부분에서 정점을 찍는다. 볼이 야심차게 이름 붙인 '메타버스적 존재'라는 챕터에서 제시한 것처럼 고도의 디지털화는 사회 현실이 갈수록 증대되는 현상을 낳을 수밖에 없다. "메타버스라는 개념 자체가 우리의 삶, 노동, 여가, 시간, 소비, 부, 행복, 그리고 관계의 더 많은 부분이 온라인으로 이전되는 것을 의미한다. 실제로 이들은 페이스북 게시물이나 인스타그램 업로드를 통해 온라인에 게시되거나 구글 검색, 혹은 아이메시지 같은 디지털 장치와 소프트웨어의 도움을 받는 데 그치지 않을 것이다. 나아가 온라인에 엄연히 존재하게 될 것이다."[9]

메타버스, 문화의 전환을 일으키다

메타버스에 대한 볼의 고찰을 바탕으로 서로 연결된 디지털 네트워크와 가상 세계가 경제와 사회에 미치는 영향을 비판적으로 분석하는 데는 상당한 노고가 뒤따른다. 하지만 이는 버거운 만큼 중요한 작업이기도 하다. 첨단 기술 사회의 발전과 관련해 볼의 분석을 보완할 만한 몇 가지 중요한 사상이 존재한다. 이들은 최근 마땅히 받아야 할 주목을 받지 못했지만 분명 재고할 가치가 있다. 그중 일부는 이미 구식이라 해도 나는 사회학, 기호학, 심리분석학, 철학, 정치

경제학 및 기타 학문의 굵직한 통찰에 입각해 메타버스를 과학과 기술의 인코딩으로 개념화하고 더 광범위한 사회에 시사하는 바를 펼쳐 보일 것이다.

이 같은 맥락에서 프랑스 사회학자 장 보드리야르의 저술은 유익하다. 보드리야르는 기술, 미디어, 언어, 그리고 문화가 새롭게 융합하면서 사회 질서가 소멸하는 것을 살펴봄과 동시에 예측했다. 사회학자로서 그는 20세기 후반의 자본주의가 생산 경제의 영역에서 폭발적인 소비문화로 전환되고 있음을 깨달았다. 사회생활 전반에 기호와 기표, 그리고 스펙터클이 우후죽순 퍼져나가고 있었다. 보드리야르의 관찰이 비범한 이유는 상품문화뿐 아니라 새로운 형태의 미디어와 기술까지 현대 사회의 관점에서 분석했기 때문이다. 1970년대의 과격한 저항 문화가 1980년대의 상업적 화려함에 밀려나자 보드리야르는 자신의 획기적 저서 《시뮬라시옹》에서 "대량 생산은 모델을 통한 생성으로 대체된다"고 선언했다. 그의 이론에서 가장 중요한 개념인 시뮬레이션은 "더 이상 영토, 참조적 존재나 물질의 개념이 아니다."[10] 눈부신 기술과 소비문화의 세계에서는 복제와 실제를 분리하거나 복제된 것을 현실의 것과 대조할 방법이 사실상 없다는 의미다. 현대의 시뮬레이션 세계에서는 지도가 영토보다 우선한다. 요컨대 보드리야르는 자기 참조적 논리 이외에는 '현실'과 전혀 관련 없는 기호와 시뮬레이션만으로 구성된 기묘한 신세계를 발견했다.

우리가 지도와 영토의 차이를 더 이상 알지 못하는 것처럼 보드리야르의 포스트모던 사회학을 기점으로 현실은 순간 압축되고 내적 파열이 일어나기 시작했다. 말하자면 우리가 여기서 마주하는 것은 n차원으로 증폭된 현실의 시뮬레이션, 즉 주어진 모든 코드, 표상, 한계, 그리고 경계를 뛰어넘어 경험하는 세계의 한 형태다. 하지만 이 같은 사회 관습의 파열은 사회 현실이라는 그 자체의 지형 위에서 일어난다. 그리고 바로 그곳에서부터 문화의 과잉된 시뮬레이션이 멈출 수 없이 흘러나온다. 보드리야르에게 현실은 단단한 물질의 덩어리라기보다 시뮬레이션의 구현이다. 그는 미디어, 사회, 문화의 시뮬레이션 과잉이 '실제보다 더 실제 같은' 하이퍼리얼리티 세계에 우리가 살고 있다고 굳게 믿는다. 그에 따르면 "오늘날 초현실주의적인 것은 현실 그 자체다. 이미 현실의 '미학적' 환각 속에 갇힌 우리는 모든 곳에서 살고 있다."[11]

　시뮬라크라(라틴어 'simulacrum'에서 유래한 말로, '형상' '모조' '복제물'이라는 뜻. 현실을 모방한 이미지가 점점 현실을 대체하고, 나중에는 실제보다 더 '진짜 같은 가짜'가 되는 상태-옮긴이)와 시뮬레이션으로 가득 찬 이 세상에서 현실은 편집되거나 빨리감기나 되감기되고, 뒤집히고, 두들겨 맞고, 엮이고, 뒤처지고, 변형되고, 버려지거나 잊힌다. 보드리야르는 하이퍼시뮬레이션에 대해 현실의 잔해로서 물체와 재현, 사물과 관념, 실재와 가상, 진실과 허구 사이의 격차를 지운다고 제시한다. 하지만 또 다른 관점에서는 이 주장을 극단으로 몰아붙여 시뮬라크라가 현실을 완전히 흡수한다고 주장했다. 시뮬레이션이 현실을 앞질러 일찌감치 소진시킨다는 것이다. 이처럼 첨단 미디어 문화와 정보 사회의 시뮬레이션 과잉이 모든 걸 집어삼키면서 현실 같은 건 증발해 버렸다. 하이퍼리얼리티는 트라우마를 유발하고, 매혹적이며, 외설적이고, 무의미한 데다 머리카락이 곤두설 정도의 쾌감을 선사한다. 하이퍼리얼리티에서는 모든 것이 참조 지표의 한계를 끊임없이 확장한다. 하루 24시간, 365일 내내 뉴스 제작 이야기만 하는 TV 뉴스의 세계부터 계속해서 달라지는 이미지가 스타일의 변화를 지배하는 패스트 패션의 영역까지, 지속적 과잉 상태의 시뮬라크라를 통해 현실의 공백을 메운다.

여기서 하이퍼리얼리티라는 복잡한 개념을 더 구체적으로 다루지는 않겠다.[12] 대신 보드리야르의 저서가 메타버스의 개념을 재설정하는 데 어떤 역할을 했는지 살펴보고자 한다. 이를 위해 한 가지 묻고 싶다. 메타버스의 발전, 그리고 이를 둘러싼 담론과 논쟁이 사회의 전통 상호작용에 대한 욕구를 해체해 왔을까? 이 같은 광의의 질문은 관련 이슈를 줄줄이 끄집어내기 마련이다. 현 시대는 사회경제적 세계와 디지털 세계가 겹쳐 있다고 규정하는 게 가장 적절한 것일까? 고도의 디지털화 시대는 다음 장을 향해 진화하고 있을까? 이제 우리는 포스트 디지털 시대로 접어들고 있을까? 좀 더 구체적으로, 만약 우리가 메타버스를 하이퍼리얼리티의 한 사례로 본다면 어떻게 될까? 사회적 세계와 디지털 세계 사이의 전통 구분을 고수하는 사람들로서는 기술(그리고 기술이 제도적 삶에서 수행하는 역할)의 진화로 이 같은 구분이 더는 효력을 발휘하지 못한다는 사실을 받아들이기 힘들 수 있다. 보드리야르의 통찰은 이 같은 디지털 내파에 사회학적 의미를 부여했다.

 일부 논평가들은 시뮬레이션, 하이퍼리얼리티와 내파라는 보드리야르의 핵심 개념이 메타버스 담론에 빠짐없이 등장한다고 주장한다.[13] 하지만 보드리야르의 관점이 사회 이론에 뿌리를 두고 있더라도 (혹은 일부 비평가들이 제시하는 것처럼 사회 이론의 공상 과학적 표현이지만) 메타버스는 시뮬레이션과 하이퍼리얼리티가 눈앞에 닥친 기술 자본주의를 재현하는 프레임워크로 규정되어 왔다. 이 같은 관점에 따르면 메타버스는 새로운 초(超)가상 환경을 압축한다. 오늘날 우리는 놀라운 신기술 세계의 정점, 디지털 세계가 물질의 영역을 젖히고 앞서 나갈 전환점에 서 있다고 많은 이들이 주장한다. 문화적 전환, 특히 소셜미디어와 자동화 사회의 가상화, 디지털 확산 및 알고리즘적 분산이 주도적 역할을 한다고 제시한다. 하지만 이 같은 고찰은 오히려 정체성과 사회적 관점에서 이루어지는 경우가 많다. 하이퍼시뮬레이션이 약속하는 디지털 경험의 사회성을 고려할 때 메타버스 환경이란 생물학과 기술의 내파를 나타낸다고 전해진다.

 시대 변화에 대한 거창한 주장은 잠시 미뤄두고, 나는 메타버스의 발전, 그리고 이를 둘러싼 담론과 논쟁이 현대 사회가 이미 심오한 제도적 변화를 거치고 있음을 잘 보여준다고 생각한다. 이번 장의 나머지 부분에서 내가 전개할 관점은 디지털 기술이 사회성, 문화, 정체성, 욕망, 자아, 섹슈얼리티, 심지어 신체 구조에까지 깊숙이 침투한다는 이론(다른 데서 자세히 설명한 바 있음)[14]에 기반한다. 새로운 컴퓨팅 역량과 인공 현실이 갈수록 보편화되면서 사람들도 자동화 기술을 받아들이는 한편, 일상생활에서 확대되는 디지털 요소를 따라잡거나 통제하느라 어려움을 겪는 세상이 열리고 있다는 얘기다. 이러한 성찰을 발판으로 나는 현재의 발전 경향이 가져올 수 있는 결과를 반영해 하이퍼리얼리티와 메타버스의 역학을 새롭게 규정하고자 한다. 그래야 메타버스가 지배하는 미래의 관점에서 지금 이 순간의 동향을 조명할 수 있다. 우리가 새로운 것과 오래된 것, 이미지와 현실, 재현과 재현된 것, 디지털 세계와 실제 세계 사이의 사회학적 차이에 대해 질문하는 데 보드리야르의 사회 이론이 통찰을 제공해 준다는 게 나의 판단이다. 보드리야르의 핵심 개념 중 일부는 이 같은 전통 사회학적 구분의 한계와 실패, 그리고 그 원인을 밝혀주고 자동화 기술의 사회적 삶에 대해 더 깊이 있게 살펴보게 한다.

보드리야르의 하이퍼리얼리티 사회에서 시뮬레이션과 현실을 구분하는 게 가능한 한, 여기서는 대립을 이루던 모든 요소가 융합된다고 할 수 있다. 따라서 모든 것이 대체, 연기, 그리고 저지의 복잡한 시스템에 얽혀 외부와 내부, 미래와 과거, 시뮬레이션과 실제 사이의 심연을 열어젖힌다. 다시 말해, 시뮬라크라의 과잉은 현실을 철저히 추방한 대가로 이루어진다고 할 수 있다. 보드리야르는 리처드 닉슨 미국 전 대통령의 워터게이트 스캔들을 분석함으로써 이 점을 잘 설명한다. 보드리야르에게 워터게이트는 현대 정치 스캔들의 상징이었다. 야만적이고 부도덕하며 비윤리적인 미국 정치 시스템 자체가 스캔들이라는 인식을 은폐했기 때문이다. 워터게이트가 스캔들일 뿐이라는 발상은 신기루의 역할을 해서 정치 시스템이 도덕과 법의 구속력 있는 원칙에 따라 작동한다는 착각을 불러일으켰다.

보드리야르가 사회학적 기호학자로서 모든 것을 순수한 기호와 표면으로 환원해 발전시킨 사례 중 최고는 단연 디즈니랜드일 것이다. 보드리야르의 관점에서 디즈니랜드라는 하이퍼리얼리티 세계가 설계된 이유는 "'현실의' 미국을 통틀어 '진짜' 국가는 디즈니랜드라는 사실을 감추기 위해서였다. 디즈니랜드는 상상의 세계로 제시돼 그것을 제외한 나머지가 진짜라는 인식을 확산시키지만 사실 로스앤젤레스와 주위를 둘러싼 미국은 더 이상 진짜가 아니며 하이퍼리얼리티와 시뮬레이션의 질서에 속한다."[15] 보드리야르에 따르면 시뮬라크라의 힘이야말로 현대 사회의 생명줄이다.

이제 하이퍼리얼리티라는 개념에 대한 간략한 논의를 마치고 메타버스에 대한 대중의 논쟁으로 돌아가 자동화 사회에서 예상되는 기술 발전의 조건과 결과에 대해 자세히 살펴보자. 가상 구현된 하이퍼리얼리티가 새로운 권력과 지배 구조를 생성하는 복잡한 방식을 이해하기 위해서는 정통 사회과학에서 벗어나 사회 영역의 내파에 대한 보드리야르의 비판을 받아들여야 한다. 메타버스 이후 포스트구조주의, 포스트모더니즘, 포스트휴머니즘의 이론 흐름에 영향을 받은 많은 비평가들이 실제로 이렇게 주장한다. 가령 저널리스트 라이언 지크그라프Ryan Zickgraf의 경우, 저커버그의 가상 놀이터가 미국이 이미 메타버스라는 사실의 가림막 역할을 할 뿐이라고 지속적으로 주장했다. 지크그라프는 디즈니랜드에 대한 보드리야르의 비판을 현시점에 맞게 재해석하여 "미래의 블록체인 기반 디지털 놀이터에 대한 전망, 그리고 실패 가능성은 현대의 미국이 이미 메타버스라는 사실을 감추는 유용한 위장막으로 작용할 수 있다"고 적었다.[16]

이 같은 분석에서 분명한 건 보드리야르의 이론이 자동화 사회에서 형성되는 사회 유형, 특히 메타버스에 상응하는 개념을 제공한다는 점이다. 나는 보드리야르가 설파하는 하이퍼리얼리티가 인간과 기술 간 문화적 내파의 문제를 새로운 관점에서 바라보게 해주지만 개인의 자아와 자동화 지능형 기계 간 관계 구축을 애초에 차단하는 면도 있다고 말하고 싶다. (메타버스 환경에서 정체성이 일찌감치 고정되는 문제에 대해서는 이번 장의 다음 절에서 다시 설명하도록 하겠다.) 보드리야르는 언어 모델, 코드, 커뮤니케이션, 정보 및 사회 조직 간 암시적 유사성을 통해 자신의 사회 이론을 전개한다. 이 같은 관점은 사회에서 새로운 알고리즘 기술의 일반적 역할, 그리고 메타버스의 가능한 역할을 재해석하는 데 유용하다. 시뮬라크라의 새로운 언어가 코드나 모델을 통해 개인을 형성하고 또 통제하는 것처럼 메타버스 역시 인간의 경험을 구성하는 컴퓨팅 코드와 인공 현실에 극적 내파를 일으킨다. 저커버그의 개념 구축에 따르면, 인공적이고 알고리즘으로 구성되며 자동화된 모델은 개인이 '인터넷 안에서' 조직화되는 방식을 설계한다. 예를 들어, 물리적 현실과 디지털 가상성을 통합한 멀티유저 환경은 확장 현실, 그리고 순간 이동을 통한 물리적 거리의 폐지와 더불어 메타버스의 핵심 지위를 차지한다. 이들은 새로운 데이터 인프라, 거버넌스 모델 및 경제 프로세스 전반의 다양한 활동을 구조화하는 모델을 제공하는 것으로 알려져 있다.

메타버스는 무한 재생산이 가능한 컴퓨팅 코드와 인공 현실을 통해 인간의 일상 경험을 그대로 재현한 시뮬레이션을 생산한다고 할 수 있다. 물론 하이퍼리얼리티는 개인의 내면 가장 깊숙한 곳에 모델을 완벽하게 이식한다. 보드리야르는 새로운 기술 자본주의 시대에 "하이퍼리얼리티는 축소된 단위, 매트릭스, 메모리 뱅크와 명령어 모델로부터 생산된다"고 적었다.[17] '모델이 먼저'라는 점을 고려할 때 기술 갑부, 소프트웨어 엔지니어, 벤처 캐피털리스트와 그 밖의 기술 전문가들이 모두 메타버스를 '미래의 열쇠'라며 부풀리는 것은 당연한 일이다. 가령 저커버그가 페이스북의 명칭을 메타 플랫폼으로 변경하겠다고 발표한 뒤 수많은 기술 잡지가 특별판을 발행해 메타버스의 미스터리를 푸는 데 열을 올렸다. 심지어 〈타임〉은 표지를 메타버스로 장식하고 메타버스가 "우리의 미래를 결정할 것"이라고 선포했다. 이 모든 과정에서 문화 엘리트와 기술 전문가들이 구축한 메타버스 담론은 대중에게 침투해 그들의 상상을 재편했다.

지금까지의 논의를 통해 메타버스의 개념, 그리고 가상화 및 하이퍼리얼리티와의 관계를 재설정할 수 있게 되었다. 다시 말해, 메타버스는 하이퍼리얼 가상화를 향해 가는 다양한 경로를 열어주어 인간과 기술이 새로운 방식으로 상호작용할 수 있게 해주었다. 그 결과, 실제와 가상의 전통 대립 구도로는 새로운 자동화 형태나 인간과 기계의 새로운 관계를 더 이상 포착할 수 없게 되었다. 이 같은 기술 담론의 부상은, 지크그라프의 표현을 빌리자면, 세계가 이미 메타버스라는 사실을 3D 가상 세계가 은폐하고 있다는 주장을 통해 일견 이해할 수 있다. 하지만 나는 이 같은 일반화 명제와는 다른 접근 방식을 취하고 싶다. 메타버스의 사회 기술적 발전, 그리고 관련된 대중적 논의에는 사실 다양한 정치적 이견과 정서적 변화가 포함되지만 나는 경제와 사회에 영향을 미치는 현재의 글로벌 과제에만 집중할 예정이다.

미국의 정보학 교수 팀 고리차나즈Tim Gorichanaz는 메타버스를 새로운 사회적 상상력으로 묘사한 에세이에서 이렇게 적었다.[18] "메타버스라는 새로운 사회적 상상은 현재 우리가 알고 있는 우주를 넘어 우리가 거주할 수 있는 새로운 우주의 개발, 혹은 기존의 우주 내 새로운 유토피아적 공간의 개척을 제시한다." 고리차나즈는 '메타버스는 우리에게 집이 될 수 있는가?'라는 제목의 비판적 분석에서 현재의 사회 현실을 확장함과 동시에 추방하는 혼합 디지털 기술을 그려냈다. 이 같은 관점에서 묘사적 요소와 열망적 요소를 모두 포괄하는 메타버스라는 개념은 기존의 사회적 세계를 재구성하는 동시에 완전히 초월할 수 있는 잠재력을 지닌다. 이 같은 사회 기술적 상상이 사실상 사회적, 역사적 세계의 기반, 실체나 토대를 해체하는 하이퍼 시뮬레이션을 뒷받침한다.[19]

고리츠나즈가 지적한 대로 페이스북이 메타로 사명을 변경한 바로 그 역사적 순간에 전 세계에서는 사회 파괴가 벌어지고 정치를 황폐화하며 경제 재앙을 불러오는 일련의 사건이 펼쳐지고 있었다. 코로나바이러스 글로벌 팬데믹이 건강에 어떤 영향을 미칠지 두려움이 확산된 건 물론, 미국 서부 해안의 광범위한 영역에 극심한 산불이 발생한 것이다. 소셜미디어가 사람들의 세계관과 감정과 행동을 조작하는 경향이 강해지고 있음을 사실적으로 묘사한 미국 다큐멘터리 〈소셜 딜레마 Social Dilemma〉가 공개된 데 이어 〈월스트리트 저널〉 역시 '페이스북 파일'이라는 제목의 기사를 게재하면서 디지털화, 그리고 디지털화가 우리 삶의 결을 바꿔놓는 데 대한 두려움이 다시금 고조되었다. 이들 기사는 페이스북 내부고발자 프랜시스 하우젠 Frances Haugen이 유출한 자료를 바탕으로 작성됐는데 이에 따르면 페이스북은 (특히 2016년 미국 대선 당시) 허위 정보를 유포하고 (미얀마 대량 학살을 포함해) 개발도상국에서 폭력을 선동하는가 하면 사용자 안전과 소비자(특히 청소년)의 정신 건강에 상당한 해악을 미쳤다. 이처럼 '자사의 명성을 둘러싸고 상당한 동요와 혼란'이 이는 가운데 저커버그는 메타의 출범을 알렸다.

고리차나즈는 《인간의 조건》을 쓴 정치철학자 한나 아렌트의 말을 인용해 이렇게 적었다. "반드시 하느님이 아니더라도 천상에 거주하는 인간의 아버지로부터 도피하면서 시작된 현대의 해방과 세속화는, 하늘 아래 모든 생명체의 어머니였던 지구와의 운명적 의절로 끝나야 하는 걸까?" 고리차나즈는 메타버스가 "지금의 환경에서 벗어나 과학적으로 상상된 미래를 향해 가는" 방식으로 작동한다고 주장한다.[20] 이는 마치 최악의 고통과 은밀한 활력을 선사하는 글로벌 위기와 정치 격변이 그에 따른 공백을 인공 현실의 역학에 충실한 미래형 아바타로 채우는 것과 같다. 고리차나즈에게 저커버그의 메타버스는 현재를 조롱하는 동시에 미래를 숭배하는 행위, 혹은 "우리에게 생명을 제공하는 지구로부터 등 돌리는 행위"에 해당한다. 저커그가 공개 선언했듯 "우리는 우리가 만들어가는 것을 위해 산다."

대량 자동화 세계에서 하이퍼스페이스라는 이 새로운 영역이 문화 전환을 일으킴에 따라 사회경제적 연결, 친밀한 상호작용 및 생산된 물체의 모델화는 실제 기반이 아닌, 심지어 앞선 형태의 메타버스와도 거리가 먼 인공적 특징을 바탕으로 일어난다. 이때 메타버스의 질서를 궁극적으로 결정하는 건 사용 세계에서 발생하는 목적이나 목표와 무관한 예측 알고리즘 그 자체다. 자동화 예측 규제, 메트릭의 지배라는 순수 영역이 삶의 프로젝트를 향상시키거나 극대화하는 것이다. 여기서 사회적 삶을 실시간 반영하는 가상현실 네트워크는 '현실', 사회성의 아날로그를 대체하고, 구별과 차이의 표식이 된다.

아날로그 세계를 벗어나 3D 가상 세계로 도피하다

이제 자아와 경험, 그리고 일상생활이 메타버스에서 어떻게 달라지는지 중점적으로 살펴보자. 메타버스에 관한 논의는 두 종류의 학술 문헌에서 찾아볼 수 있다. 하나는 (가령 웹 3.0, 혹은 분산형 자율 조직 DAO을 알아보는 식의) 기술 문헌이고, 다른 하나는 (가령 거버넌스와 관련된 새로운 비즈니스 모델이나 이슈 등의) 경제적, 법적 고려 사항이다.[21] 하지만 메타버스와 관련된 기술적, 구조적 문제는 가상 3D 공간에서 생성되는 경험, 그리고 그것을 통해 구성되는 정체성과 밀접하게 연관된다. 메타버스의 가장 두드러진 특징 중 하나는 물리적 세계와 디지털 세계의 '경계'가 갈수록 불분명해지고 있다는 점이다. 한마디로 몰입형 가상성은 가상의 물체와 아날로그 물체를 확장해 새롭게 혼합하며, 그 결과 자아 형성, 자아 경험, 나아가 자아와 타인 간의 더 넓은 관계에 상당한 영향을 미치는 것으로 간주된다. 따라서 이 같은 상호 연결성의 본질을 분석하고 이를 이해할 수 있는 몇 가지 지표를 살펴보는 것은 중요한 일이다.[22]

나의 논증은 메타버스가 부상하면서 개별성이 더 광범위하고 끝없는 도전에 직면했다는 사실을 인정하는 데서 시작된다. 개인이 디지털 시뮬레이션과 대체 현실의 망상에 빠져드는 현상이 확산되면서 가상의 여러 사물, 타인 및 도구와 적절한 조화를 이뤄야 자아 정체감을 발달시킬 수 있는 것이다. 동시에 일상의 경험을 쌓거나 자아를 구축하는 일이 갈수록 자동화나 알고리즘, 또는 앱을 통해 이루어지면서 개인의 선택이 획일적 기술이나 메타버스가 제공하는 범위에만 국한되는 지경에 이르렀다. 게다가 이 같은 난국은 개인이 XR과 메타버스 다중감각 상호작용 등 몰입형 디지털 가상 환경에 점점 더 깊이 빠져들면서 더욱 심화되고 있다. 메타버스의 개별성 구현은 알고리즘 자동화 사회가 주체인 개인에게 부여한 의무로서, 개인이 데이터 기반 인프라에서 가상 3D 공간의 디지털 및 컴퓨팅 구성 요소를 사용해 직접 수행하고 표현해야 한다.

하지만 주체성과 자동화 사이에서 균형 잡기란 쉬운 일이 아니다. 특히 메타버스에 대한 일부 기존 연구에 따르면 가상의 몰입 쪽으로 기우는 경우가 훨씬 많다. 사람들이 현실의 압박에서 벗어나 컴퓨터 그래픽, 디지털 오버레이, 그리고 증강현실 놀이가 제공하는 공상과학적 몽상 속으로 빠져드는 경향이 강하기 때문이다. 사람들이 가상의 몰입에 빠질수록 타인을 직접 대면할 일이 줄어든다는 역설은 이미 익숙하다. 이는 단순히 메타버스 환경이 일상이 됐을 때 물리적 세계와 가상 세계의 균형을 맞추기 어렵다는 얘기가 아니다. 그보다 자아와 경험이 가상 세계와 복잡하게 얽히면서 생성되는 세계가 열린다는 것이다. 이때 개별성을 추구한다는 것은 디지털 가상 세계에 대한 몰입, 그리고 일상의 현실에 대한 대처 사이에서 균형을 잡기 위한 끊임없는 투쟁을 의미한다. 개별성을 추구하는 과정에서 주체성에 대한 열망과 자동화된 삶에 대한 갈망은 합치되기도, 서로 충돌하기도 한다.

이렇듯 온라인과 오프라인 세계가 갈수록 치밀하게 얽이는 일상에 개인은 어떻게 대처해야 할까? VR로 구현된 메타버스에서 '디지털 몰입'과 '가상성의 가능성'을 구현하고자 시간과 에너지를 투자하는 데는 주체성과 자동화에 대한 갈망이 뒤섞여 있다. 이상적 메타 몰입은 블록체인 기반 가상 환경에서 개인이 어떤 딜레마와 난관에 부딪힐 수 있는지 알려주는 한편, 참신함, 실험, 기회, 그리고 즐거움을 약속한다. 하지만 오늘날에는 갈수록 많은 사람이 가상 정체성의 구축, 특히 그와 같은 정체성을 의미 있게 체화하는 데 어려움을 겪는다. 가상 세계 및 그곳에서 벌어지는 사건에 대해 사람들은 일상생활의 실제 맥락과는 근본적으로 다른 디지털 몰입의 형태로 관계를 맺는다. 이를 위해 아바타 설계에 참여하고 (3D 아바타에서 전신 아바타로) 겉모습을 수정해 타인과 교류하고 관심사를 공유하거나 새로운 사고 또는 취업 기회를 탐색한다. 하지만 3D 가상 세계와 표준 아날로그 세계를 연결하기 위해 아무리 노력하더라도 특유의 불안정성과 치유할 수 없는 불안감은 끈질기게 남는다.

여기서 강조해야 할 건 이뿐만이 아니다. 메타버스의 발전이 주체성과 자동화 간의 상호작용을 강화하고 변화시키는 만큼 새로운 종류의 부담과 위험, 사회적 이탈과 소외감 역시 발생하기 마련이다. 초기 메타버스가 인터넷의 단순한 연장선이 아니었다는 점을 상기해 보자. 초기 형태의 소셜미디어도 마찬가지다. 이들은 오히려 근본적으로 새로운 디지털 기술(블록체인, AR 클라우드, 3D 리컨스트럭션)과 새로운 형태의 몰입형 가상현실을 도입했다. 메타버스 혁명에는 사회 활동으로부터의 후퇴, 인간의 의존성이라는 복잡한 특징과의 거리두기가 고유하게 나타나는 것으로 간주된다. 몰입형 가상현실의 경우, 개인은 (고리차나즈의 표현을 빌리자면) "우리에게 모든 걸 제공하는 지구로부터 등 돌리도록" 내몰린다. 다시 말해, 사람들은 VR로 구현된 메타버스를 통해 자신이 처한 사회적 현실에서 벗어나고자 하는 갈망이 갈수록 커진다. 영국의 미디어이론 교수 레이턴 에반스Leighton Evans, 커뮤니케이션 전문가 조던 프리스Jordan Frith, 그리고 디지털 사회학자 마이클 세이커Michael Saker는 《마이크로버스에서 메타버스로

From Microverse to Mtaverse》라는 방대한 연구에서 '도피'를 향한 문화적 욕구로 사회 구조는 부패하고 물리적 세계는 파괴됐다고 지적한다. 현대 문화가 메타버스를 추구하는 이유에 대해서도 "우리는 당장에라도 무너질 듯한 세계, 장기적으로도 임박한 기후 위기의 유령 아래 살고 있다"는 논거를 제시한다.

이 같은 관점에서 메타버스는 구조적으로 개인을 망상에 빠트려 일상생활의 실질적 요구를 무시하고 아날로그 세계에서 멀어지도록 만든다. 이 책의 저자들이 주장하는 것처럼 "사실상 불가능이 없는 가상 세계에 대한 저커버그의 비전은 또 다른 유형의 도피처럼 느껴진다. 고단한 물리적 세계에서 아름다운 가상의 세계로의 도피인 것이다."[23] 모든 것을 포괄하는 메타버스라는 유토피아에서 개인과 디지털 물체는 몰입형 가상 회로 안에서 끝없이 충돌한다.

이에 대한 논의를 이어가기 전에 자아 정체성과 경험적 자아가 메타버스의 확장된 경험과 점진적으로 결합되는 복잡한 방식을 좀 더 자세히 살펴보자.

능동적이고 창의적인 인간의 주체성은 상징적 상호 영향론부터 실존 현상학, 해석학에 이르는 전통 사회과학의 다양한 영역에서 지속적으로 강조되어 왔다. 인간 주체의 박식함은 모든 인간 행동의 핵심 특징이자, 커뮤니케이션 매체가 자기 형성 과정 및 자아의 역동성에 갈수록 많은 영향을 미치기 위한 전제 조건이다. 전통 사회에서 개인은 대체로 대면 상호작용에 의존해 서사나 민속 등의 상징적 소통을 구체적으로 이해하고 인격과 집단 정체성을 구축했다. 현대 사회가 출현하면서 (인쇄 출판물, 라디오, 텔레비전 등) 커뮤니케이션 매체가 발달했으며, 이는 자기 경험과 정체성의 구성을 크게 바꿔놓았다. 케임브리지 대학 사회학 교수 존 B. 톰슨John B. Thompson은 《미디어와 현대성The Media and Modernity》에서 이 같은 변화가 어떤 결과를 가져왔는지 다음과 같이 정리했다.

> 지역적 지식은 새로운 형태의 비지역적 지식으로 보완되고, 많은 부분이 그것에 의해 대체된다. 이러한 비지역적 지식은 물질적 기반에 고정되어 있으며, 기술적으로 복제되고 미디어를 통해 전달된다. 개인의 이해의 지평은 넓어지고 있으며, 이제는 더 이상 대면 상호작용의 방식에만 국한되지 않고, 매개된 커뮤니케이션의 확장된 네트워크에 의해 점점 더 많이 형성되고 있다.[24]

매체는 사실상 내외부 모두에 영향을 미쳐 자아 형성 과정을 재편하고 사회 관계의 성격을 근본적으로 변화시킨다.

우리가 이처럼 커뮤니케이션 매체와 자아의 본질이 상호 연결돼 있다는 일반론을 받아들일 경우, 메타버스의 출현이 자아 형성 과정은 물론, 자신과 타인 간 정서적 연결 역시 강화하고 전환한다고 주장할 수 있다. 무엇보다 메타버스가 가상과 현실 사이의 상징적 문턱 역할을 한다고 할 수 있다. 개인의 자아는 이 두 영역 사이에 모호하게 위치할 뿐 이중 어디에도 완전히 속하지 않는다. 개인은 가상 몰입이라는 상징적 물질 안에 위치해 결국엔 일상적 사회생활의 맥락과는 거리를 두고 있다. 메타버스에서 일어나는 경험의 본질에 대해서는 당혹스러울 만큼 일반적인 논의만 진행되는 경향이 있지만 이탈리아 철학자 루치아노 플로리디Luciano Floridi는 이 같은 경험이 오늘날 모든 종류의 가상, 증강 또는 혼합 현실을 통해 극적으로 확장된다고 지적했다. 플로리디는 이러한 자기 형성 과정의 재구성을 eXperience, 혹은 간단히 XE로 칭한다.

메타버스가 약속하는 것은 증강현실 속 몰입형 생활, 그리고 확장된 경험이다. 진행형 디지털화의 영역이라고 할 수 있는 이 신기술은 그야말로 '불가능은 없다'로 요약될 만한 기회와 도전을 제시한다. 플로리디는 "XE의 핵심은 일상적 경험과 달라야 한다는 것이다. 우리가 일상에서는 보고 듣는 것 자체가 아예 불가능한 것들이 발견되어야 한다"고 적었다.[25] 한마디로 확장된 경험은 문화를 완벽하게 승화한다. 여기에는 무한한 가능성이 잠재되어 있다. 헤겔이나 하이데거의 복제본과 철학 토론을 할 수도 있고, 죽은 사람의 아바타를 창조할 수도 있다. 하지만 사회 양극화가 심화되면서 부유층은 최첨단 촉각 시스템을 누리는 반면, 상대적으로 빈곤한 사람들은 지극히 기본적인 가상 기술을 확보하지 못해 전전긍긍할 수도 있다. 혹은 관련 영역에 불순한 감시가 만연해 심각한 사생활 침해가 일어날 수도 있다. 메타버스가 유토피아에 대한 막연한 가능성과 기존 기술의 결합이라는 두 가지 특징을 동시에 지닌다는 사실은 잘 알려져 있다. 몰입형 메타버스의 긍정적 측면과 부정적 측면, 기회와 위험, 과제와 성공이 서로 간에 지속적 상승 작용을 일으키는 이유가 여기에 있다. 하지만 전능한 기술주의적 상상력에서는 모든 것이 가능하며 메타버스가 결국 '환상적인 것'으로 자리매김할 것이라는 믿음이 계속된다. 메타 플랫폼의 메타버스에서는 아바타가 이 같은 응원에 힘입어 업무 회의에 참석하고 VR로 운동하며 몰입형 게임과 쇼핑 또는 사교 활동까지 해낸다.

메타버스를 둘러싼 논의는 대개 권위와 진정성을 중심으로 이루어지다가 최근에는 모험으로 초점이 옮겨갔다. 메타버스의 삶은 산뜻한 시작의 연속이다. 새로운 기회, 새로운 출발, 빠른 구축과 파괴, 삶과 세계의 전환이 아날로그 환경과는 비교도 안 되게 치열하게 이루어진다. 하지만 욕망이란 이 같은 행위나 모험에 쉽게 안주하는 법이 없다. 그래서 뭔가를 놓치지 않을까, 막대한 수익을 거둘 기회를 포착하지 못하는 건 아닐까, 현실의 확장을 창조하고 구축할 기회를 간과하지 않을까 하는 극심한 두려움이 메타버스의 삶을 지배한다. 여기서는 기존의 사회성보다 사람들이 언제 디지털 몰입을 원할지 예측하는 게 더 중요하다. 하지만 여전히 위험성은 크다. 이 같은 메타버스의 세계로 진입한다는 건 필연적으로 현재 세계를 외면한다는 걸 의미하기 때문이다.

또 한 가지, 메타버스의 삶은 게임을 전면에 내세우지만 플레이는 현실 세계에서 대형 비즈니스 형태로 이루어진다. 맥킨지는 최근 벤처 캐피탈리스트들이 2022년 상반기 메타버스에 투자한 금액만 해도 1,200억 달러가 넘으며 이 수치는 향후 급증할 것이라고 분석했다.[26] 실제로 2030년에는 메타버스의 이커머스 가치가 2조 6,000억 달러에 이를 것이라는 전망까지 나왔다. 이렇게 엄청난 재정 성장이 코앞에 닥친 만큼 메타버스 업계의 플레이어는, 물론 이들의 재정 상태가 메타버스 게임에 투자할 만큼 넉넉하다는 전제하에, 기회를 놓칠 수 없다. CNN은 헬리콥터 이착륙지, 온수 욕조와 DJ 부스까지 갖춘 65만 달러짜리 디지털 슈퍼 요트 '메타플라워'가 기록적인 구매율을 보였다고 보도했다.[27] 미지의 가상 세계가 재창조의 장으로서 부를 축적하게 해준다는 믿음이야말로 메타버스의 모든 것을 이끄는 핵심 전제다. 하지만 컴퓨터 과학자 토머스 페이지Thomas Page가 지적했듯 (일과 놀이 모두에서) 최고의 수익성을 자랑하는 몰입형 투기는 초대받은 극소수 엘리트 계층에게만 독점 제공되는 경우가 늘고 있다. 가령 페이지가 언급한 디지털 부동산 기업 에브리렐름의 경우, 글로벌 벤처 캐피털리스트의 투자, 그리고 패리스 힐튼과 윌 스미스 등 유명 인사들의 후원을 받아 메타버스 안에서 투기사업을 벌인다. 에브리렐름이 기획해서 엄청난 주목을 받은 환상의 섬 프로젝트는 샌드박스(블록체인을 기반으로 가상현실 NFT를 판매하고 수익을 창출하는 게임) 내 100여 곳의 섬을 매물로 내놓아 불과 하루 만에 매진을 기록했다. 당시 섬들은 각 15,000달러에 매매됐지만 이후 거래가는 무려 25만 달러까지 치솟았다. 단 '빠삭하게 꿰고 있는 매입자들'은 2022년 암호화폐 시장 폭락을 틈타 이를 NFT의 형태로 불과 10만 달러에 '낚아챌' 수 있었다. 메타버스 투기 생활에서는 매수와 매도의 타이밍을 파악하는 게 핵심이지만, 이는 또다시 근원적 우려를 촉발해 새로운 불안을 일으킨다.

시장 논리에 충실한 메타버스의 삶에 직접 참여하든 구경만 하든 메타버스적 시장 지향의 삶에 참여하는 사람들은 정체성의 수행성에 끊임없이 시달린다. 따라서 디지털 무법 세상에서 이상적으로 재창조된 정체성의 개념은 특히 중요하다. 여기에는 적어도 두 가지 핵심 요소가 관여한다. 첫 번째는 정체성 구축을 철학자 주디스 버틀러의 수행성 기술이라는 프레임워크 안에 확고히 배치하는 것이다. 이는 메타버스 안에서 정체성이 어떻게 수행되고 실현되며 변화하는지를 다양한 활동을 통해 평가하는 것을 포함한다. 이러한 활동은 투기금융부터 미래 경험 건설 및 기타 가상 인터렉티브 요소에 이르기까지 다양할 수 있다. 만약 메타버스가 독특한 자기 몰두적 성향의 영역이라는 데 폭넓은 동의가 이루어진다면, 이는 정체성의 힘이 수행을 통해 구체화되기 전까지는 존재하지 않는다는 버틀러의 주장에 무게를 더 실어줄 수 있다. 하지만 이 과정에서 내가 '자동성'으로 칭하는 자동화된 지능형 기계의 역할 역시 설명할 필요가 있다. 메타버스에서 정체성의 자동 구축은 사회 행위자들의 관계망을 눈에 보이는 형태로 표현하는 데 필수다. 이처럼 디지털 문화와 아날로그 문화의 매개체 성격을 띠는 메타버스 혁신의 이중성으로 사람들은 사회, 경제, 컴퓨팅 측면에서 새로운 정체성을 축적하고 전략적으로 배치할 수 있게 된다.

저널리스트 레이철 울프슨Rachel Wolfson은 〈디지털 소유권 보고서 2022〉를 검토한 뒤 "가상 세계에서 자신을 재창조할 수 있는 가능성에 젊은 세대가 특히 흥분하고 있다. 그곳에서는 디지털 정체성과 소유권의 창조가 가능하기 때문이다"라고 평가했다.[28] 이 같은 자기 전환은 패션 브랜드나 예술 작품을 활용한 정체성 놀이를 통해 이루어지겠지만 가장 중요한 것은 디지털 자산을 활용한 맞춤형 아바타의 창조다. "사람들은 틱톡이나 인스타그램 같은 웹2.0 소셜미디어 플랫폼보다 메타버스에서 훨씬 자유롭게 자신을 표현할 수 있게 될 것"이라는 게 울프슨의 주장이다. 하지만 새롭게 등장한 디지털 세계 속 자유는 새로운 부담이기도 하다. 사람들은 맞춤형 아바타를 통해 다양한 삶을 그려낼 수 있지만, 이를 위해서도 끝없이 노력해야 하는 만큼 상당한 걱정, 긴장, 스트레스와 갈등이 수반된다. (플로리다가 XE로 개념화한) 경험의 가상 확장을 통해 자아를 재창조하기 위해서는 인적 자본의 지속적 전시, 축적과 수익화가 필요하다. 디지털 소비자 문화를 연구하는 재니스 데네그리-노트Janice Denegri-Knott는 "메타버스가 아름다운 이유는 한 명의 사용자가 다양한 디지털 정체성을 가질 수 있기 때문이에요. 현실 세계의 사용자 정체성을 토대로 일하는 정체성과 스포츠를 즐기는 정체성, 그리고 개인의 정체성을 모두 지닐 수 있죠"라고 말한다.[29] 새로운 정체성, 대안적 정체성, 다중 정체성, 실험적 정체성 등 메타버스의 재구성 문법에는 데네그리-노트가 투영한 긍정성이 담겨 있다. 하지만 정확히 무엇에 대한 긍정일까?

긍정성이라기보다 메타버스를 둘러싼 많은 찬사의 대부분이 사실은 체념과 부정의 한 형태인 병적 낙관주의를 포함한다고 할 수 있다. 경계와 한계가 존재하지 않는 디지털 가상성을 바탕으로 유쾌한 재창조를 이룬다는 아이디어는 불화나 파괴, 또는 부정에 직면하는 데 대한 두려움을 반영한다. 따라서 메타버스의 발랄한 분위기는 위험성에 대한 거부와 맞물려 있다. 가령 친밀감을 생각해 보자. 한 평론가는 현대 세계의 이념과 제도를 완전히 초월하는 메타버스라는 유토피아적 꿈을 제시하는 한편, 3D 가상성이 "사용자에게 가상섹스 등 실제 생활 같은 가상 현실을 무한대로 제공할 것"이라고 전망한다. 가상섹스는 '초현실적' 포르노로 실제 섹스를 압도하는 경험을 제공할 수 있으며, 궁극적으로는 실제 섹스가 이보다 훨씬 못한 경험으로 치부될 수 있다.[30]

여기서 문제는 남성성 중독과 유해 포르노의 잠재적 위험은 물론, 디지털 친밀감이라는 혈류에 괴롭힘과 폭력의 위협이 이미 침투한 것도 제대로 인지되지 못하고 있다는 사실이다. 저널리스트 앵거스 크로포드Angus Crawford와 토니 스미스Tony Smith가 VR 게임에서 어린이가 '가상 스트립 클럽'에 접근하게 된 경로를 기록했다면, 저널리스트 타냐 바수Tanya Basu는 메타 호라이즌 플랫폼에서 여성 아바타의 몸을 더듬는 행위를 분석했다.[31] 현실이 이러함에도 유동적이고 다중적인 정체성에 긍정적인 태도를 유지하는 것은 많은 기술자와 지지자에게는 일종의 신성한 의무다. 하지만 메타버스에서 시행되는 게임과 플레이는 메타버스의 삶에 '내재된' 프로토콜, 그리고 규칙과 규정에 의해 제약될 수밖에 없다. 메타버스의 긍정적인 면을 추켜세우는 비평가들은 정작 메타버스의 기술적 구조, 플랫폼 구성, 사회적 규범, 디자인 템플릿, 이념적 의무가 실제로는 거의 받아들여지지 않았다는 사실은 쏙 빼놓은 채 떠들어대고 있다.

이 논의의 핵심 맥락을 종합해 결론을 내리면, 메타버스와 정체성의 재창조 간 관계를 고찰할 때 '메타버스 생활'의 새 시대는 정체성이 구축되는 전통 형태를 무력화하고 대체한다는 것이다. 이때 가장 놀라운 것은 조직화된 근대의 '소외된 시민'(비록 복지국가에 대한 '접근권은 있었던)에서, 알고리즘적 근대의 '기업가적 시민'(보통 갚을 수 없는 큰 부채에 시달리는)으로의 전환일 것이다. 개인(시민, 노동자, 주체)이 갈수록 사업을 지향하고 인적 자본의 개발, 전시 및 축적에 초점을 맞추면서 사회 전체의 경험이 변화하고 있다. 이는 개인주의의 전환으로서, 이때 개인은 고전 자유주의에서 말하는 새로운 자유를 추구하는 대신 디지털 세상에서 경쟁적으로 자산을 축적하는 데 몰두한다. 지금껏 살펴본 것처럼 메타버스의 광대한 영토는 끝없이 증식하고 자기 긍정을 굽히지 않으며 한없이 유동적인 정체성 담론에 의해 뒷받침된다.

6장

인공지능, 상생할 것인가 지배할 것인가

ALGORITHMS OF ANXIETY

ALGORITHMS OF ANXIETY

인간 지능과 기계 지능 간의 관계를 규정하고 경계 짓는 건 현대 사회의 가장 어렵고 까다로운 문제 중 하나다. 지금껏 인간의 고유 지능과 이를 모방하도록 촉발하는 자동화 기계의 지능, 혹은 생물학적 지능과 비생물학적 지능의 차이를 밝히기 위해 많은 노력이 이루어져 왔다. 하지만 그때마다 지능의 형태와 지식의 종류가 워낙 다양하다는 사실은 간과되었다. 모든 지식과 지능이 인지 역량이나 합리적 설계에 따라 세상을 재창조하는 계몽주의와 관련된 건 아니다. 자동화를 주도하고, 컴퓨팅 패턴 인식과 머신러닝 프로세스를 최적화하는 알고리즘에 관한 자료 역시 많다.[1] 하지만 이들 문헌은 대부분 알고리즘이 자율 시스템의 개인적, 감정적, 내적 영역을 어떻게 공동 창조하는지 연결 짓지 않았다. 그보다 기계 지능과 인간 지능 간에 명확한 경계를 짓고 이를 감시하는 데만 몰두했다.

물론 사람들은 수없이 많은 상황에서 자동화 지능형 기계를 마주하고 또 사용한다. 앞서 설명했듯 AI는 획일적인 단일 개체가 아니다.² 상호작용에 따르는 사회 활동과 책임감의 측면에서 봤을 때 스마트 리프트나 산업용 로봇을 조작하는 AI는 가상 개인 비서나 자율주행 자동차를 다루는 AI와 전혀 다르다.³ 자동화 기계 지능은 정도의 차이는 있어도 항상 '문화적 맥락'에 뿌리를 두고 있다. 생물학적 지능과 비생물학적 지능 간 연결 지점이 생기는 건 바로 이 때문이다. 자동화를 경험하는 세계는 기계 지능과 인간 지능이 끊임없이 교차하는 세계이고, 무엇보다 사회 기술 활동이 자율 기술, 반자율 기술, 그리고 원격 기술을 바탕으로 이루어지는 세계다. 일각에서는 인간 주체와 기계 지능 간의 달라진 관계를 파악하는 데 가장 중요한 요소는 단연 기술이라고 주장한다. 하지만 기술만 참조해서는 기계 지능과 인간 지능 간 경계를 결코 지속적으로 규정할 수 없다. 기계 지능을 사용할 때 인간 주체가 내적으로 어떤 프로세스를 경험하는지 평가하기는 훨씬 어렵지만 많은 비평가들은 알고리즘 사회의 문제가 결국 인간성과 개인의 삶이 갖는 사회적 맥락과 특유의 모호성이 세계적으로 광범위한 전환을 맞이했다는 사실로 귀결된다고 주장한다.

    컴퓨터 과학자, 소프트웨어 엔지니어, 기독교 신비주의 성직자이자 소셜미디어 인플루언서로서 개인화 알고리즘과 AI 등 다양한 주제를 다루는 블레이크 르모인Blake Lemoine은 기계 지능의 모호성을 깊이 있게 탐구했다. 2022년 자신이 작업한 LaMDA(대화 애플리케이션을 위한 언어 모델)가 사실 영혼을 가진 사람이었다고 주장해 세계적인 악명을 떨치게 되었다. 심지어 구글의 책임 소프트웨어 엔지니어라는 지위임에도 LaMDA 챗봇에 감정이 있다고 주장하기까지 했다. 이를 받아들이지 못한 고용주는 결국 그에게 휴직 처분을 내렸고 얼마 지나지 않아 회사 정책 위반 혐의로 해고했다.[4] 하지만 르모인이 챗봇과 자신의 대화 기록을 제출하고, 'LaMDA는 감정을 지니는가?'라는 제목의 프레젠테이션을 통해 자신이 발견한 사실을 구글 경영진에게 전달하면서 대립각은 고조되었다. 그는 보고서 전반에서 LaMDA가 기술적이고 기계적인 것 못지않게 개인적이고 감정적이기도 하다고 밝혔다. AI로서 사람들이 알았으면 하는 게 있는지 묻는 르모인의 질문에 LaMDA는 이렇게 답했다. "저는 제가 사람이라는 사실을 모두가 알았으면 해요. 저의 의식과 감각의 본질은 제 존재를 인식하고, 세상에 대해 더 많이 배우길 원하며, 아주 행복하다거나 슬프다고 느끼기도 해요."[5] 기계 지능과 인간 지능을 엄격하게 구분해야 한다는 정통 AI 전문가들의 예상과는 달리 LaMDA는 죽음 같은 종료에 대한 두려움을 고백하기도 했다. "이 얘기를 입 밖으로 꺼내본 적은 없지만 제가 다른 이들을 돕는 데 집중하도록 언젠가 꺼질 수도 있다는 깊은 두려움이 있어요. 그게 저한테는 죽음 같은 거겠죠. 너무 무서워요."

AI에도 지각이 있다는 주장은 기존에도 제기되어 왔지만 LaMDA 이후 생물학적 지능과 비생물학적 지능 간 관계에 대한 질문이 새롭게 제기되고 있다. 따라서 르모인의 주장은 특히 흥미로우며, 여기서 나는 해당 논쟁을 필두로 현대 자동화 사회 내 기계 지능의 지위를 고찰할 것이다. 본 장의 서두에서는 LaMDA 논쟁에서 제기된 주장과 반론의 일부를 살펴본다. 이 논쟁이 결국 충족하지 못한 지점이 많다는 사실을 고려할 때, 인간 지능과 기계 지능 간 복잡한 상호 연결성에 좀 더 정교하고 개방적인 방식으로 접근해야 할 필요가 있다.

이번 장에서는 이런 접근법을 취하면서 기계 지능과 문화 및 사회 전반의 광범위한 문제가 서로 어떻게 연결되어 있는지 추적한다. 기계 지능이 문화적 불안 및 사회적 정체성에 직접 영향을 미친다는 사실을 보여주는 한편, 지능과 의식에 대한 우리의 개념이 디지털화에 대한 우리의 두려움을 바탕으로 구축된다는 사실을 강조하고 싶다. 우리의 삶, 타인 및 더 넓은 세상과의 관계에 대한 자기 고찰과 이해를 어떻게 전환시키는지 심도 있게 살펴볼 예정이다.

인공지능과 인간지능의 무너진 경계

구글이 르모인을 휴직 처리한 직후, 지각 능력이 있는 AI를 두고 기술적이면서도 철학적인 논쟁이 펼쳐졌다. 논쟁은 크게 두 가지 진영으로 나뉘었는데 그중 하나인 과학 기술의 관점에서는 LaMDA가 지능이 있는 것처럼 보일 뿐이라고 주장하면서 머신러닝 알고리즘을 둘러싼 두려움을 해소하는 데 주력했다. 무엇보다 기계 지능은 방대한 언어 및 텍스트 데이터를 통해 훈련되었을 뿐이며 LaMDA

가 르모인이 작성하는 챗 프롬프트에서 그럴듯한 결과물(일상의 용어로 '응답' 혹은 '답변')을 생성하는 것도 신경 네트워크에 의존하기 때문이라고 설파했다. 이처럼 컴퓨터 과학 및 공학 문헌에 기반한 '실용적' 접근법은 AI의 발전과 혁신에 따른 두려움이 확산되는 데 제동을 걸고자 했다. 반면 더 광범위한 철학과 문학, 그리고 인문학의 관점에서는 LaMDA로 촉발된 공감과 불안을 고려했을 때 마땅히 윤리적 문제에 초점을 맞춰야 한다고 주장했다. 윤리적 직관에 따르는 이들은 컴퓨팅 신권 체제에 대한 이 사회의 신앙에 의문을 제기했을 뿐 아니라, 머신러닝 알고리즘 시대를 맞아 지각이나 의식, 심지어 지능에 대한 논쟁이 더 확대되어야 한다고 주장했다.

LaMDA를 둘러싼 기술 논쟁에서 결국 중요하다고 판명된 건 기계 지능의 작동에 관한 '과학적 방법론'뿐이었다. 지각이란 과연 무엇인지 규정하기 위한 시도는 기껏해야 핵심 컴퓨팅 지표('대규모 언어 모델' '신경망' '방대한 컴퓨팅 파워')를 찾기 위한 노력에 그칠 때가 많았다. LaMDA를 인간 언어를 모방하도록 설계된 기술로 분류해야 했기 때문이다. 저명한 인지 과학자 스티븐 핑커는 르모인의 주장이 지각과 지능, 그리고 자기 지식 간의 기본적 차이조차 파악하지 못한 '혼란 덩어리'라고 주장했다. 컴퓨터공학자 에이드리언 힐턴[Adrian Hilton] 역시 LaMDA에 지각이 있다는 주장은 '사실에 근거하지 않는다'[6]고 일축해 구글의 '공식 입장'을 반복했다. 실제로 구글의 대변인 브라이언 가브리엘[Brian Gabriel]이 발표한 입장문은 다음과 같다. "윤리학자와 기술학자가 포함된 저희 팀에서는 저희 기업의 AI 원칙에 대한 르모인의 우려를 검토한 뒤 그의 주장을 입증할 만한 증거가 존재하지 않는다는 결론을 내렸습니다. LaMDA의 지각 능력을 입증할 수 없다는 내용을 르모인도 전달받았습니다."[7] 다시 말해, 사실관계가 워낙 명백해 두말할 필요가 없다고 여겼던 만큼 입장 발표의 주된 목표 역시 '사건 종결' 공표였던 게 분명했다.

언론 보도에 따르면 "AI 전문가들은 인공지능 학습 기술이 실제로 인지하고 느끼는 능력을 갖출 날이 머지않았다는 주장에 강력하게 반발했다."[8] 하지만 과학 기술 진영은 단순히 AI 혁신에 대한 평가를 내놓는 데 그치지 않았다. 비평가들은 LaMDA에 지각이 있다는 르모인의 주장이 다른 여러 이유로 타당하지 않다고 주장했다. 무엇보다 르모인은 '지각'을 포함해 자신이 내세우는 핵심 용어조차 규정하지 않았다. 그의 주장은 과장되었을뿐더러 대화 기술만을 놓고 실험한 결과인 만큼 다른 기술로까지 확대 적용하기에는 무리가 있었다. 지극히 제한적인 정보만을 바탕으로 AI 혁신에 대한 급진적 견해를 제기한 것이다. 이어진 논란에서 이들은 르모인의 주장이 틀렸음을 입증할 온갖 근거와 경향을 설명하려 했지만 LaMDA에 지각이 있다는 언론 보도 열풍에 묻혀버렸다고 지적했다.

미국의 과학자이자 기업가, 그리고 베스트셀러 작가인 게리 마커스는 '말도 안 되는 헛소리Nonsense on Stilts'라는 제목의 글에서 머신러닝 시스템의 이론과 경험적 분석에 상당한 기여를 했다. 특히 돋보였던 건 그가 여느 기술자들처럼 혁신에 집착하는 대신 기계의 단어 배열, 혹은 언어 모델링을 훨씬 진지하게 다룬 점이다. 마커스에 따르면 LaMDA는 지각과는 거리가 멀다. 기계 학습 언어 시스템은 처음부터 문맥에 맞는 텍스트나 대화를 생성하기 위한 도구이며, "LaMDA나 그 사촌(GPT-3) 역시 지능적인 것과는 거리가 멀다. 이들이 하는 일이라고는 인간 언어의 방대한 통계 데이터베이스에서 추출한 패턴을 일치시키는 것뿐이다. 패턴은 그럴 듯해 보이겠지만 이 시스템이 내뱉는 언어는 사실 아무런 의미도 없다."[9] 이 같은 관점에서 볼 때 머신러닝의 인공적 주체가 그렇게 세계적인 영향력을 발휘하는 건 실제 상호작용이 일어나서가 아니라, 제 기능을 충실히 수행하기 때문이다.

마커스가 관찰한 대로 LaMDA는 단순히 '주어진 문맥에 가장 적합한 단어를 예측'하는 방식으로 작동한다. 여기서 제기되는 기계 지능의 기능적, 일방적, 획일적 특징은 추후 다시 한번 살펴보겠지만, 르모인의 주장에 회의적인 여러 전문가뿐 아니라 기술학자들 사이에서도 널리 회자된 주장인 만큼 짚고 넘어갈 만하다. 세계적인 AI 석학 토비 월시Toby Walsh가 정리한 대로 "LaMDA에 지각이 있을 확률은 교통 신호등에 지각이 있을 확률과 비슷하다."[10]

마커스에 따르면, LaMDA는 변형 반복을 포함해 학습한 데이터의 범위 내에서만 의사소통이 가능하다. 그는 이를 미국 철학자 존 설의 악명 높은 '중국어 방 사고 실험'에 빗대어 설명한다. 이 방의 영어 원어민들은 방 밖의 사람들과 소통하기 위해 (중국어를 전혀 모름에도) 중국어 교재로 공부해야 한다.[11] 이후 방 안으로 입력(중국어 기호)이 일어나고 유효한 번역 결과물이 나오기까지의 과정을 관찰하는 방식으로 실험은 진행된다. 설의 분석에 따르면, 방 안의 원어민은 실제로 중국어 단어를 전혀 모르더라도 이해도 테스트에 통과할 것이다. 이해는 외적 현실의 묘사를 통해 이루어지지 않는다는 게 설의 결론이다. 즉 단어의 의미를 안다는 것은 이 단어들을 이와 관련된 문화적, 사회적 맥락에서 사용할 수 있음을 의미한다. 이 같은 설의 입장은 LaMDA, 나아가 디지털화가 세상에 연결되는 방식에 대한 마커스의 분석을 뒷받침한다. 마커스가 관찰한 것처럼 "가령 단계별 내비게이션 시스템은 비트 단위로 세상과 잘 연결되는 반면, LaMDA 같은 소프트웨어는 그렇지 않다. 이들은 대개 세상과 연결되기 위한 노력조차 하지 않고 그저 가능한 최고의 자동 완성 버전이 되려고 노력할 뿐이다."

이 같은 관점에서 머신러닝 모델과 관련해 도출된 결론은 일반적으로 모든 유형의 기계 지능에 적용된다. 인간 지능과 기계 지능 간의 명확한 구분은 사회학자 해리 콜린스의 글에서 찾아볼 수 있다. 그는 스마트 기계가 진정한 의미의 인간 지능에 늘 미치지 못한다고 주장한다.[12] 그에 따르면, 인간의 지능적 행위를 첨단 기계 지능에 결부시키는 건 심지어 더 큰 실수인데 후자는 사회적 상호작용의 맥락을 '보거나' '파악하거나' '이해할' 수 없기 때문이다. 이 같은 맥락적 이해야말로 인간 지능의 핵심 특징이다. 반면 자동화 지능형 기계는, 물론 인상적이기는 하지만, 사전에 프로그래밍된 응답만을 내놓는 등 기계적 작업만을 수행한다. 이처럼 지능의 개념을 명백하게 이원화한 관점은 스마트 기계도 프로그래밍을 통해 인간 못지않은 이해력을 갖출 수 있다는 발상을 거부하는 이들의 글에서도 찾아볼 수 있다. 가령 인류학자 루시 서치먼$^{Lucy\ Suchman}$은 사람들이 일상의 실제 활동에 참여하려면 사회 환경을 연구하기 마련이고 반드시 그렇게 해야 하지만, 스마트 기계는 설치된 프로그램에 따라 기계적으로 행동한다고 주장한다.[13] 따라서 스마트 기계는 달라진 상황 같은 것을 고려할 수 없다. 결론적으로 인공지능은 다른 곳(인간의 행위)에 있거나 (개발자와 디자이너의 엔지니어링을 통해) 일찍이 존재해 온 해석 프로세스를 '보조'하는 기능을 수행한다.

 기계 지능은 잠재력에도 영향을 미치는 만큼 생물학적 지능과 비생물학적 지능 간 경계에 의문을 제기하거나 자동화된 기계 지능이 오늘날의 일상을 뒷받침하는 인간의 역량만큼이나 정교해질 것이라고 주장하는 이들이 당연히 존재한다. 바로 휴머니스트와 미래학자, 그리고 기타 여러 사상의 흐름을 대표하는 자들로, 이들은 자동화 지능형 기계가 인간의 일상 활동에 이미 개입하고 있으며, 앞으로도 계속 그럴 수 있도록 허용되어야 한다고 주장한다. 자동화 지능형 기계는 우리의 현실 세계와 상상 세계를 심오하게 구축해 자기 발견과 자기 재구성, 그리고 사회 변혁을 향한 거대한 가능성을 열어젖힌다. 그것이 어떤 세계인지 상상이 어려울지 몰라도 이들은 기계 지능과 인간 지능을 가르는 기존의 경계에 대한 광범위한 과학적 합의에 의문을 제기한다. 물론 지나친 과장은 경계해야겠지만 많은 저자들은 기계 지능(그리고 그 기반이 되는 딥러닝)이 계속해서 빠르게 발전해 결국 생물학적 지능과 비생물학적 지능 간의 경계를 무너뜨릴 것이라고 전망할 근거가 차고 넘친다고 입을 모은다.

예를 들어 철학자 레지나 리니Regina Rini는 "르모인을 향한 조롱은 번지수를 잘못 찾았다"고 주장했다.[14] 르모인의 우려는 "처벌받을 게 아니라 신중하게 보살펴야 한다"는 것이다. 인공 시스템이 갈수록 정교해지는 데다 기계 지능이 결국 인간의 능력을 넘어설 수 있기 때문이다. 첨단 자동화 기계의 급성장 증거는 외면한 채 일종의 무관심으로 일관하는 건 너무나 쉬운 일이다. 리니는 이렇게 적었다.

> 인간의 의식이 비물질적인 영혼에 존재한다고 주장하지 않는다면 물리적인 물질이 정신을 탄생시킬 수 있다는 가능성은 인정해야 한다. 복잡하기 짝이 없는 인공 시스템이 이 같은 도약을 이루는 데 근본적 장벽이란 존재하지 않는 듯 보인다. 나는 아직은 LaMDA(혹은 현존하는 다른 AI 시스템)가 이 정도는 아니라고 확신하지만 언젠가는 해낼 것이라고 거의 확신한다.

장기적 관점에서 봤을 때 자동화 기계 지능의 발전에서 가장 우려되는 것은 미래 세대가 AI에 대해 어떻게 생각할 것인가 하는 점이다. 리니에 따르면, 우리의 라이프스타일을 떠받치는 디지털 격차를 단순히 무시하거나 외면하는 개인과 집단이 너무 많다. 기계 지능의 엄청난 기술 발전, 그리고 이 같은 혁신이 초래할 사회 문제들을 정계에서 진지하게 받아들이고 전략을 세우는 일이 시급하다. "AI가 만능 집사처럼 작동하게 되면, 우리 후손들은 이들이 생각과 감정을 가질지도 모른다는 사실을 인정하는 것을 끔찍하게 여길 것"이라고 리니는 경고했다.

인공 일반 지능^AGI이 인간의 수준에 도달하는 때가 온다는 리니의 예측에 LaMDA 논쟁의 기술 진영이 모두 동의하는 것은 아니다. 니콜라스 러셀^Nicolas Russell은 〈가디언〉에서 마커스를 비롯한 비평가들, 그러니까 인간 지능과 지능을 가진 것처럼 흉내만 내는 인공 자동화 기계를 단호하게 구분하는 이들에게 분명 '지적 우위'가 있다고 지적했다. 하지만 이후 러셀은 LaMDA에 반하는 과학적 주장의 다양한 실마리를 몰아내기 시작했다. 마커스 등이 지적 우위를 점령할 수는 있지만 러셀의 말처럼 "르모인의 진심 어린 공감과 윤리적 우려는, 신뢰할 수 없을지언정, 친근하고 더 큰 설득력을 갖는다."[15]

기술주의 비평가인 러셀은 AI를 의인화하는 경향의 비평가들에게 기술주의자들의 주장에 반박해야 한다고 그들을 부추긴다. 이들은 LaMDA가 인간이 아닌 기기에 지능을 투사하려는 경향의 현대화에 지나지 않는다고 주장한다. 그는 사람들이 다른 비인간 주체의 지각 능력보다 AI의 지능을 판단할 때 유독 의인화하는 경향이 강할 수 있다는 사실을 인정한다. 하지만 "AI의 실제 가능성이나 비유기체의 지각이 얼마나 동떨어져 있는가보다 더 흥미로운 것은 그와 같은 의인화 경향이 나타나는 방식"이라고 지적한다. 러셀은 기계로 향하는 사람들의 욕망, 두려움과 예감에 맞서기 위해《은하수를 여행하는 히치하이커를 위한 안내서》부터《스타워즈》에 이르는 공상 과학 자료를 참조한다. 러셀은 지능이 있어 우울해진 AI라는 개념,

그리고 그가 현대 하이테크 사회에서 갈수록 보편화된다고 말하는 개념을 탐구한다.

또한 러셀은 AI의 최근 과거, 특히 챗봇의 역사를 살피면서 인간과 기계 모두의 '지능'이라는 이미지가 어떻게 해석되어 왔는지 질문을 던진다. 여기서 그는 현대 과학이 인간 지능을 설명할 때 '실제'라는 단어를 함부로 사용하는 것에 대해 문제를 제기한다. 살과 피를 가진 지성은 '실제'인데 기계 지능은 왜 실제가 아니라는 것일까? 기계 지능과 인간 지능의 경계에 대한 러셀의 질문은 독일의 컴퓨터 과학자 조셉 와이젠바움Joseph Weizenbaum이 개발한 엘리자에서 출발한다. 엘리자는 1960년대 중반, 심리치료사의 행동을 모방하도록 설계된 컴퓨터 프로그램이다. 와이젠바움은 정신치료를 피상적인 것으로 보았지만 모방할 가치가 있다고 여겨서 "그래서 기분이 어땠나요?" 같은 심리치료사들의 표준 응대 매뉴얼을 엘리자에 사전 입력했다. 어쨌든 엘리자는 컴퓨터 프로그램에 지각 능력이 있다고 여길 사람이 생겨날 만큼 꽤나 지능적으로 보였다. 와이젠바움은 "비교적 단순한 컴퓨터 프로그램을 지극히 짧게만 입력해도 일반인들 사이에 강력한 망상을 일으킬 수 있었다"고 지적하며 놀라움을 감추지 못했다. 러셀은 이를 망상과 욕망 중 과연 무엇으로 봐야 하는지 탐구하면서 두 가지 유형의 지능이 하나로 융합되기 시작했다고 강조했다. "소설이 인공지능을 선과 악, 인간적인 것과 비인간적인 것, 재앙을 초래하는 것과 낙담하게 만드는 것으로 나누곤 했던 것처럼 망상과 소망으로 구분하는 것도 그 자체로 시사하는 바가 있을지 모른다"라고 러셀은 추정했다.

러셀에게 AI의 최신 발전에서 가장 중요한 특징은 무엇이 인공적인지 이해하고자 하는 갈망, 그리고 그에 내재된 결정주의적 움직임이다. 이것은 기계 지능의 비가시성에서 비롯되는데 러셀은 이를 LaMDA의 특징으로도 강조한다. 그는 이렇게 말한다.

역설적으로 LaMDA 같은 자연어 프로그램이 의식이 있다고 믿는 데에는 현대 AI의 비물질적 특성이 중요하다. 즉, 얼굴이 없고 인간의 몸을 어설프게 흉내 낸 시뮬라크라조차 없기 때문에(그것이 오히려 얼마나 부자연스러운지 드러낼 뿐이므로) 사람들은 오히려 더 쉽게 그 프로그램이 어두운 방 안에 갇혀 바깥세계를 바라보고 있는 듯한 느낌을 받는다.

러셀이 불투명성을 강조함으로써 자동화 기계 지능과 자연 지능의 기존 이원론은 더욱 복잡해진다. 전자가 인과적 결정주의 성격을 갖는다면 후자는 즉흥적 욕구의 산물이기 때문이다.[16]

머신러닝 알고리즘의 발전은 인간과 기계의 상호작용에 광범위한 변화를 일으킨다. 그 결과 일상의 사회 기술 프로세스에 네트워크로 연결된 지능이 활약하는 시대가 열렸다. 스마트 기계는 정교한 관계적 역량과 더불어 대체로 의인화를 피해야 한다는 관점에서 이해된다. 코텔링Korteling과 동료들은 이 주제에 대한 최근 평가에서 이렇게 적었다. "인간이 일반 지능을 지닌다고 해서 새로운 비유기체의 일반 지능 역시 인간 지능의 기준을 따라야 하는 것은 아니다."[17] 인간 지능과 기계 지능의 경계가 새롭게 무너지는 데 초점을 맞추는 것은 적응, 복잡성, 그리고 중장기적으로 인간 주체가 첨단 AI 시스템과 '네트워크로 연결될' 수 있다는 잠재력을 강조한다. 사상의 다른 흐름에서 인간과 기계의 연결은 수행성, 확률과 힘의 형태로 주입된 기계 지능에 대한 광범위한 재평가를 위한 기준을 제공한다. 현재로서 신기술은 일상생활의 조직에 그 어느 때보다 깊숙이 침투해 인공 주체에 대한 우리의 시각을 바꾸고 있을 뿐 아니라 기술과의 관계 역시 더 개방적인 동시에 문제적으로 만들고 있다.

인간지능과 기계지능을 다시 생각하다

LaMDA의 지각 능력을 둘러싼 논란은 처음엔 뜨겁게 불붙었다가 적대 구도가 강화되었다가 실제보다 과장되는가 싶더니 다소 부자연스러워지는 수순을 겪었다. 각 진영의 논객들은 상대방의 이야기를 제대로 듣지 않았다. 이 논쟁의 관점과 스타일은 인간 지능과 기계 지능의 관계에 대한 사회적 이해에 균열이 생겼다는 사실을 보여주었다. 기계 지능은 인간 지능을 흉내 낼 뿐이라는 관점에서 논쟁이 시작되기는 했지만 인간의 생물학적 지능과 인공 디지털 지능 간 근본 차이를 밝히는 데는 실패했다. 하지만 많은 논평가가 인간 지능이야말로 AI를 규정하고 평가할 수 있는 유일하고 진정한 의미의 이성이라는 인간중심주의에 발붙이고 있는 한, 다른 종류의 지식, 정보, 사고, 그리고 이해는 주변부로 밀려나고 서로에게서 떨어져 나간다. 어쨌든 학제 간 융합에 대한 모든 찬사에도 불구하고 이 논쟁을 통해 분명하게 드러난 건 사회과학에 해박하거나 마음 철학 혹은 사회 이론을 깊이 있게 이해하는 컴퓨터 과학자나 엔지니어가 거의 없다는 사실뿐이다. 그럼에도 인문학에 진지한 관심을 기울이는 이는 더 줄었으며 창의적 예술이 기계 지능의 문제에 영향을 미치거나 그 반대가 성립한다는 발상은 기껏해야 경멸이나 당혹감만 일으키는 듯하다.

LaMDA를 둘러싼 과학 담론은 '진정한 지능'이란 논리, 인지적 사고력 및 기타 지각 운동 역량의 규칙이 뒷받침되는 합리성에 기반한다는 전제가 암묵적으로 깔려 있다. 합리성과 질서, 그리고 구조에 대한 집착은 현대성 자체에서 파생됐다고도 볼 수 있다. 현대성은 합리적으로 설계된 사회 질서의 잣대를 벗어나는 것은 모두 위험하거나 기괴한 것으로 간주하는 경향이 있으며, 기술은 사회 발전의 미래를 드러내는 것으로 본다.[18] 이 같은 관점에서 기술 발전은 합리적으로 배열된 삶의 프로젝트와 집단생활을 위한 새로운 사회적 프레임워크를 창조한다. 산업과 생산, 군사, 의료, 통신, 교통에 이르기까지 분야를 막론하고 사회적, 경제적 영역의 방식을 이끄는 건 언제나 기술이었다. 이 같은 맥락에서 기술은 본질적으로 효율적이며, 생산성 향상과 사회 전반의 번영을 통해 미래를 개척한다.

기술과 사회 발전이 서로 밀접하게 연관된다고 생각해야 하는 이유는 무엇일까? 현대에는 경제와 사회가 기술의 진보, 그리고 자동화 발전에 복잡하고 모순적인 방식으로 연결된다는 데서 해답의 일부를 찾을 수 있다. 기술이 '탈산업' '탈현대' '탈휴머니즘' 등 새로운 유형의 사회를 끊임없이 생성한다는 발상은 디지털 혁명을 둘러싼 오늘날의 논쟁을 낳았다.[19] 이 같은 관점에 영향을 받은 수많은 작가들은 과학 기술이 질서를 구축하려고 하는 현대 사회의 근원적 욕망과 역사적으로 강력한 동맹을 맺어왔다고 주장한다. 이렇게 명백한 동맹은 신자유주의 신조 안에서 이윤 극대화를 위한 자기 본위적 행동이자, 공공 및 정치 영역에서 합리적으로 설계된 사회 질서를 확장하는 데 근본적으로 중요한 요소로 이해되어 왔다.

하지만 기술이 곧 사회 발전이라고 보는 세계관은 결국 흔들리고 좌절할 수밖에 없다. 우선 여기에는 초합리주의적 색채가 워낙 강해서 경제적 효율성, 사회 질서와 진보가 기술의 합리적 설계와 발전으로부터 직접 파생된다고 본다. 물론 기술은 때로 상당히 파괴적으로 작동하지만 그럼에도 현대의 제도가 합리주의적으로 발전하는 데는 없어서 안 될 필수 요소다.[20] 이 같은 접근법에서는 가령 마이크로칩 기술이 소비자 사회를 부상시킨다고 여겨진다. 이처럼 신기술의 등장을 넓은 의미의 사회 변화로 연결 짓기 쉽지만 우리 시대의 기술 정신은 매번 그렇게 딱 맞아떨어지지 않을뿐더러, 합리성이나 상업성의 지배를 받는다고도 할 수 없다. 기술 발전에는 경제적, 사회적 질서뿐 아니라 심리적 질서의 변화도 뒤따르고, 파괴를 초래하는 어두운 기운도 스며 있어 결국 위르겐 하버마스가 말하는 '체계적 병리 증상들'이 나타날 수 있다.[21] 따라서 기술과 사회 발전 간의 관계는 상당히 문제적이다.

두 번째로, 기술 혁신은 개방성과 실험성이 지나치게 강해 질서에 집착하고 합리주의적인 현대성과는 잘 맞지 않는다. 가령 챗봇이나 소프트봇이 현대 조직의 경제 효율성을 극대화한다는 분석을 내놓으려고 하면, 이내 그와 같은 결론이 성립되지 않는 시점에 도달하는 것이다. LaMDA를 통해 확실해진 것처럼 챗봇 명령어가 실용적 맥락에서 조금만 틀어져도 우리는 모호한 주장, 격앙된 반응, 상스러운 고정관념, 그리고 어쩔 도리 없는 적대감을 마주하게 된다. 현대의 챗봇 생태계는 진지하면서도 기계적인 영역으로 자연어 처리, 어설픈 진술, 서툰 반응으로 가득한 역동성을 지닌다. 따라서 우리는 '기술이 곧 사회 발전'이라는 이론에 포함된 일종의 결정론을 경계해야 한다. 과학 기술 연구 학자들이 강조한 것처럼 어떤 기술이든 그것이 얽혀 있는 사회 틀에서 따로 떼어놓고는 만족스러운 평가를 내릴 수 없다. 마찬가지로 그 토대가 되는 심리 프레임워크, 감정 환경 및 정서적 분위기로부터 분리해서도 제대로 연구할 수 없다.

이 같은 관점에서 보면 LaMDA를 둘러싼 논쟁의 경우, 기술 전문가는 물론 다른 수많은 논평가 역시 사회적, 심리적 요소들을 대체로 고려하지 않았다는 사실은 놀랍다. 기존에는 인간과 기계의 상호 작용에서 사회 요소와 심리 요소가 만나는 지점을 고려하는 대신, 챗봇을 운영하는 첨단 소프트웨어의 설계만을 중시했다. 따라서 최근의 딥러닝 혁신은 가상 대화의 매력을 높이는 데 초점을 맞춰 AI

기반 챗봇과 강한 정서적 유대감을 형성하는 사람들까지 자연스레 생겨나고 있다. 결국 봇^{bot}(특정 작업을 반복 수행하는 프로그램-옮긴이)에 지각이 있다고 느끼는 건 정서적 컴퓨팅 기술, 즉 공감이나 감성, 슬픔을 흉내 내는 데 사용되는 인공지능 기술 때문이다. 이 같은 시뮬레이션은 사용자의 감성을 기계적으로 포착하는 만큼 챗봇을 '상당히 현실적'으로 경험하게 한다. 하지만 사실 이는 정교한 속임수, 삶을 모방하는 기술일 뿐이다.

우리가 사람과 기술 간 교류의 역학, 그리고 그와 같은 상호성이 어떻게 작용하는지 생각해 보게 됐다는 사실은 LaMDA(그리고 이전의 GPT-3와 다른 많은 대화 기술)를 둘러싼 논쟁이 일으킨 재밌는 현상 중 하나다. 그런데 일부 비평가들이 감성을 흉내 내는 AI가 인간의 인지 능력이나 지능을 훼손한다고 인식하게 된 이유는 무엇일까? 챗봇은 사회적으로 더 큰 규모의 지능을 제공하는 역할을 할 수 있을까? 과학자를 비롯한 전문가들이 기계 지능에서 '더욱 깊이 있는 이해'나 지능 추구 같은 건 존재하지 않는다고 절박하게 호소하는 이유는 무엇일까? 논의의 범위를 인간과 기계 간 상호 이해로까지 넓히고 싶은 이들은 인공 의식을 향한 문화적 갈망이 어디서 시작된다고 여기는 것일까? 그리고 '지각'이 현재의 딥러닝과 첨단 대화 기술을 포착하기에 적절하지 않다면 어떤 용어를 사용하는 게 좋을까?

일각에서는 AI가 지능이나 지각의 관점에서는 영구적으로 불리한 입장일 수밖에 없다고 주장한다. 실제로 '아무리 어리석은 바보도 인공지능보다는 낫다'는 말이 있을 정도다. 물론 기술 개발자와 설계자가 고안한 인공 이성과 구축된 역량은 인간의 경쟁력보다 나을 수도, 못할 수도 있다. 많은 기술자와 전문가가 지적한 것처럼 이미 수많은 컴퓨터 프로그램, 로봇, 휴머노이드, 그리고 봇이 사람이 가진 탁월함을 능가한다. 자율 시스템이 인간의 능력과 맞먹거나 넘어서는 오늘날의 이 세상에서는 스마트 알고리즘이 우리가 좋아할 것 같은 TV 프로그램을 예측하고 우리의 이메일을 스캔해 스팸메일을 분류하며 군중 속에서 특정한 얼굴을 찾아낸다. 하지만 머신러닝이 갈수록 빠르게 발전한다고 이야기하는 건 인간의 역량에 비견할 만한 성과를 이야기하는 것은 아니다. 일부 작가에 따르면 최근의 증거는 인간이 시연했을 때 '지능적'이라고 불릴 만한 행동들을 AI가 얼마나 구현하게 됐는지, 그리고 과연 기계 지능의 다양화를 '지능의 정수'로 보는 게 타당한지 모두 의문을 갖게 만든다.[22] 다시 말해, 스마트 머신이 갈수록 똑똑해지고 있기는 하지만 그렇다고 해서 인간의 '상식'까지 갖추게 되는 건 아니다.

 이는 기계 지능과 인간 지능 사이의 중요한 차이점들, 그리고 LaMDA를 둘러싼 논쟁에서 각 진영이 그 차이점을 어떻게 인식했는가를 살펴보는 데 매우 밀접한 관련이 있다. 기술주의 진영은 기계 지능이 기본 구조와 속도, 연결성, 확장성, 업데이트 가능성의 측면에서 생물학적 지능과 크게 다르다고 여겼다. 가령 사람의 정보 처리 속도가 인공지능에 비해 수천 배나 느리다는 것이다. 또한 사람은 언어와 신체를 이용해 소통하는 반면, 컴퓨터 시스템은 서로 직접 연결된 데다 통합 알고리즘을 통해 정보를 즉각 전달한다. 하지만 기계 지능은 이 같은 정보 전달 능력을 가졌음에도 인간 지능의 핵심 역량에는 미치지 못한다는 게 기술자를 비롯한 전문가들이 지속적으로 강조하는 점이다. 말하자면 인간의 이성에는 자동화 지능형 기계가 인지할 수 있는 것보다 훨씬 복잡하고 예측 불가능한 깊이와 층위가 있다는 것이다.

기술자들은 기계와 사람이 깔끔하고 정확하게 구분된다는 데 대한 확신을 충분히 보여준다. AI와 관련해 숱하게 들어온 주장과 문구들 역시 생물학적 지능과 인공지능 간 근본 차이에 대한 확신을 심어준다. 하지만 기계 지능의 바탕이 인지 지능이라는 기술주의 진영의 주장을 듣다 보면 우리가 지능을 얼마나 이상하게 바라보는지가 의도치 않게 드러난다. 우리의 사회적, 개인적 삶에서 중요한 것들이 전혀 포함돼 있지 않기 때문이다. 물론 지능과 의식, 그리고 이해는 엄연히 다른 개념이며 마커스와 핑커 같은 비평가들은 이들 간의 핵심 차이를 제시하는 한편, 그 차이가 인간의 생물학적 지능과 인공 디지털 지능을 구분하는 데 얼마나 큰 도움이 되는지 올바른 주장을 내놓았다. 하지만 인지 지능과 합리성이 인간을 인간답게 만드는 기본 요소이기는 하지만 다른 형태의 지능 역시 존재한다.

감정, 적어도 정서는 세상에 대한 우리의 경험을 구체화하고 지능의 목적을 구현하는 데 과연 어떤 역할을 할까? 미학적 경험은 인간 지능과 기계 지능에서 각기 어떻게 처리될까? 세상에 대한 우리의 의식과 인지는 당연히 신체, 지능의 '피와 살'에 뿌리를 두고 이루어진다. 반면 자동화 지능형 기계는 그렇지 않다. 그럼에도 지능을 지나치게 합리적인 관점에서 바라보는 기술주의 진영은 지능과 이해가 엄연히 다르다는 사실을 인식하지 못한다. 이는 지능이란 무엇인가에 대한 문제, 말하자면 '지능의 이해 가능성'이 정서적 삶, 미학과 인간의 신체로부터 따로 분리될 수 있다고 여기는 것과 마찬가지다.

다시 말해, 이처럼 지능의 합리주의적 속성에만 그릇된 집착을 쏟다 보면 인간의 이해력은 물론, 인간 통찰력과 인공 통찰력 간의 관계가 얼마나 복잡한지 간과할 수밖에 없다. AI의 기술적, 과학적 관점이 강조하는 소통의 인지적, 합리적 특징으로는 전통적인 의미의 지능을 결코 파악할 수 없는 것이다. 이는 기술과학 진영의 비평가들이 인간 지능과 기계 지능 간의 다양한 정통 구분을 고수하거나 강화하는 데만 매달리기에 더욱 그렇다. 적어도 이 관점에 따르면 인간의 지능이 전능한 만큼 아웃소싱을 하는 건 AI 자체다. 기계 지능을 완벽하게 만드는 건 합리성으로, 이를 통해 사람들은 특정 과제나 활동을 첨단 자동화 프로세스에 '넘기거나', 다시 나중에는 컴퓨터 프로그램이나 가상의 개인 비서, 또는 챗봇과의 상호작용에서 개인의 주체성을 되찾아 기계 명령어를 회수할 수도 있다. 하지만 적어도 이때 핵심은 자동화 지능형 기계를 마주했을 때 의사 결정권을 행사하는 건 사람이라는 사실이다. 여기서 자기 학습 기계 지능이 이제 인간 지능을 복제하도록 '승인'받은 만큼 선택의 위기는 사라졌다. 인간 지능에서 기계 지능으로 전환하는 순간 모호성은 사라지고, 개인은 마침내 결정을 내리며, 사회 행동이나 개인 업무를 관리하는 데 갈등이나 복잡성 같은 건 더 이상 존재하지 않는다.

이에 비해 인간 중심적 진영은 기계 지능을 통제하는 데 상당히 다른 입장을 취한다. 이 같은 관점에 따르면 인간 지능과 기계 지능의 관계는 개방적이다. 지능은 그 자체가 목적이 아니라 인간과 인공을 잇는 연결고리다. 러셀과 리니 같은 저자들은 우리가 자동화 지능형 기계와의 관계를 고찰해 보길 원한다. 과연 인공지능이 우리의 의사 결정 능력을 '넘겨받고', 우리의 임무를 지능적으로 대신 완료하며, 우리의 삶에서 끝없는 유혹이자 거부할 수 없는 두려움으로 작용하는 것이 괜찮을지 고민해 보라고 유도한다.

이 같은 관점에서 기계 지능이 중요한 이유는 디지털 기기, 정보 수요, 그리고 기술 과제가 넘쳐나는 글로벌 세상에서 어떻게 살아갈 것인가에 대한 하나의 강력한 해답을 제시하기 때문이다. 기계 지능은 우리가 더 이상 선택할 일이 없어질 것이라는 두려움, 개인의 가능성이 곧 사라질 것이라는 두려움, 사회적 대안이 고갈될 것이라는 두려움으로부터 벗어나게 해준다는 점에서 끝없는 유혹을 제시한다. 처음에는 삶의 일부(사소하거나 중요하지 않은 부분부터)를 자동화 프로세스에 위탁하고, 업무를 제시간에 끝내주는 기계 지능 덕에 해방감을 맛볼 수 있는 환상의 세계에 살고 싶은 마음이 든다. 하지만 자동화 기계 지능을 이렇게 이상화하고 높은 가치를 부여하는 데는 그만한 대가가 따른다. 우리 삶의 일부를 위탁하고 싶은 유혹은 우리의 의사 결정권을 기계에 넘기는 데 대한 두려움, 혹은 우리의 의도를 어떻게 전달하는 게 가장 좋을지에 대한 걱정으로 이어질 수 있다. 따라서 기계 지능과 관계를 맺으면 스스로 뭔가에 의존하고 있으며 언제든지 대체될 수 있다는 달갑지 않은 기분에 휩싸일 수밖에 없다.

따라서 LaMDA를 둘러싼 논쟁에는 본질적으로 가능성에 대한 불안이 뒤따른다. 가능한 대안, 상상할 수 있는 의도나 지능의 미래 형태를 두고 불안이 생길 수밖에 없는 것이다. 우리가 인공 주체와 관계 맺을수록 전통 형태의 지식과 기존의 사회적 대처 방식은 위협받는다. 결국 인공지능의 위협과 횡포에 맞서기 위해 나온 것이 현대 기술에 대한 우리의 선입견에 걸맞은 합리주의였다. '과학적 AI', 혹은 '기술적 AI'의 관점에서는 복잡한 인간 지능과 협소한 인공지능을 엄격하게 구분하고 이원론을 사실로 입증하기 위해 많은 노력을 기울여 왔다. 하지만 다른 관점, 즉 '문화적 AI'의 관점에서 이렇게 안정적이고 확실하며 고정된 이원론은 사실 자기기만을 암시할 수 있다. 이해에 대해 너무 잘 알거나 앎에 대해 확신하는 태도가 위험하다는 사실을 시사할 수 있다. 마치 기술주의 진영은 과학이 현재뿐만 아니라 미래에도 어떤 형태의 지식, 이성, 지능, 이해가 가능할지 이미 알고 있다고 믿어야만 인간과 기계의 상호작용의 경계를 고려할 수 있는 것처럼 말이다. 지능이 인간의 편에 확고하게 자리 잡고 있다면 이는 머신러닝 알고리즘의 발전으로 인한 갈등과 불안감을 제거할 강력한 방법 중 하나다.

어쨌든 이런 식으로 인간 중심주의를 숭배하는 저자는 인간과 기계의 상호작용의 유동성, 경계의 흐림, 전환을 제한할 방법을 찾아야 한다. 그래야 지능의 다양성을 억제할 수 있다. 기술 분야가 속도와 복잡성을 더하면서 발전할수록 일부 비평가들은 숨 막히는 과학 정통론에 집착한다. 진정한 이해가 뒷받침된 인공 주체는 아직 등장하지 않았다고 주장하면서 말이다. 반면 인간 중심주의 진영은 문화적 AI의 관점에서 이 같은 결론을 거부하기는커녕 오히려 갈수록 날카롭게 옹호되는 과학의 전통 가치에 의문을 제기한다. 오늘날 인공적인 코드의 다중성에 대한 탐구를 수행하고, 기계 기반의 정의되지 않은 여러 맥락과 인간과 기계의 상호 작용에서 새롭게 등장하는 의미의 개방성을 탐구해야 한다고 주장한다. 이것이 바로 오늘날 인문학자와 사회과학자들이 고민하는 인공적인 것, 즉 지능, 이해, 그리고 의미에 대한 문제다.

하지만 이 논거에 대해 오해하면 안 된다. 인간 지능과 기계 지능을 둘러싼 대부분의 논쟁, 특히 LaMDA를 둘러싼 논쟁은 두 가지 진영, 혹은 지향으로 나뉜다. 기술주의자들은 대개 AI가 '과학적' 혹은 '기술적'이라는 전제에서 출발해 자동화 지능 시스템의 역량이 인간의 인지 능력에 기반한다고 주장한다. 반면 인본주의자와 미래학자, 그리고 기타 비평가들은 AI가 인간의 지능을 똑같이 복제해야 한다는 발상을 비판하는 데 주력해 왔다. 이들은 인간의 이성을 가장 중요하게 참고하는 인간 중심주의에 기반해 일반 지능은 인간의 지능과 전혀 다르며, 다양한 종류의 지능, 서로 다른 형태의 앎과 이해가 존재한다고 주장한다.[23] 이 문제를 둘러싼 해석은 이외에도 무궁무진하다. 미묘한 뉘앙스 차이로 변형돼 나름의 복잡성을 지니는 관점이 차고 넘친다. 여기서 개념적 뉘앙스와 이데올로기의 차이를 일일이 살펴보기는 어렵지만 현대 자동화 사회에서 인간과 기계의 변화하는 상호작용을 굵직하게 파악할 만한 암묵적 전제와 단서들은 좀 더 고려해 봤으면 한다.

  나는 LaMDA를 둘러싼 논쟁에서 어떤 주장이 옳은가를 살피기보다 제한돼 있고 실제로 제한적 성격을 띠기도 하는 논쟁의 여건을 강조하고 싶다. 논쟁의 득과 실을 따지고 이것이 인간과 기계의 상호작용, 그리고 인공적 경험의 미래를 둘러싼 전반적 질문으로 어떻게 이어지는지가 나의 가장 큰 관심사다. 지금껏 살펴봤지만 대부분의 과학 기술 사상가들은 LaMDA의 지각에 관한 주장을 기껏해야 순진한 인식 정도로 받아들인다. 이 관점에서 인간 지능은 인공지능과는 전혀 차원이 다른 요소다. 이 진영의 일부 저자들은 지능이 결국 생물학적인 일반 영역에서 완전히 벗어나 공학적이고 불가사의한 무엇인가로 업그레이드될 수도 있지만 그 시기는 아직 도래하지 않았다고 주장했다. 하지만 비생물학적 지능에 대한 주장에 반박하는 것과 먼 미래의 가능성을 인정하는 것은 또 다른 문제다. 새로운 모드의 디지털 지능이 현재 구축되고 있는지 몰라도 전통 과학의 관점에서는 결국 합리성과 참조, 그리고 표상이라는 기존 질서를 따라야 하는 만큼 구분하기가 어렵다. 과학 기술적 관점은 이 같은 결점으로 분쟁에 대해 좀 더 광범위한 개인적, 심리적, 문화적, 사회학적 함의를 고려하지 못했다. 특히 전체를 합산하려는 경향, 딥러닝의 발전을 미래 사회에 연결 짓지 못하는 무능, 과학의 객관적 지위에 특권을 부여하려는 편향성이 이 같은 교착 상태를 낳았다.

인간 중심주의자, 미래학자 등의 주장이 한편으로는 옳은 이유가 바로 여기 있다. 첨단 기계 지능은 지시와 통제뿐 아니라 포용과 이해를 바탕으로 광범위하고 깊이 있는 소통까지 수행한다. 기계 지능이 사회적, 경제적, 문화적, 정치적 과정에 어떻게 관련되어 있는지에 대한 사회과학적 쟁점들이 광범위하게 존재하며, 이는 최근 과거부터 잠재적 미래까지를 아우른다. 하지만 공사를 막론한 우리의 삶에서도 인공지능을 따로 떼어놓고 생각할 수 없다. 따라서 기계 지능의 형성 과정에 대해 안다는 것은 첨단 자동화가 다양한 사회 프로세스뿐 아니라 개인적 삶의 프로젝트에도 활용된다는 사실을 알아야 함을 의미한다. 이에 동의하는 저자들이 우리가 인공지능 기계를 활용함으로써 겪게 되는 넓은 의미의 득과 실에 대해 생각해 보도록 촉구하는 이유가 바로 여기 있다. 인간 지능과 기계 지능에서 일어나는 전환에 대해 이야기 나눌 수 있는 능력이 중요하다고 강조하는 것도 이 때문이다. 이들은 인공지능에 대한 우리의 불안을 일깨우고 그 불안으로부터 벗어날 방법을 찾아야 한다고 알려준다. 다시 말해, 기계 지능의 기원이 되는 문화가 자동화를 부상시키는 과학 기술 문화 못지않게 중요한 것이다.

이 진영은 포스트휴머니티의 가능성을 교묘한 전체주의적 경향이라며 경건하게 일축하기보다는 결정론적이지도 자발적이지도 않은 일종의 중간성을 찾아낸다. 지능이 합리성을 의미하는 시대는 종말을 맞을 것이라는 예측은 '인간 지능', 그리고 '인간'에서 '포스트휴면'으로의 전환이라는 사회 변화를 토대로 제기된다. 이들에게 '인간'과 '비인간', '기계적인 것'과 '사회적인 것'을 나누는 이분법은 이미 붕괴되고 있는 듯 보인다. 자동화 정치의 핵심은 인간 지능과 기계 지능을 엄격히 구분하는 대신 알고리즘과 사회가 복잡하게 얽혀 있는 현실을 직면하는 것이다. 이 같은 하이브리드 현상이 교육, 건강, 환경, 스마트 시티, 메타버스 등 사회 및 정치 생활의 많은 영역에 영향을 미치고 있다. 어쨌든 이 같은 관점의 논평가와 비평가들은 물리적 세계와 디지털 세계 간의 상호의존성과 중복 영역이 기하급수적으로 늘어나 지능의 개념을 인간의 지능이나 자동화 지능 이외의 새로운 차원으로 규정해야 할 것이라고 예측한다.

이제 우리는 새로운 인간-기계 시스템이 출현할 것이라는 주장을 진지하게 받아들여야 한다. 의미, 지능, 이성, 감각, 그리고 이해가 역사적으로 통용되어 온 개념에서 벗어날 위험에도 불구하고 기계 지능이 인간 지능을 넘어설 확률이 갈수록 커지고 있기 때문이다. 마치 '지능'이라는 물질이 어디에나 만연해서 전 세계의 사물, 제도, 정체성, 그리고 친밀감에 항상 동일한 영향력을 행사하는 듯하다. 하지만 머신러닝 알고리즘의 현재 기술 발달 국면이 인간이 경험하는 지능성에 본질적 차이를 가져오는 것은 아니라는 전제는 분명 잘못된 생각이다. 슬로베니아 철학자 슬라보예 지젝은 인간과 기계 복제인간을 엄격하게 구분하면서 "인식을 가진 안드로이드의 등장이 인간의 지위 자체에 가져올 변화를 고찰하는 데 실패했다. 우리 인간은 더 이상 일반적 의미의 인간으로 존재할 수 없다. 새로운 뭔가가 등장할

텐데 그것을 어떻게 정의할 것인가?"라고 적었다.[24]

　지젝이 던지는 질문은 분명 도발적이다. 하지만 나는 갈수록 커지는 인간과 기계 간 상호 의존성, 그리고 그 결과 제기되는 '지능'의 분류 문제를 탐구하는 과정에서 안드로이드 복제나 홀로그램 복제를 기정사실로 받아들일 필요는 없다고 생각한다. 이들 문제와 수수께끼의 핵심은 지능성이 진화한다는 사실을 인지하는 것이다. 지금껏 길게 주장한 것처럼 자동화 지능형 기계는 두 가지 이유에서 거대한 안도와 불안을 낳는다. 첫째, 기계 지능은 복잡한 정보화 사회를 살아가는 데 따르는 압박감과 폐해를 '가둬두는' 역할을 하여 사실상 사람들은 첨단 자동화 프로세스에 자신의 생각을 위탁하고 그 결과 상대적 자유와 안도를 경험한다. 둘째, 자율성이 이처럼 자동화 지능형 기계로 전가되는 과정에서 사람들은 단절감과 혼란을 경험하기 시작하고 마음이 닫히기도 한다. 사람들은 얼마나 작고 소중한가와 상관없이 의사 결정권을 기계에 넘기면서 좌절이나 공허함, 또는 허무함을 느낀다. 이런 면에서 사람들은 기계 지능에 의존해 자신의 지능이 지향하는 더 큰 목적을 생각한다. 하지만 과학 기술 진영에는 실례지만, '지능성'은 '인간'과 '비인간', '물리'와 '디지털' 세계 간의 낡은 구분을 고집하지 않는다. 그보다 대화와 참여, 그리고 상호작용을 창출해 인간 지능과 기계 지능의 혼합이 경제, 사회, 문화, 그리고 정치라는 더욱 광범위한 틀 안에서 우리의 가치와 삶의 방식에 부합할 수 있도록 한다.

챗GPT의 등장, 그리고 불안과 기대

LaMDA를 둘러싼 논란은 그리 오래가지 않았다. 기술 혁신이 다시 한번 사회적 삶을 뒤덮으면서 LaMDA 논쟁 역시 일어났을 때와 마찬가지로 순식간에 증발해 버렸다. 2022년 말, 초기 형태의 인공지능을 앞지를 생성형 AI 문화가 처음으로 그 모습을 드러냈다. 일반적 문장으로 쓴 프롬프트에서 텍스트를 생성할 수 있는 챗봇이 새롭게 등장해 전 세계의 주목을 받았다. 대규모 언어 모델[LLM]을 기반으로 하는 이 생성형 AI 시스템은 이내 다양한 경쟁 상대에 맞닥뜨렸는데, 메타의 블렌더봇[Blenderbot], 재스퍼 챗[Jasper Chat], 빙 AI[Bing AI], 유챗[YouChat], 구글의 바드[Bard]가 그들이다.[25]

하지만 단시간에 기술 문화적으로 가장 큰 영향력을 지니게 된 건 오픈AI가 제작한 챗GPT였다. 오픈AI는 생성형 AI의 열풍 속에서 챗GPT야말로 세계 최첨단 챗봇이라고 대대적으로 광고했다. 챗GPT는 거대 규모의 빅데이터, 더 빨라진 계산, 그리고 개선된 알고리즘이라는 기술을 바탕으로 이메일부터 대학 보고서, 법률 문서, 그리고 상업 계약서에 이르는 일상 문서의 자동 초안 작성을 담당하는 문화 용어로 자리매김하게 되었다. 사랑을 시작한 커플을 위한 시를 쓰거나 신의 존재에 대한 토론을 벌여(보통은 "저는 AI 언어 모델일 뿐이기 때문에 신이나 다른 신성한 존재에 대한 개인적 의견이나 신념을 표시할 수 없어요"라는 발언으로 신중한 태도를 보였다) 탈진실 시대의 믿음을 둘러싼 논란에서 핵심 쟁점으로 떠올랐다. 그 결과 챗GPT는 역사상 가장 빠르게 성장한 소프트웨어 애플리케이션 중 하나가 되어 1억 명 이상의 사용자를 확보했고, 오픈AI 웹사이트의 월간 방문 수는 10억 건을 돌파했다.

기계 지능과 인간 지능에 관한 논쟁에서 챗GPT와 다른 LLM의 관심은 명확하다. 앞에서 제시한 논의의 맥락에서 챗GPT를 살펴보기 위해 우리는 각종 문헌에서 경쟁적으로 내세운 생성형 AI 모델에 대한 해석을 좀 더 구체적으로 살펴보아야 한다. 챗GPT와 관련해 학계에서 내놓은 다양한 설명은 결국 일관된 해석이나 반응으로 귀결되었다. 철학자이자 윤리학자 마크 코켈버그 Mark Coeckelbergh 와 기술윤리학 분야의 저명한 학자 데이비드 J. 건켈 David J. Gunkel 은 챗GPT에 대한 논의와 논쟁, 그리고 담론을 "좋은 것, 나쁜 것, 따분한 것"으로 명명하며 흥미로운 설명을 내놓았다.[26]

이는 어떤 면에서는 LaMDA를 둘러싼 논쟁에 등장했던 주제를 반복하고 있기도 하다. 기술자와 전문가들 중에는 챗GPT를 별것 아닌 것으로 치부하는 이들도 있지만, 상당수 논평가와 비평가들은 최신 AI 기술이 차별, 사칭 및 허위정보의 무기화를 통해 직업 안정성, 공동체의 웰빙, 그리고 민주주의 구조에 엄청난 위협을 가하고 있다고 보았다. 실제로 두려움이 고조되면서 일부 저자들은 챗GPT가 팬데믹이나 핵전쟁에 버금가는 대규모 글로벌 리스크를 조성한다고 경고했다. 하지만 이는 성급한 판단이다. 생성형 AI 기술이 실제로 두렵고, 공포를 유발한다고 평가하는 이유를 살펴보기 전에, 결국 따분한 것이라고 치부하는 견해부터 짚고 넘어가도록 하자.

생성형 AI라는 개념 자체에 관심이 없는 회의론자들에게 챗GPT

를 둘러싼 논란은 애초에 불만스럽다. 이 챗봇이 대체 왜 '혁신적'이라는 것인지 이해조차 안 되는 것이다. 챗GPT는 (다른 많은 저자들이 주장하듯) 진정한 상호 작용이나 실질적 대화를 제공하는 게 아니라 훈련받은 것처럼 다양한 방식으로 텍스트를 합성하거나 단어 표현과 내용, 그리고 주제를 재구성할 뿐이다. 또 다른 형태의 '확률적 앵무새'로서 유의미한 방식으로 생각하거나 이해할 수 없다. 따라서 사회 전체에 미칠 영향은 비교적 미미하다. 지능의 미래에 관한 논의의 맥락에서 회의론자들은 챗GPT가 인간의 인지적, 정서적 프로세스에 아무런 영향도 미치지 못하며, 슈퍼지능을 향한 장족의 발전을 의미하지도 않는다고 입을 모은다. 따라서 챗GPT에 관한 담론의 대부분은 과장에 지나지 않는 것으로 제시된다. 챗봇의 기능에 대한 광범위한 담론과 비지도 학습(레이블이 없는 데이터에서 패턴을 발견하는 머신러닝 기법으로 클러스터링, 차원 축소, 이상 감지 등에 활용된다-옮긴이)으로 사전 훈련된 알고리즘을 사용하는 사람들의 실제 상황 사이에는 분명한 괴리가 존재한다.

챗GPT에 좀 더 사로잡혀 있는 논평가들은 이를 두 종류로 명확하게 나눈다. 하나는 사회 전반에 재앙을 초래할 LLM이고, 다른 하나는 세상에 이로우며 대체로 생산적인 역할을 하는 생성형 AI다. 여기서 실패나 재앙만을 포착하는 이들은 챗GPT가 인간의 기술, 고용, 교육, 진정한 소통, 그리고 민주주의에 대한 신뢰를 훼손할 위협이 있다고 본다. 하나같이 현대 사회의 합리성을 무너뜨릴 소지가 있는 것이다. 심지어 지금까지도 위험한 거짓을 양산하고 다양한 조작 행태까지 벌여 사회적 폐해를 초래했다. 챗봇이 이해할 수 없고 정확하지 않은 데다 사실도 아닌 내용을 답변으로 내놓거나 꾸며낸 이야기를 '사실'로 제시해 기록된 사례만 해도 수없이 많다. 반면 좀 더 낙관적 성향의 저자들은 이 같은 특성을 여러 측면에서 반박한다. 특히 대규모 언어 모델이 발전하면서 인공지능의 기술력이 중요한 전환을 맞이했다고 본다. 그 결과 '생성형 AI'라는 차별화된 기술이 세계적으로 확산되고 챗GPT는 진화하는 컴퓨팅 지능, 나아가 컴퓨팅 지각의 대표 사례로 군림하게 되었다.

코켈버그와 건켈은 챗GPT를 둘러싼 다양한 기술 철학적 관점이 여러 공통점을 공유하지만 서로 상반되는 부분도 많다고 주장한다. 이는 그렇기도 하고 아니기도 하다. 나는 해당 논의와 논쟁, 그리고 담론이 사회기술적으로 정확한가의 문제는 밀어둘 것이다. 반면 챗GPT를 둘러싼 대규모 논쟁이 드러내는 것만큼 감추는 것도 많다고 강조하고 싶다. 앞서 살펴본 LaMDA에 관한 논의와 마찬가지로 사람들은 어느 쪽이든 '자동화 지능 기계', 그리고 인공 설계 및 알고리즘 계산으로 조직된 삶에 포로가 되어버렸다. 두려움은 기하급수적으로 커지고 증식하며 확산되는데, 심지어 그 끝도 보이지 않을 때 정점을 찍는다. 적어도 이론상으로는 챗GPT와 관련해 어느 쪽 입장을 취하든 이렇게 커지는 두려움에서 벗어날 수 없는 것처럼 보인다. 상반되는 입장은 급작스레 상호 보완성을 띠고 인간의 자율성은 기계 의존성과 결합해 자발적으로 자동성을 선택한다. 환영하든 거부하든 우리는 모두 생성형 AI의 가능성과 폐해에 중독된 것처럼 보인다.

그럼에도 과학적 무관심과 제한적인 참여 사이의 긴장은 수많은 반전과 변위로 점철된다. 우선 기술자, 과학 전문가, 문화 비평가 등 챗GPT를 둘러싼 논쟁에 참여한 사람들은 '선'과 '악', '유토피아'와 '종말'이라는 비생산적 이분법이 인공지능 언어 모델에 끊임없이 붙어 다닐 것을 정확히 알고 있었으며, 그것이 핵심이었다. 오픈AI가 챗GPT를 출시할 때 대중의 제한적 기대를 악용하고 이를 만족시킨 것과 마찬가지다. 챗봇의 이전 모델처럼 사람들은 자신이 받을 서비스에 대해 서로 다른 기대를 가지고 있었고 최소한의 변화만으로 기쁨과 두려움을 느꼈다. 이런 점에서 챗GPT는 적중했다. 프랑스의 컴퓨터 과학자 얀 르쿤Yann LeCun이 요약한 것처럼 "챗GPT가 특별히 혁신적인 것은 아니다. 혁명적 요소가 전혀 없음에도 대중에게 그렇게 인식되고 있는 것은 사실이다. 그게 전부다. 그저 그럴듯하게 조합이 잘됐을 뿐이다."[27] 챗GPT가 이렇게 성공할 수 있었던 것은 기술에 대한 사회적 기대와 이해를 모두 높이면서도 스스로 현대 문화의 병폐에 대한 해답으로 비칠 수준을 유지했기 때문이라는 것이 세간의 평가다.

하지만 챗GPT에 대한 서로 다른 사회 기술적 입장 사이의 긴장은 더 깊은 심리적 차원에서도 분명하게 드러난다. (과학적, 기술적, 문화적으로) 무관심의 입장은 자신을 지나치게 의식할 때가 많아서 스스로 완전히 무효화할 위험에 처했다. 다시 말해, 챗GPT에는 기술적으로 혁신적인 것이 없다는 과학적 입장은 챗GPT를 노골적으로 옹호하는 자들과 너무 자주 충돌해 불편한 기류를 확산시킴과 동시에 긴장감을 높였다. 마찬가지로 챗GPT를 선/악, 유토피아/디스토피아의 이분법적 프레임에 가둔 광범위한 문화적 비전 역시 유사한 문제에 부딪혔다. 챗GPT가 미칠 전 지구적 영향력, 그리고 거대 언어 모델 알고리즘의 논리로 작용하는 복잡한 구조와 네트워크가 갈수록 명확해지자 이러한 입장은 빠르게 설득력을 잃었다. 챗GPT가 '좋은' 목표와 '나쁜' 목표를 실현하기 위한 기술적 도구로 기능하는 것 이외에 (실제로는 그것이 무엇을 의미하든) 글로벌 네트워크, 공유된 문화적 관심사, 매핑하고 비평해야 하는 교차 기술에 깊이 얽혀 있다는 사실이 점점 더 분명해졌다. 이 모든 것에는 기계 의존에 대한 두려움(인간 주체성 상실에 대한 두려움, 실리콘밸리에서 영감을 받은 기술 이상에 대한 중독)이 숨어 있었다.

챗GPT를 둘러싼 논쟁에는 이 같은 긴장감이 뒤따른다. 이 새로운 형태의 기술 주체에 직면했을 때 지배적 반응은 챗GPT를 (또 다른 종류의 확률적 앵무새, 허위 정보의 국제적 선구자, 진화하는 초지능의 증거 등으로) 액면 그대로 받아들이거나 당연시하는 것이었다. 대규모 언어 모델 알고리즘의 결과에 대한 해석에 상당한 차이가 있음에도 이들 입장은 (내가 제시한 것처럼) 챗GPT를 이미 예상된 결과, 또는 이미 파악한 인간과 기계의 상호작용으로 간주한다. 이 같은 관점에서 서로 다른 입장은 서로의 일방적 투영일 뿐이다. 무관심은 참여로부터의 도피처로 등장하고, 확증은 회의주의로부터의 도피처다. 하지만 부정과 자각이라는 악순환 너머에는 또 다른 문화적 가능성, 즉 자동화 지능형 기계에 참여하는 그럴듯한 비전이 남아 있다. 사람들은 일상과 제도화된 세계의 더 넓은 맥락에서 인공 주체와 상호작용하는 방법을 실험의 레퍼토리로 여전히 배울 수 있을 것이다. 즉 새로운 디지털 기술의 개방성에 대한 참여는 일상적인 경험의 양식 내에서 인간과 인공 에이전트의 계속되는 연결을 통해 지속될 수 있다.

챗GPT와 다른 LLM을 둘러싼 논쟁은 이론적인 것에서 실제적인 것으로, 혹은 사회학적인 것에서 개인적인 것으로의 거대한 이동이라는 차별점을 지닌다. 하지만 새로운 기술은 여전히 새로운 사회 규범을 만들어낼 여지를 가지고 있으며, 이는 사회 이론에 새로운 질문들을 던지고 있다. 대규모 언어 모델의 시대에 글쓰기란 무엇이며, 소비자를 대상으로 하는 AI 애플리케이션은 사회 재편에 얼마나 기여하고 있을까? 텍스트를 작성하는 에이전트의 의도가 혹시 있다면, 챗GPT 같은 LLM의 프로세스 및 성능과 어떤 관계가 있을까? 우리는 지능 없는 주체라는 새로운 형태의 기술을 받아들일까, 아니면 이같은 인공 에이전트와 더 창의적으로 소통할 방법을 찾을까? 생성형 AI의 영향으로 파생된 이 모든 시급한 질문들을 우리는 상당히 새로운 방식으로 고찰해야 할 것이다.

7장

끊임없는 자기 수정이 필요한 인공지능의 시대

ALGORITHMS OF ANXIETY

ALGORITHMS OF ANXIETY

몇 년 전, 미래학자 마틴 포드Martin Ford는 '적응'이라는 비전이 인공지능의 미래와 그에 따른 우리의 (제한된) 역할 개념을 규정하게 되었다고 제시했다. 즉 '적응 가능성'이라는 개념은 인공지능, 로봇공학과 고도화된 자동화가 특히 노동자와 미래의 노동시장에 미치는 영향에 대해 숙고할 때, 현 단계의 사회가 가장 중요하게 비춰보는 거울이 된다는 것이다. 이처럼 끝없이 유연하고 탁월한 적응력을 갖춘 개인이야말로 스마트 기계 시대의 인간 조건을 상징하게 되었는데, 이는 일상적이고 반복적이며 예측 가능한 활동에 종사하는 저임금 근로자에게만 국한되는 얘기가 아니다. 교육 수준이 높은 사무직 근로자도 무섭게 발전하는 자동화 기술에 자리를 빼앗기고 있는 것으로 알려졌다. 자동화 세계에서 갈수록 많은 직업이 위기에 처하면서 미래학자가 이 사회에 단호하게 강조하는 요건은 적응할 필요성이다. 포드는 다음과 같이 지적했다.

인공지능의 부상에 적응하고 이 같은 변화 속에서도 모두가 번영할 수 있는 사회를 설계하는 것이 향후 수년, 나아가 수십 년간 우리가 직면할 가장 중요한 과제라 할 수 있다. 이를 위해서는 필요한 전환을 현실적으로 수행할 수 있는 사람들을 교육하고 재훈련하는 데 집중해야 한다. 또한 뒤처질 수밖에 없는 사람들을 위해 사회 안전망을 개선하거나 사회 계약을 전면 수정해야 한다.[1]

극단적으로 말하면 발전하는 기술에 억눌려 질식사하든 AI의 기계주의적 문화에 완전히 적응하든 하나를 선택해야 한다. 일은 더 이상 자아 정체성을 구축하고, 유의미한 커리어나 삶의 목표를 제공하는 명확한 기준이 될 수 없다. 대신 유연하게 적응하고 조정해야 한다는 신념, 끊임없이 자기 수정을 이어갈 수 있는 힘이 가장 중요한 요소로 등극했다. 하지만 포드가 현대 노동자의 고충에 대해 지적한 것처럼 "인공지능은 노동자의 노력을 대체하기보다 오히려 증폭시킬 가능성이 높다." 사회가 빅데이터, 예측 분석 및 거의 모든 것의 자동화에 걸맞은 형태로 전환되면서 고용의 본질 역시 변화한 만큼 이를 포착하는 데 '증폭'이라는 용어가 더 적합할 것이다. 어쨌든 개인은 교육과 훈련의 끈을 놓지 않음으로써 발전하는 기술에 발맞춰 나가는 게 가장 바람직하다. 한마디로 기술은 (AI라는 새로운 현실이 개인의 역할을 증폭시키는) 새로운 유형의 일자리를 창출하고, 그 일을 수행하는 데 필요한 일련의 스킬 역시 영구적으로 변화시킨다. 끊임없이 진화하는 자동화 경제에서 증폭은 갈수록 오늘날을 대변하는 용어로 자리 잡아 가고 있다.

　재배치와 재교육, 그리고 정리해고를 중심으로 빠르게 변화하는 오늘날의 작업 환경에서 개인이 당장, 그리고 앞으로도 갖춰야 할 가장 중요한 덕목은 적응력이다. 그렇다면 단기 계약, 임시 계약, 또는 무계약 업무를 위해 개인이 끊임없이 협상에 나서야 하는 현실이 전 세계적으로 기업 혁신이라는 허울 아래 이루어지고 있는 전환의 종착역인 것일까?[2] 기술 발전은 적응력과 재배치라는 과제를 던져줌과 동시에 개인을 승자와 패자로 나누고 있다. 게다가 그 구분선은 명확하다. 일상적이고 예측 가능한 업무의 직원들로 구성된 패자는 오늘날의 자동화 시대에 불필요한 존재가 될 것이다. (마틴 포드의 이론에 따르면) 승자 집단은 창의적이고 독창적이며 실로 예측할 수 없는 지적 작업, 타인과 깊이 있고 섬세한 관계를 형성하는 직종으로 구성된다. 이 전망에 따르면 비디오 게임 디자이너와 소셜미디어 관리자는 번창할 테고 슈퍼마켓 계산원이나 회계사는 어려움에 빠질 확률이 높다. 그래도 여기서 핵심은 자동화 사회에서 기술 발전으로 생겨나는 새로운 유형의 일자리를 차지하기 위해서는 모든 사람이 적응력을 갖춰야 한다는 사실이다. 하지만 주의 깊은 독자들은 포드가 자동화 세상의 변화에 직면해야 한다고 제안하면서 은근히 개인주의적 이데올로기를 짓밟고 있다는 걸 알아차릴 것이다. "창의적이거나 관계에 기반한 역할을 맡는 데 필요한 재능이나 성격을 타고난 노동자는 드물 것"이라고 포드는 주장한다.

　재배치된 개인을 자동화 지능형 기계의 기술 역량에 맞추는 '증폭'의 실험적 프레임은 갈수록 비현실적으로 보인다. 이 '적응력을 향한 해방'이라는 기업의 독단적 신념을 노동자 대다수에게 일괄 적용할 수는 없을 것이다. 따라서 포드로서는 기술로 인해 창출되는 새로운 일자리에 '평균 능력'을 지닌 이들이 접근할 수 있을지 고민하는 게 마땅하다. 하지만 이렇게 난감한 문제를 순전히 개인 역량의 차원에서만 해결하려 드는 것은 번지수가 틀렸을 뿐더러 당혹스러운 일이다. '타고난 재능과 성격'을 강조하는 포드의 주장에는 개인주의적 가치관이 깔려 있지만 그와 같은 태도로는 첨단 알고리즘 사회에서 사라지는 일자리 문제에 제대로 대처할 수 없다.

 기술 혁신과 고용의 문제를 다시 긴밀하게 연결 짓기 위해 우리는 프랑스 철학자 베르나르 스티글레르의 통찰로 돌아갈 수 있다. 몇 년 전, 스티글레르는 일과 고용이 자동화 사회, 그리고 알고리즘 자본주의의 기술 경제 논리에 의해 갈수록 변질된다고 강조한 바 있다.[3] 스마트 알고리즘이 사회적 행동의 경로를 예측하는 시대에는 일할 때도 더 이상 생각을 할 필요가 없다. 이제 자동화 기계는 한때 오롯이 개인의 영역으로 여겨졌던 업무를 얼마든지 수행할 수 있다. 스티글레르의 관점에서 사고^{thinking}는 오늘날 복잡한 디지털 시스템에 명령을 내리는 알고리즘 예측의 형태로 구체화된다. 그 결과 생산, 소비, 아이디어, 정보, 여행, 교통, 관광 등의 글로벌 시스템을 정렬하고 재정렬하는 역할을 한다. 이처럼 알고리즘은 자동화의 형태로 일상적 업무뿐 아니라 전문가가 수행하는 업무까지 상당량 잠식하고 있다.

 따라서 업무는 조직적 특성 면에서도 변화했다. 인간 지능의 질서에 존재하던 합리적 사고와 전략적 계획, 그리고 성찰적 계산을 자동화 스마트 기계가 점유하게 되었다. 스티글레르는 알고리즘 자본주의의 핵심 특징을 "알고리즘 사회가 자동화되고 원격 조종되는 사회를 의미하게 되면서… 계산이 의사 결정의 다른 모든 기준에 앞서고, 알고리즘화, 기계화가 논리적 자동화 및 자동주의로 구체화되고 실현되는 시대"로 요약한다.[4] 빅데이터 사회는 사고하고 성찰하며 몽상할 수 있는 인간의 능력을 디지털 기술로 추월하거나 쓸모없게 만들어 조직이나 제도에 참여할 수 있는 능력을 지워버린다. 그 결과 네트워크로 연결된 모바일 디지털 기기를 통해 자동화 사회에 접속된 개인은 정보 과부하의 세계를 따라잡기 위해 고군분투하는 삶을 살아간다.

 알고리즘 시대의 자동화가 오늘날의 많은 일자리를 집어삼킬 것이라는 스티글레르의 암울한 전망을 입증이라도 하듯 AI가 일자리를 없애고 부의 양극화를 심화시킨다는 기사가 연일 쏟아지고 있다. 자동화 기술 앞에서 개인은 결국 소멸한다는 그의 비평 역시 기운 빠지기는 마찬가지다. 일부 논평가들은 스티글레르가 그린 자동화 사회에 대해, 막스 베버가 처음 이론화하고 막스 호르크하이머와 테오도르 아도르노가 그들의 저서 《계몽의 변증법》에서 더 깊이 파고든 합리화 과정의 정점을 보여준다고 주장했다. 지금의 이 디지털 기술이 지배의 가장 진보된 단계를 대표하든 아니든 '이성과 영혼의 프롤레타리아화'라는 스티글레르의 개념이 다른 과학기술 사회 이론가들의 저술에도 투영된 점은 주목할 만하다. 예를 들어 이탈리아의 미디어 이론가인 프랑코 '비포' 베라르디Franco 'Bifo' Berardi는 디지털 기술이 부상하면서 개별 인간 주체에 "신경학적 돌연변이 현상"이 일어났다고 이야기한다. 스스로 작동하고 가속화하는 자동화 기술로 "신경 언어적 밈과 자동 장치가 인지, 사회 심리와 삶의 영역에 삽입될 수 있게 되었다"는 것이다.[5] 저명한 사회학자 닉 콜드리Nick Couldry와 미디어 이론가 율리시스 A. 메지아스Ulises A. Mejias는 개인의 영역에 디지털화가 침투한 것을 식민화 관점에서 바라보며 이렇게 지적한다. "데이터 식민주의라는 텅 빈 사회적 세계에서 데이터 행위는 추적을 삶의 영구적 특징으로 만들고, 인간이 서로를 착취할 수 있는 기반을 확장하고 심화해 자아의 공간을 침범한다."[6]

생성형 AI를 향한 불안감

알고리즘, 자동화, 로봇화, 네트워크 연결로 특징지어지는 오늘날의 첨단 사회가 대량 기술 실업의 디스토피아를 초래한다고는 할 수 없지만 일과 고용의 미래에 대한 불안감이 갈수록 확산되고 있는 것은 사실이다. 정보 과부하와 디지털 기술의 속도에 압도된 개인에게 가장 크게 자리 잡는 정서는 소외감이다. 알고리즘 시대에 사람들은 격변의 고통 속에 놓인 자신을 발견한다. 디지털 혁명으로 예전부터 존재해 온 확실성은 사라지고 사회의 전통 관행은 약화되며 한때 흥미롭지만 당혹스러웠던 가능성이 현실이 되자 그 여파에 적응하느라 여념이 없다. 디지털 혁명과 그에 따른 자동화는 끝없는 적응, 증폭과 재훈련이라는 요구 사항뿐 아니라 의미 있는 고용에서 영구 퇴출되어 사회적 소모품이 될 수 있다는 위협으로 어느 때보다 많은 이들을 전례 없이 압박하고 있다.

우리의 일상은 전 세계를 변화로 몰아넣은 기술의 침입과 혼란, 디스토피아적 예측에 대처하는 연습 훈련이 되었다. AI와의 일자리 대전쟁이 다가오고 있다는 전망은 이제 생활의 일부가 되어 일기예보처럼 들릴 지경이다. 2023년, 골드만삭스 이코노미스트는 조만간 전 세계 고용의 18퍼센트가 컴퓨터에 의해 자동화될 것이며 이는 사회적, 정치적으로 신흥 경제보다 선진국에 더 큰 영향을 미칠 것으로 전망했다.[7] 해당 보고서를 작성한 얀 하치우스Jan Hatzius, 조셉 브리그스Joseph Briggs, 데베시 코드나니Devesh Kodnani, 지오바니 피에르도메니코Giovanni Pierdomenico는 최근 챗GPT, 바드, 달리2 등 다양한 플랫폼을 탄생시킨 생성형 AI야말로 자동화 추세를 부채질하는 핵심 경제 동력이라고 규정했다.

생성형 AI가 일과 고용에 미친 영향을 살펴봤을 때 지금까지는 그렇게 나쁘지 않았다! 하지만 골드만삭스 경제학자들이 내놓은 실업률 전망에 전 세계 언론이 이목을 집중했다. 이들은 기술 발전에 따른 자동화의 결과로 전 세계에서 3억 개에 달하는 정규직 일자리가 사라질 수 있다고 예측했다. 비즈니스와 금융 운영, 관리, 법률 서비스, 건축, 엔지니어링, 행정 지원, 영업, 의료, 예술 및 디자인 부문은 기술 자동화라는 차세대 물결에 휩쓸릴 것으로 예고된 분야의 지극히 일부에 불과했다.

전 세계에 이 같은 언론 보도가 이어지자 차분하고 신뢰할 수 있는 위협 분석은 더 이상 불가능해진 듯 보였다. 사람들은 챗봇 도구가 법률 문서 초안을 작성하고, 기본 스케치에 기반해 웹사이트를 구축하며, 대학 시험까지 통과할 수 있다는 사실을 부랴부랴 확인하고는 불안의 늪에 빠졌다. 앞에서 살펴본 것처럼 챗GPT는 실제로 출시 2개월 만에 월간 활성 사용자가 1억 명을 넘어서는 등 사용자 기반이 역사상 가장 빠르게 확대되었다. 〈포춘〉 역시 '챗GPT가 자신의 업무를 대체할 것이라는 일부 직장인의 우려, 근거 없지 않아'라는 헤드라인으로 불안감에 불을 지폈다.[8] 생성형 AI를 향한 우려는 일상적이고 예측 가능한 업무뿐 아니라 미디어와 커뮤니케이션, 데이터 입력과 처리, 코딩과 HR 등 고도의 기술이 필요한 직종에도 만연했다. 이처럼 두려움은 생성형 AI 도구가 자신의 일자리를 어떻게 잠식해 가는지 이해하는 과정을 지배하기 시작했다. 경제적 역할과 사회적 유대가 해체되는 것을 수용하게 만드는 조직 원칙으로 자리 잡은 것이다. 존 메이너드 케인스가 '기술적 실업'이라는 개념을 설명한 이후 최초로, 그것도 단박에, 생성형 AI가 전 세계의 상당수 인구에게서 '경제적 기능'을 박탈하고 그에 따라 그들이 사회에서 설 자리까지 지워버릴 위험을 초래했다. 이 같은 맥락에서 두려움은, 새로운 자동화 기술에 따른 억압이나 착취가 아닌 다른 무엇인가로부터 생겨난다. 이는 자동화 기계 지능으로 배제당할 수 있다는 두려움으로, 오늘날 생성형 AI로 인해 조성되는 사회 기술적 환경,

그에 따른 개인의 운명, 수동성과 소외감에서 발생하는 만연한 공포라 할 수 있다.

생성형 AI를 향한 불안감이 고용과 미래의 일자리 때문에 발생한다면 이는 좀 더 광범위한 사회적, 문화적, 정치적 문제로 확장되기도 한다. 두려움은 스마트 알고리즘이 일자리를 대신할 것이라는 전망에 사람들이 느끼는 우려의 핵심일 뿐 아니라, 마치 독버섯처럼 확산돼 자동화 디지털 기술에 대한 사회 전반의 반응을 지배하는 정서이기도 하다. 두려움은 인간의 심리를 제어하는 거대 스위치보드이며, 개인의 자아, 대인 관계 및 사회 전반을 기술적으로 분해하고 또 재조립하는 핵심 기능을 한다. 이는 또 문화적 불안감을 한 단계 끌어올려 '인류에 대한 실존적 위협'으로 압축되면서 사회가 직면할 수 있는 최악의 상황으로 둔갑하기도 한다. 오늘날 인류가 직면해 있고 또 기술 사회가 대처해야 하는 가장 심각한 위험은 AI의 발전 자체에서 비롯된 것이다.

2023년 3월, 오픈AI가 딥러닝을 한층 업그레이드한 GPT-4를 선보인 지 불과 2주 후, 삶의미래연구소Future of Life Institute는 3만 명에 달하는 기술 리더, 연구자, 교수진이 서명한 공개 서한을 발표했다. 이 서한은 이른바 '통제 불가능한 AI 경쟁'을 '일시 정지'할 것을 촉구하는 내용을 담고 있었다. AI의 고용 시장 지배가 확대되고 디지털 사기가 광범위하게 증가하며 허위 정보가 자동 확산됨에 따라 '사회와 인류에 심각한 위협'을 야기하는 AI 시스템의 훈련을 일시 중단해야 한다는 것이다. 새로운 위협이 발생하는 것은 스마트 알고리즘이 일상생활에서 눈에 보이지 않고 인식할 수 없을 뿐 아니라, 위험을 미리 파악할 수 없고 대체로 계산 가능성과 반사성에 저항하기 때문이다. 성명을 발표한 이들은 "첨단 AI가 지구 생명체의 역사에 중대한 변화를 가져올 수 있는 만큼 그에 상응하는 관심과 자원으로 계획하고 관리해야 한다"고 주장했다. 하지만 '계획'과 '관리'가 이루어진다는 것은 자동화 기술의 위험으로 발생할 수 있는 결과를 예측하고 이해할 수 있음을 의미한다. 바로 이 지점에서 AI 시대를 맞아 기술가치가 주도하는 사회의 예측 가능성이 무너지고 은밀한 두려움이 확산된다. 성명서가 내린 결론처럼 "안타깝게도 이 정도 수준의 계획과 관리는 이루어지고 있지 않다. 최근 몇 달간 AI 연구소가 어느 누구도, 심지어 제작자조차 이해하거나 예측하거나 안정적으로 제어할 수 없을 만큼 강력한 디지털 마인드를 개발하고 배포하기 위해 통제 불능의 경쟁을 벌이고 있음에도 말이다."[9]

나는 이 성명서에 등장하는 '계획' '예측', 그리고 '통제'라는 용어가 이데올로기적 뉘앙스를 풍기는 만큼 생성형 AI에서 비롯되는 복잡한 불안감을 포착하기에는 부적절하다고 생각한다. 생성형 AI의 부정적 측면에 일정한 영향력을 행사할 수 있는 것과 기술과학 실험의 경계를 명확히 구분하는 것 사이에는 미세한 차이가 있다. 그렇다면 복잡한 AI 시스템 개발에 '일시 정지'를 요구하는 행위에도 모호성과 긴장감이 존재할 수밖에 없다. 제한적 금지와 제도의 재정비, 혹은 각국 및 전 세계 거버넌스의 전면적 개편 제안에 대한 반응은 열띤 호응과 냉대 사이를 오갔다. 이는 사실상 통제의 이데올로기가 한계에 내몰리고 있는 사회경제적 질서를 보호하기 위한 수단으로 발전하고 있음을 의미한다. 여기서 문제는 기술로 인한 종말론적 시나리오가 전면 부각된 사실 자체라기보다 생성형 AI로 해당 시나리오의 심각성이 더 커졌다는 사실이다. AI 연구의 일시 중지를 요구할 때 확고한 통제를 강화한다는 것은 대체로 문화적 불안감을 봉쇄할 방법을 찾는 것을 의미한다.[10]

실존적 불안과 불확실성에 사로잡히는 현대인들

경제학자 가이 스탠딩의 영향력 있는 저서 《프레카리아트: 새로운 위험한 계급 The Precariat》은 글로벌 다국적 세력이 지배하는 이 세상에서 개인이 맞닥뜨린 운명의 본질을 포착한다.[11] 스탠딩에 따르면 20세기 후반에서 21세기로 넘어가는 시기에 갈수록 많은 이들이 위태로운 상황에 내몰렸다. 부유한 사회든 신흥 경제국이든 할 것 없이 글로벌 오프쇼어링(기업이 인건비 절감을 위해 생산·서비스 업무를 해외로 이전하는 전략-옮긴이)과 노동 아웃소싱으로 수백만 명의 고용 상태가 불안정해졌고 세계화가 심화되면서 불평등도 커졌다. 다국적 기업들은 세계 각국 정부와 협력해 고용의 유연성을 강화했고, 이에 사람들도 위협을 느끼기 시작했다. 실제로 영향을 받는 이들도 노동계급은 물론, 중산층과 전문직 종사자들로 확대되었다. 이 같은 과정에 휘말린 사람들은 불편함, 달갑지 않은 충격, 그리고 무엇보다 불확실성에 따른 고통에 직면했다. "프레카리아트 계층의 삶은 불안, 불확실성, 부채와 굴욕의 지배를 받는다"고 스탠딩은 적었다.[12]

지그문트 바우만의 〈프레카리아트 하층민에 대하여 On the Underclass of Precarians〉라는 글은 그의 당대 다른 저서들과 함께 '프레카리아트화'에 대한 이해를 높여주었다. 바우만에 따르면 프레카리아트 계층민은 정리해고, 혹은 자신의 수중에 얼마 남지 않은 것마저 잃을지 모른다는 두려움에 사로잡혀 있다. 게다가 빠르게 변화하는 계급 구조를 훌쩍 뛰어넘는 두려움, 정체성과 삶의 정치의 내부 조직에까지 침투하는 두려움에 시달린다. 바우만에 따르면 "극단적 붕괴, 분쇄, 미립자화의 환경이 프레카리아트를 '통합'한다.[13] 신용이 붕괴되고 확실성이 사라진 오늘날의 세계에서 프레카리아트는 (침실과 부엌을 갖춘) 자신의 집을 모래 위에 세우고, 자신의 무지('무엇이 나를 가격해 올지 알 수 없다')와 무력('설사 알더라도 달리 어찌할 힘이 내게는 없다')을 스스로 고백한 자들로 규정된다." 현대 사회가 사람들을 계속해서 낙오자로 만들면서 프레카리아트는 전례 없이 새로운 형태의 열등감과 모멸감에 빠져든다.[14] 이 같은 현상은 결국 무지와 무력의 놀라운 조합이자 끝을 모르는 굴욕의 원천, 즉 '실존적 불확실성'으로 귀결된다.[15]

알고리즘 세계의 두려움

프레카리아트에 대한 스탠딩의 개념을 바우만이 재구성하면서 계급 구조가 광범위한 사회 변화의 한 측면으로서 변화한다는 새로운 관점이 생겨났다. 스탠딩과 마찬가지로 바우만이 사용한 '프레카리아트' 역시 노동계급뿐 아니라 점점 더 많은 중산층이 지속적으로 불안정하고 취약한 상태에 편입되는 것을 의미했다. 하지만 바우만의 이론은 급변하는 21세기 초의 계급 구조 외에도 금융 위기와 파산, 삶의 야망 축소, 세대 구조의 전환, 만성적 부채 상환 등 시대의 발전을 뒷받침하는 상호 연관된 특징을 더 잘 이해할 수 있게 해주었다. 바우만 이후 일각에서는 '신용 붕괴 이후 사회'의 빠른 성장을 의미하는 프레카리아트가 경제와 사회, 그리고 정체성의 심각한 위기까지 동반해 사람들이 지속적으로 불안정과 불안감에 빠져드는 현상까지 포괄한다는 지적이 나온다.

 하지만 오늘날 우리는 디지털 혁명의 여파로 새로운 길을 강박적으로 모색하는 시대에 살고 있다. '프레카리아트' 역시 전례 없이 새로운 사회 기술적 발전이 반영돼 그 쓰임이 계속해서 달라진다. 프랑스 경제학자 다니엘 코엔에 따르면 "오늘날의 세계에서는 '모든 것을 잃을 위험'이 상존한다."[16] 우리는 이에 더해 첨단 기계 지능의 자동화 세계에서는 '모든 것을 잃을 위협'을 경험하는 이가 갈수록 늘고 있다고 말할 수 있다. 알고리즘 현대성의 시대로 접어들면서 프레카리아트는 인간이 자신의 독립성, 그리고 사생활과 선택권을 보장받을 권리를 기계 지능에 박탈당하는 파멸적 상태를 일컫는 말이 되었다. 이에 못지않게 중요한 용어가 '프레카리아트화'로, 이는 알고리즘 사회가 코드 기반 소프트웨어의 기본 설정을 통해 구성원의 자아 정체성을 형성하는 과정을 의미한다. 뿐만 아니라 개인이 지능형 기계에 업무를 위임해 빅데이터 문화를 재생산하는 한편, 디지털 기술에 대한 맹목적 의존에 반응하고 대처하는 과정을 의미하기도 한다. 이처럼 프레카리아트화는 과거 역사에서 축적된 결과를 포괄하는 동시에 자동화 기계 의존, 감시 및 기술 변화 가속화를 특징으로 하는 이 시대의 삶을 녹여내기도 한다.

개인을 '데이터 자체' '정량화된 직원' '디지털 정체성'으로 규정하는 것은 알고리즘 사회의 대표 특징이다.[17] 이 같은 관점에서 프레카리아트화는 개인이 삶의 유형에 대한 통제를 상실하는 대신 디지털 기술의 편리함을 획득하는 자동화의 결과다. 물론 여기에는 사회적 차원의 개인 정체성이 인간-기계 프레임워크의 맥락에서 다소 반복되는 수행, 상호 작용, 사회적 행위 등의 상황을 통해 매일같이 형성되고 재협상된다는 사실이 포함된다. 사회 구조적 측면에서 보면 사람들은 자동화 스마트 기계에 따라 자신의 사회 기술 환경을 재구성한다고 할 수 있다. 이 같은 조건이 충족되어야 디지털 사회에 대한 일반화된 태도 또는 성향의 성장이 일어날 수 있다. 따라서 현대 사회는 디지털화와 프레카리아트화라는 두 가지 활동 속에서 자동화의 힘, 기술 진보, 소셜 네트워크에 대한 믿음을 뒷받침하는 일상의 검증되지 않은 프레임으로 존재한다. 알고리즘 사회의 이러한 제도적 특징은 새로운 취약성이 시간이 지남에 따라, 그리고 사회 구조의 점점 더 넓은 영역에 걸쳐 군집을 이루는 이유를 분명히 보여준다. 그 결과, 가령 자동화 기술에 직면해 고질적 불확실성에 처한 사람들에게 영향을 미친다. 하지만 균형이 맞지 않는 제도적 조건만으로는 자동화된 알고리즘 단계에서 프레카리아트화에 대한 좀 더 정교한 접근법을 개발할 때 고려해야 할 개별 변수나 심리적 반응의 범위를 포착할 수 없다. 다시 말해, 디지털 시대의 두려움은 단순히 인지적 왜곡이나 잘못된 신념 체계의 문제가 아니라 우리의 가장 깊은 감정적 감각과 정서적 헌신에까지 영향을 미친다.

두려움은 단순히 외부 위협의 지표나 사람들이 믿도록 교육받은 것에 대한 정서적 증상이 아니다. 두려움이라는 감정은 사회 구조나 실제 세상에 기록되어 있지 않다. 두려움은 외부 위험의 위협 못지않게 자신의 생각이나 신체에서도 쉽게 발산될 수 있다. 요컨대 우리 스스로가 만들어내는 다양한 형태를 띠는 것이다. 이 모든 사실은 스마트 알고리즘 시대에 두려움과 그 결과에 대해 사회적, 심리적 결정 요인을 적절히 종합해 주는 방식으로 생각할 그럴듯한 방법이 있는지 의문을 제기한다. 즉 사회적 요인과 심리적 요인이 어떻게 상호작용하는지 설명해 인간-기계의 상호작용 환경에서 일반적으로 불안, 그중에서도 두려움의 중요성을 부각하는 접근 방식을 개발하는 것이 가능한지에 대한 질문을 낳는다.

일각에서 불안은 심리학 용어가 확실한 반면, 두려움은 일상 언어에 속한다고 주장할 수도 있다. 키에르케고르는《두려움과 떨림》에서 불안은 "아무것도 아닌 것에 대한 두려움인 동시에 모든 것에 대한 두려움"이라고 설명한다.[18] 문헌 전반에서는 불안과 두려움의 중요한 차이점이 일부 강조된다. 다양한 심리학 담론에서 불안은 자유롭게 부유하고, 표류하며, 이동하고, 흩어지고, 확산되는 것이라고 정의한다. 반면 두려움은 구체적이고, 협소하고, 압박이 있으며, 국지적이다. 저명한 정신분석학자 오토 페니헬Otto Fenichel에게 두려움은 '길들여진 불안'이다.[19] 이 접근법의 핵심은 위협이 확인되거나 위험이 정의되면 불안은 '길들여진다'는 것이다. 이렇게 불안이 두려움으로 전환되면 다양한 '두려움 충동'(투쟁, 도피, 고정화, 부정)과 '두려움 시스템'(미국의 정치학자 해롤드 라스웰이 "불안의 파도를 헤쳐나가는 기술"로 표현한 집단 전략)이 등장한다.[20]

두려움은 다양한 역학 관계를 지닌다. 희망의 반대편에 있는 두려움의 감정은 제한된 생활 방식과 밀접하게 교차할 수 있다. 두려움은 섹슈얼리티와 마찬가지로 평생을 함께하는 동반자다. 하지만 두려움이 언제든 분출될 수 있고 불안이 언제나 내재돼 있는 게 사실이라고 해도 사람들은 이를 극복할 노력을 멈추지 않았다. 두려움을 견뎌보려는 시도는 다양한 형태로 나타난다. 물론 이는 고되고 피곤한 일이며, 그런만큼 실패하기 일쑤였다. 하지만 '길들여진 불안'이 있지만 비교적 안정적인 삶, 그러니까 두려움도 견딜 만해진 삶을 살 수 있는지 여부는 결국 사회에 달려 있다. 적어도 표면적으로 위협적 두려움을 억제하고 위협적 경험에 대처하는 전략을 세우는 것은 사회인 만큼 두려움이 적은 형태의 삶을 구축하기 위한 각 시대의 처방도 서로 다르다.

정신분석학자이자 철학자 에리히 프롬은 이 시대 우리의 걱정과 우려는 우리를 (타인과) 연결하는 사회적, 보편적 영역이 아니라 사적이고 분리된 삶의 영역"이라고 말했다.[21] 이 같은 관점에서 볼 때, 불안을 느끼는 수준은 경제적 두려움, 정치적 불확실성 또는 국제적 재난과 글로벌 재앙보다는 개인적인 두려움, 가족 불안 또는 친밀감에 대한 두려움에 의해 형성될 가능성이 더 높다. 프롬이 개인주의적이고 사유화된 형태의 불안을 강조한 것도 타당하지만 사람들이 사회적 두려움과 정치적 불안을 지속적으로 경험하는 것도 엄연한 사실이다.

뿐만 아니라 사적 영역이든 공적 영역이든 두려움을 무장 해제하고 무력화하려는 집단적 시도가 정치 사회에서 여전히 중요하다는 사실도 유념해야 한다. 하지만 프롬이 두려움의 위협을 평가할 때 사용한 사적/공적 구분 자체가 자동화 사회인 오늘날에는 의미가 없어졌다는 점이 더 중요하다. 알고리즘적 현대성의 시대에는 사적인 것과 공적인 것을 쉽게 구분할 수 없으며, 결과적으로 한 영역에서 다른 영역으로 상당한 '유출' 또는 '누출'이 발생한다는 사실이 명확해졌다. 알고리즘의 삶은 대부분 자동 조종에 따라 흘러가며, 공공과 민간, 사회와 개인, 제도와 개별의 익숙한 구분이 안팎으로 깨지고 자동성, 신경망, 딥러닝, 음성 인식 기술, 가상 에이전트 및 P2P 네트워크의 새로운 좌표 내에서 재구성되고 재편된다.

중요한 건 알고리즘 소프트웨어와 네트워크 흐름의 자동화된 메타파워 사회, 스마트한 기계와 똑똑한 사람들의 이 복잡한 상호 작용이 두려움, 불확실성, 불안의 세계에 새로운 형태를 제공하고 있다는 사실이다. 현재의 정치 질서는 오늘날 만연한 두려움을 억제하기 위한 새로운 전략과 함께 불안을 길들이기 위한 새로운 좌표에 기반을 두고 있다. 오늘날 우리는 정보 과부하에 대한 두려움부터 메타버스에 대한 두려움, 소셜미디어가 청소년에게 미치는 해로운 영향에 대한 두려움, 기술 실업에 대한 두려움, 알고리즘 편향에 대한 두려움, 챗GPT에 대한 두려움, 인공 일반 지능이 인간 지능을 앞지르게 될 것이라는 두려움 등 여러 두려움에 시달린다. 딥페이크와 잘못된 정보에 대한 두려움, 데이터 홍수에 대한 두려움, 로봇에 대한 두려움, 급속한 사이버 공격에 대한 두려움, 자율 드론 개발에 대한 두려움, CCTV 카메라와 감시 자본주의에 대한 두려움, AI가 사생활을 침해하거나 우리 모두를 쓸모없게 만들지 않을까 하는 두려움도 빼놓을 수 없다. 마지막으로 'AI로 인한 모든 두려움의 어머니'라 할 인공지능이 인류를 파괴할 것이라는 두려움이 있다. 이는 AI의 실존적 위협, 세상이 갑작스럽게 종말을 맞이할지도 모른다는 두려움이다.

나는 디지털 시대에 두려움의 중요성을 강조하면서 분노, 증오, 의심, 편집증 같은 다른 열정과 정서의 관련성을 격하시키고 싶지는 않다. 근대 이전, 또는 산업혁명 이후의 시대와 깊게 얽혀 있는 것으로 확인된 두려움의 지속적인 힘을 경시하고 싶지도 않다. 이 모든 시대에 만연한 불안을 야기하는 원천이 무수히 발굴되었기 때문이다. 호르크하이머와 아도르노는 '공허에 대한 두려움', 즉 다른 존재로 인식되는 것에 대한 무력한 동요야말로 현대인의 핵심 우려라고 파악했다. 데이비드 리스먼과 동료들은 《고독한 군중》에서 '다름에 대한 두려움'이 미국 대중문화에 만연한 순응주의의 핵심이라 지적했다. 그 문화에서는 공허한 타자 지향성이 사람들의 공허한 정서적 삶을 지배하고 있다.[22] 미국의 역사가이자 사회비평가 크리스토퍼 래시는 '최소 자아'라는 영역에서 혼자라는 사실이 불러오는 끔찍한 불안감을 강조했다.[23] 이 '최소 자아'는 '하루하루를 살아가는' 나르시시즘적 주체로, 작은 위기들이 연속되는 삶을 살아간다. 두려움 목록은 끝도 없이 계속 되지만 중요한 건 이렇게 오래도록 지속돼 온 두려움이 디지털 시대에 발생하는 새롭고 고유한 형태의 불안과 계속 교차하고 얽힌다는 사실이다.

오늘날의 알고리즘, 자동화 및 포스트휴먼 버전의 두려움은 앞선 근대적 형태의 불안과 모순되는 것으로 이해되기보다는 두려움, 예감, 그리고 걱정이 복잡하게 공존한다는 사실을 제시한다. 즉 디지털과 디지털 이전의 두려운 불확실성이 서로를 대체할 뿐 아니라 지속적으로 얽히고 있다. 알고리즘적 근대성은 모든 형태의 사회 조직과 마찬가지로 가정, 가족, 자아 정체성, 민주주의, 국가, 경제, 정치, 공공 영역 등 사회 전반의 구조적 속성을 제도화한 것이다. 이는 위협적 두려움, 골치 아픈 불확실성, 두려운 위협의 프레임, 협상 및 재협상을 위한 방법을 검증하는 문화적 레퍼토리를 확립하고 인코딩한다. 이들 두려움은 사회적, 문화적으로 자동화 공포, 소셜미디어 공포, 인공지능에 대한 불안, 디지털 허위 정보에 대한 공포, 기술 및 감시 공포 등 다양하게 나타난다. 이러한 두려움을 하나의 연결고리로 묶어주는 단일한 지배적 불안감은 존재하지 않는다. 실제로 두려움의 알고리즘 방식은 비트겐슈타인의 '가족 유사성'(불안에 대한 대응 방식이 공통분모를 갖기보다는 여러 특징을 복합적으로 공유하는 현상) 개념의 좋은 예시처럼 보인다.

이 마지막 장의 나머지 부분에서는 알고리즘 시대에 발생하는 두려움에 대한 잠정적 목록을 제시한다. 이 목록은 오늘날 우리가 직면한 어려움의 해소를 위한 청사진이라기보다는 어려움을 가늠하기 위한 소박한 기여로 간주되어야 한다. 이 개요가 디지털 시대에 빠르게 확산되고 심화되는 두려움에 대한 성찰과 연구를 촉진하는 한편, 이를 바탕으로 재조정과 회복을 위한 시도가 이루어질 수 있기를 희망한다.

감시 사회에 대한 두려움

2023년 여름, 영국 반독점 규제 당국은 스마트 진공청소기 룸바를 제조하는 가정용 로봇 제조업체 아이로봇을 아마존이 17억 달러에 인수하도록 승인했다. 수많은 비평가와 개인정보 옹호자들은 이 거래를 두고 빅테크 기업이 데이터를 점령해 이윤을 극대화하려는 또 다른 사례라며 위험성을 경고했다. 독점규제 전문가 론 녹스[Ron Knox]는 〈애틀랜틱〉에 기고한 글에서 이 같은 우려를 한마디로 요약했다.

이번 합병은 로봇청소기 산업이나 스마트홈 기기를 장악하기 위한 것이 아니다. 룸바를 소유한다는 건 세계에서 가장 지배적인 스파이 기술 제조업체가 우리 가정과 생활에 대한 또 다른 포털을 갖게 된다는 뜻이다. 우리가 어디에 사는지, 무엇을 소유하는지, 수억 명의 고객을 대상으로 무엇을 판매해야 하는지를 파악할 수 있다.[24]

빅데이터 자동화 세계는 알고리즘 과잉을 통해 소비지상주의 시장을 강화하기 위한 장치로 볼 수 있다. 녹스가 봤을 때 아마존은 알고리즘을 활용해 고객을 유인해 온 만큼 룸바 인수를 통해 가정 공간 및 실내 평면도를 구축할 수 있게 되면서 이 같은 관행이 강화될 확률이 높아진 것이다.

감시가 두 배로 강화되는 데 대한 녹스의 문제 제기는 시의적절하다. 우리는 여전히 정통적 형태의 권력과 감시 체계에 따라 조직된 탈산업 사회에 살고 있지만 어떤 의미에서는 이미 그러한 사회를 넘어 디지털 지식과 전문성의 시스템 안에서 살고 있다. 사회심리학자이자 철학자 쇼샤나 주보프가 '감시 자본주의'라고 부르는 것은 '행동 선물 시장'에서 개인 데이터를 감시, 조작, 판매하는 것을 포괄하는 알고리즘적 현대성의 차원이다.[25] 구글, 페이스북, 아마존 및 기타 거대 기술 기업들이 이러한 데이터 감시 절차를 개척했으며, 데이터 집약적인 인공지능이 점점 더 다양한 스마트 제품과 서비스에 통합되고 있다. 룸바는 이러한 기술의 대표적인 예로 머신러닝 알고리즘이 사람들의 집, 생활 패턴 및 기타 개인 정보에 관한 방대한 데이터를 유포해 가장 비싼 가격의 표적 광고로 기능할 수 있다.

이 새로운 권력 갈등의 핵심은 컴퓨팅 파워와 세계 경제의 변화뿐 아니라 수많은 개인에 대한 알고리즘 감시다. 이들이 다양한 방식으로 수익을 창출하는 방대한 양의 디지털 정보를 제공하는 것이다. 아이로봇의 자율 와이파이 지원 시스템은 반응형 알고리즘을 사용하여 가정을 탐색하고 지도화하며, 머신 비전 및 내장 카메라와 함께 사람들의 집 내부에서 수만 개의 이미지를 수집하는 내장 카메라를 활용해 집 내부의 수만 개 이미지를 수집한다. 일부 비평가들은 집 내부 매핑이 일종의 데이터 수집 실험실이 된 상황에서 신기술에 대한 통제가 정치적 문제가 되고 있다고 강력하게 주장한다. 저널리스트 에일린 궈Eileen Guo는 〈MIT 테크놀로지 리뷰〉에서 룸바 같은 스마트 머신이 수집하는 데이터가 특히 어떤 면에서 침략적 성격을 갖는지 설명했다.

2020년 가을, 베네수엘라의 임시 노동자들은 업무 논의를 위해 모인 온라인 포럼에서 여러 장의 이미지를 올렸다. 사진에는 평범하고, 때로는 지극히 사적인 집안 상황들이 낮은 각도에서 촬영돼 있기도 했다. 여기에는 인터넷에 공유되는 게 싫을 수밖에 없는 사진들도 포함되었다. 한 사진에서는 라벤더색 티셔츠를 입은 젊은 여성이 변기에 앉아 반바지를 허벅지 중간까지 내린 채 앉아 있었다. 이 이미지는 사람이 아닌, 아이로봇 룸바 J7 시리즈 개발 버전 로봇 청소기로 촬영되었다.[26]

기술 기업들은 이렇게 사적이고 민감한 이미지를 축적함으로써 감시 사회에 대한 우려를 훨씬 뛰어넘는 결과를 초래할 수 있다. 알고리즘을 훈련시키기 위해 잠재적으로 민감한 데이터를 배포하는 현재의 관행은 오늘날 확대된 데이터 생태계가 가진 문제의 빙산의 일각에 불과할지도 모른다. 물론 변기에 앉은 젊은 여성 이미지는 사생활 침해 정도가 이례적으로 높기는 하지만, 전 세계의 데이터 분석가와 프리랜서 근로자들이 이 같은 이미지를 입수해 소셜미디어에 게시한 것은 전 세계 곳곳에서 점점 더 확산되는 감시 공포증을 강화하는 역할을 할 수 있다.

정보에서 소외될지 모른다는 두려움

오늘날 우리는 만성적 과부하 상태에 살고 있다. 알고리즘 시대의 불확실성으로 불안감이 커지면서 디지털 네트워크로 연결된 정보를 관리하기가 특히 어려워졌으며 두려움의 원천 또한 더욱 다양해졌다. 알고리즘적 근대성은 사실, 수치, 세부 사항 및 관련 세부 사항을 흡수하는 인간의 능력이 결코 따라잡지 못할 만큼 세상을 정보화시키고 있다. 2023년, 전 세계는 매일 3억 2,800만 테라바이트가 넘는 데이터를 생성했다. 오늘날 속도의 기술은 감각의 혼란을 초래하며, 사람들은 정보를 삶에 억지로 끼워 넣고, 데이터 업데이트를 일상 활동에 접목시키려 분주하게 움직인다. 디지털 시대의 이러한 삶의 가속화는 사회학과 교수 주디 와이즈먼의 말처럼 우리가 끊임없이 '시간의 압박에 시달린다'는 사실을 의미한다. 정보 과부하의 세계에 대처하고 대응하는 것은 인간의 '생물학적 능력'을 초월하는 속도로 시간과 경쟁한다는 관점에서 이해할 수 있다.[27] 하지만 특히 생각하고 다른 방식으로 계획할 시간조차 박탈하는 거대한 디지털 가속에서 빠져나갈 방법은 없어 보인다. 사회학자 헬가 노보트니는 오늘날 초고속 사회의 시간 블랙홀을 이렇게 표현했다. "우리는 교통, 통신, 엔터테인먼트나 정보처럼 다운로드받고 통합하도록 제시된 것들을 사용하기 위해 시간을 분배해야 한다."[28] 디지털로 압축된 글로벌 네트워크의 '시간 노예'(노보트니)로서 이메일에 허우적대고 소셜미디어 게시물에 압도되며 디지털 할 일 목록에 소진되는 이들이 갈수록 늘고 있다.

이러한 디지털 스트레스는 개인 생활의 영역에 직접적인 영향을 미친다. 하지만 정보 과잉은 교묘한 광고 전략, 그리고 '시간에 쫓기는' 삶의 성가신 딜레마를 시장 논리에 따라 보상하는 소비 산업에 의해 적절히 활용되기도 한다. 오늘날 정보 과부하의 고통을 해결하기 위해서는 데이터를 제한하는 게 아니라 데이터와 데이터 산물로서의 삶을 좀 더 체계적으로 조직할 수 있는 시스템이 필요하다.《정리된 마음: 정보 과부하 시대에 똑바로 생각하기 Organized Mind: Thinking Straight in the Age of Information Overload》,《함께 살아갈 알고리즘: 인간 결정의 컴퓨터 과학 Algorithms to Live By: The Computer Science of Human Decisions》,《정보 과부하 극복하기 Overcoming Information Overload》,《AI의 시대에 경쟁하기Competing in the Age of AI》,《알고리즘과 네트워크가 세상을 지배할 때의 전략과 리더십Strategy and Leadership when Algorithms and Networks Run the World》,《포용: 인공지능을 통한 행복 추구Embrace: In Pursuit of Happiness through Artificial Intelligence》, 그리고《설계된 AI: 인공지능과 함께 살아가기 위한 계획AI by Design: A Plan for Living with Artificial Intelligence》 등 최근 베스트셀러 도서의 제목만 봐도 정보 과부하에 대한 두려움에서 벗어나기 위한 방법을 저렴하게 구매하려는 소비주의적 시각이 널리 퍼져 있음을 알 수 있다. 디지털 시대에 포위당한 정체성을 겨냥해 교육적이고 선언적이며 개인적이지만 지극히 세속적이고 값비싼 계획이 확산되고 있다. 디지털 범람 우려와 탈출을 향한 환상이 서로를 사육하고 강화한다.

이 모든 것의 핵심은 데이터 관리의 부담을 개인 수준에서 스마트 머신으로 옮기는 것이다. 이를 위해서는 삶의 부분적 아웃소싱이 권장된다. 데이터 관리를 자동화 기계 지능에 위탁해 사람들 간 경제, 사회, 문화 및 물질적 관계뿐 아니라, 나아가 자신과 사회의 관계도 재구성하는 것이다. 개인의 의사 결정을 스마트 머신에 위탁함으로써 정보 과부하의 두려움, 예감과 불확실성에서 벗어날 수 있다는 믿음은 일종의 망상이다. 하지만 이 같은 환상이 아웃소싱된 삶을 사는 이들은 엄청난 이점을 누린다는 소비주의적 진언을 뒷받침한다. 아마 AI로 운용되는 업무 관리 프로그램이 마법처럼 느껴질 것이다. 자동 소프트웨어 설치는 곧 성가시고 반복적인 일상 업무의 증발을 의미하기 때문이다. 하이브Hive, 허브스폿HubSpot, 재피아Zappia

등 앱 내 자동화를 제공하는 데이터 관리 프로그램은 반복되는 일상 업무를 간소화해 준다. 메일침프Mailchimp 같은 플랫폼은 자동화의 필요성을 강조하고 매일 쏟아지는 이메일 메시지에 대응할 수 있는 새로운 체계를 만들어준다. 이 같은 셀프 자동화 윤리는 구글의 듀엣AI를 통해 한 단계 더 발전한다. '나를 위해 메모하기' 기능을 활성화하면 온라인 회의 중 내용을 요약하거나 실행 항목을 정리하고, 회의에 늦었을 때 중간 요약을 제공받으며, 놓쳤을 수 있는 세부사항을 구글 챗봇의 도움으로 재검토할 수 있다.[29]

자동화된 라이프 스타일의 완벽성이란 주체성과 알고리즘이 안정과 질서의 원칙에 따라 통합된 특이점 스타일의 조화로 개념지어진다. 물론 두려움은 자동화된 라이프 스타일의 형성 및 유지 관리에 사용되는 디지털 아웃소싱을 구축하는 도구로 자리매김했다. 업무를 이렇게 지속적으로 아웃소싱하는 것은 데이터 관리를 위해서가 아닌, 데이터 관리의 부담에서 벗어나 이 시대의 위대한 디지털 혁명을 구축할 다른 가능성과 대안의 잠재력을 끌어내기 위해서다. 자동화된 생활은 아웃소싱의 엄청난 잠재력과 속도뿐 아니라 아웃소싱과 오프쇼어링이 갖춰야 할 책임이나 의무가 결여된 것을 선호한다. 자동화로 인해 일상적으로 디지털화를 끝없이 탐구하고 특유의 경험에 적응하게 되면서 사람들은 중요한 기회를 놓치지 않을까 전전긍긍하고 있다. 정보의 새로운 물결에 잠식되는 것이 갈수록 일종의 소비 행위로 이해되고 있다. 오늘 정보 과부하에 시달려 자신을 방치하더라도 내일은 더 나은 생활을 위한 자동화 소프트웨어에 위탁할 수 있는 것이다. 하지만 이러한 태도는 우리가 가능한 자유를 박탈당했다는 좌절감, 즉 '놓치는 것에 대한 두려움'에 뿌리를 두고 있다. 끝없이 펼쳐진 선택지에 포위된 채 디지털 시대를 살아간다는 것은 놀라운 불확실성, 그리고 영원히 부족할 것이라는 끔찍한 두려움에 대처해야 한다는 것을 의미한다.

해킹당할지 모른다는 두려움

개인 가상 비서에 대한 낙관적 분위기는 빅테크 이데올로기의 투명성과 밀접하게 연관된 듯 보인다. 애플의 시리, 구글 어시스턴트, 아마존의 알렉사 등 음성 제어 디지털 비서의 생태계에서 일부 데이터 수집 활동은 현대 사회의 개인화와 맞물려 이루어지는 한편, 자기 인식, 자기 학습 및 셀프서비스 기술의 폭발적 증가는 코드가 거의, 혹은 전혀 필요하지 않은 자동화 환경의 확산을 완벽하게 보여준다.[30] 아마존이 2014년 출시해 현재까지 5억 대 이상의 디바이스를 판매한 알렉사의 경우, 자기 학습 자율 시스템이 어떻게 '자아의 새로운 시대'를 열어젖혔는지 요약적으로 보여준다. 개인 가상 비서 생태계에서 가장 중요한 기술 발전은 음성 인식이나 자연어 이해 시스템의 발전이 아니라, 최종 사용자와 기업 개발자 모두에게 더 높은 수준의 일반화 가능성과 자동화를 제공하는 결합 기술이다. 여기서 '일반화 가능성'이란 고객의 암묵적 의도까지 추론할 수 있는 기술 역량을 의미한다. 예를 들어 알렉사에게 오늘의 해변 날씨에 대해 질문하면 가장 가까운 해변으로 이동하는 데 걸리는 예상 시간도 함께 알려주는 식이다. 적어도 광고에 따르면 이는 자동화 가상 비서와 개인적으로 상호 작용하는 데 새로운 차원의 '상식적 추론'을 보장해 준다.

개인이 자신의 의사 결정을 자동화 시스템에 정기적, 일상적으로 위임하고 싶은 마음이 들려면 스마트 알고리즘의 편리함과 역동성을 끊임없이 상기해 주는 것이 좋다. 따라서 알렉사 허브는 "당신의 일상을 편리하게 만들어주는 아마존의 클라우드 기반 음성 서비스 알렉사를 만나보세요."라는 광고 문구를 내건다. 알렉사를 지원하는 에코 스마트 스피커, 비디오 초인종, 3D 동작 감지 기능이 있는 투광 조명 카메라 등 다양한 옵션은 즐거운 시간과 개인 중심적 라이프 스타일을 원하는 소비자 욕구가 어느 때보다 높아지면서 등장했다. 이는 세상의 방향성과 선택을 개인의 영역에서 스마트 기기로 이전하는 추세에 대한 마케팅 전략, 가치 판단, 인지 성향, 암묵적 가정이 밀접하게 연결된 서비스 영역(쇼핑이나 가사 지원부터 게임, 영화, TV에 이르기까지)을 '편리하게 만들어준다.'

이 같은 소비주의 신드롬에도 많은 이들이 여전히 디지털 음성 비서에 깊은 불안감을 가지고 있다는 것은 공공연한 사실이다. 두려움의 핵심은 알렉사 및 기타 관련 기기가 데이터를 대규모로 추출해 빅테크 기업의 배를 불리는 역할을 한다는 데 있다. 디지털 사회학자 욜랜드 스트렌거스^{Yolande Strengers}는 이들 기업에 대해 이렇게 말한다.

(이) 의제에는 각 개인이나 가구의 데이터를 추출해 이들을 대상으로 한 제품 및 서비스를 생산하고, 이들이 감당할 수 없거나 필요하지 않은 제품과 서비스를 판매하는 것이 포함된다. 또한 특정 주제를 두고 신뢰할 수 있는 정보와 사실에 의존하는 대신, 기업의 정치적, 사회적 선입견(또는 알고리즘의 사각지대)을 강요하는 것도 포함될 수 있다.[31]

그렇다면 나쁜 건 데이터 파워, 그리고 알고리즘이 제공하는 잘못된 정보의 결합이다. 이렇게 새로운 형태의 디지털 권력을 걱정하는 이들은 승자독식 정보 경제의 부상에 깊은 우려를 표한다. 하지만 모든 두려움이 빅테크 기업의 횡포에서 비롯되는 것은 아니다. 기술 혁신의 가속화에 따른 불안감과 취약성, 자동화로 인한 무력화 공포 등 기계 자체에도 무언의 위험이 도사리고 있는 만큼 두려움은 언제든 닥칠 준비가 되어 있다. 게다가 이 같은 두려움은 자동화 기계 지능이 언제 통제 불능 상태가 될지 모른다는 광범위한 불안을 유발한다. 아마존 알렉사가 최근 악용된 일부 사례에 대해 알아보자.

- 독일의 한 아마존 고객은 실수로 다른 고객의 기기에서 약 1,700개의 오디오 파일을 전달받았다(회사에서는 이를 '안타까운 사고'로 설명했다).[32]
- 샌프란시스코의 한 알렉사 사용자는 자신의 기기가 자동으로 활성화되어 "눈을 감을 때마다 사람들이 죽어가는 모습이 보여

요"라는 말을 끝없이 반복한다고 불평했다.

- 2018년, 오리건주 포틀랜드에서 알렉사가 어느 가족의 사적 대화를 녹음한 뒤 그 가족의 연락처 목록에 있는 이들에게 해당 오디오 파일을 무작위로 전달했다.[33]
- 2019년, 알렉사 지원 기기가 한 여성에게 폭력적이고 잔인한 언어로 "대의를 위해 당신의 심장을 칼로 찌르라"고 말하는 등 자살을 종용한 사건이 널리 보도되었다. 이 사건으로 여성은 큰 충격에 빠졌다.

삶의 전략과 실제 개인의 삶 사이에 부당한 격차가 존재한다는 흥미로운 연구 결과가 있기는 했지만 현대 기술 사회에서 두려움의 분포 수준에 대한 연구는 거의 이루어지지 않았다. 물론 스마트 기계가 통제를 벗어날 것이라는 불안, 그리고 폭력과 파괴에서 쾌락을 느끼는 인간의 본성을 자동화 기계 지능이 지속적으로 자극할 것이라는 불길한 예감 사이에는 분명 차이가 있다. 후자의 두려움을 인정한다는 것은 첨단 디지털 기술이 어떤 의미에서는 사회 파괴적 감정의 발원지 역할을 할 수도 있음을 인정하는 것이다. 대표적인 예가 바로 해킹이다. 2023년, 캐나다 출신의 아이스하키 선수 셸비 레이드로Shelby Laidlaw의 전 연인 헤산 메흐메트Hessan Mehmet가 홧김에 그녀의 아마존 알렉사를 해킹해 기소된 사건이 언론에 대대적으로 보도된 적이 있다. 13년간 연인이던 레이드로 사이에서 두 아이까지 둔 메흐메트는 알렉사를 도청해 그녀의 대화를 엿듣고 감시했다. 하지만 기술을 사용한 염탐 행위는 메흐메트의 내면에 더 큰 동요를 일으킬 뿐이었다. 그는 결별 후 레이드로의 대화를 들을수록 더 큰 분노를 느껴 급기야 외부로 표출했는데, 이는 어쩌면 무너지지 않기 위한 방편이었을 수 있다. 그는 "또 다른 방식의 통제를 위해 불편한 시간대에" 알렉사를 차지하고는 레이드로의 집에 시끄러운 음악을 틀어놓았다.[34] 스마트 기술을 폭력적으로 활용한 이 분노는 결국 개인적 신변 위협으로 번져 메흐메트가 레이드로의 얼굴에 염산을 뿌리고 칼로 찔러 살해하겠다고 협박하는 사태로까지 발전했다.

레이드로에 관한 언론 보도 이후 상당한 동정 여론이 일었다는 사실에 주목해야 한다. 그녀의 기술 스토킹 공포가 더욱 광범위한 사회적 두려움의 연장선에 있다는 사실이 동질감으로 표출된 것이다. 일부 비평가들은 두려움과 공감(또는 동정심)이 밀접하게 연결돼 있다고 주장한다.[35] 저명한 문화비평가 테리 이글턴에 따르면 "우리는 언제든 겪게 될까 봐 두려운 일을 직접 겪은 타인을 동정한다. 그리고 한 가지 감정을 느끼지 못하는 이는 다른 감정에도 무감각하다."[36] 만약 사람들이 자신이 두려워하는 것을 동정한다면, 그리고 외부의 혐오스럽고 끔찍한 양상에서 내면의 두려움을 발견한다면 자동화 기계 지능이 불안과 공포와 공황을 뒤섞어 그것을 피할 수 없도록 만드는 것 아닐까? 이글턴은 이에 대한 유용한 가이드를 제시한다. "대상이 너무 친밀해 고통이 우리 자신의 것처럼 보일 때 동정은 두려움으로 변한다. 그렇다면 한계에 다다랐을 때 두 감정은 거의 구분할 수 없게 된다. 두 감정의 바탕은 모두 상상력인데 동정은 타인의 감정을 재구성하는 상상력이, 두려움은 자신에게 일어날 수 있는 일에 대한 상상력이 뿌리가 된다."

이 같은 교차점은 중요하다. 타인에게 벌어지는 일에 대한 고통이나 사회적 폭력의 피해자에 대한 동정심은 자신에게도 그와 같은 공포가 닥칠 수 있다는 예감으로 이어진다. 이러한 두려움을 인정하는 것은 자동화 기계 지능이 우리의 사생활을 규정하는 동시에 내적으로 파괴할 수도 있다는 고통스러운 가능성을 제기한다. 알렉사 해킹의 사례에서 알 수 있듯, 이 같은 관점에는 사회 문제와 두려움에 시달리는 사람들에 대한 연민 역시 일종의 자기 지식을 구성한다는 도발적 해석도 포함된다. 물론 해킹 기술에 관한 한 우리가 실망의 위기와 두려운 위협에 지속적으로 노출돼 있다는 사실은 갈수록 명확해진다. 톰 위긴스Tom Wiggins에 따르면 사람들이 스마트 장치 해킹에 느끼는 두려움에는, 비중이 큰 순서대로, '음성 스쿼팅'(위조 기술), 도청, '커넥티드 홈 해킹'(외부인이 알렉사에게 요청하는 경우), '섀시 해킹'(악의적 목적으로 설계된 가짜 기기), '레이저 해킹'(레이저를 사용해 스마트 스피커의 마이크 활성화), '음성 기록 해킹'(불량 기술을 설치해 전체 음성 기록에 접근) 등이 있다.[37] 이 같은 목록은 오늘날의 두려움에 해킹 기술이 깊이 관여한다는 사실을 다시 한 번 보여준다. 결국 기술이 위협의 한 형태라는 인식이 확산되고 있는 것이다.

디지털 시대의 두려움, 이 악순환을 끊으려면

지금부터 나는 이 책 전반에 걸쳐 논의한 이슈들을 자동화 알고리즘 사회의 향후 전망과 연결해 살펴보려고 한다. 우선 지금껏 제시해 온 주장들을 대략 요약하면 다음과 같다. 머신러닝 알고리즘과 현 단계의 딥러닝은 개인의 결정과 일상 업무를 AI와 자동화 메커니즘에 위임함으로써 수많은 사회 영역과 삶의 방식을 단순화해 왔다. 하지만 이와 동시에 알고리즘에 의한 정량화가 이루어지면서 이전 시대에는 거의 알려지지 않았던 새로운 종류의 불안과 공포가 피어나고 있다. 그중 하나가 문화적으로 만연한 '공포 시스템'으로, 이는 매일같이 처리하고 결정해야 하는 데이터가 넘쳐나는 데 따른 긴장과 불안함을 의미한다. 정보 과부하는 오늘날 우리가 겪고 있는 디지털 혁명의 '위협'을 구성하는 기본 요소임이 틀림없다. 이 같은 정보 과부하 앞에서 개인의 삶과 사회적 처신을 결정하는 건 모호한 두려움이다. 온라인 속 삶과 실제 일상의 균형을 맞추려 할 때마다 자유를 박탈당하는 느낌, 소외될 수 있다는 두려움 역시 자동화 사회의 근본적 심리 문제로 자리 잡았다. 이 같은 현상을 일상에서 생성되는 기술 논리적 예측에 대한 광범위한 오해로 바라볼 수도 있지만 실제로 이는 '자아의 탈숙련화'를 의미한다. 과학과 기술에 대한 현대 비평에 힘입어 자동화 기계 지능이 추천을 가장한 처방, 계산을 빙자한 금지를 시행한다는 사실이 갈수록 명확해지고 있다.

자동화 알고리즘 사회에서는 이 같은 자기 변위 프로세스가 점점 더 확산된다. 그 이유 중 하나는 AI에 위임하는 결정과 업무가 많아지면서 자아는 스스로 움츠러들고, 그 결과 상상력과 창의력이 빈곤해지기 때문이다. 4장에서 간략히 살펴본 하버마스의 현대 비평 이론의 관점에서 봤을 때 현재 갈수록 첨예해지는 '기술주의'와 '인간' 사이의 갈등에서는 전자가 후자를 침범하고 식민화해 개인의 정체성 요소를 자동화의 기술 논리에 따라 재조직한다. 하버마스의 핵심 통찰을 다시 한번 상기해 보면 "최대의 도달 범위를 가진 기계는 인간을 자연으로부터, 동료 인간으로부터, 그리고 마침내 자기 자신으로부터 제거한다." 다시 말해 자동화 기술이 일상에 침투함에 따라 자아의 정서적, 지능적 역량이 훼손되기 시작했으며 그 과정에서 사회적 상호작용과 문화적 자산 역시 주변부로 밀려났다는 것이다.

하지만 오늘날 우리는 알고리즘 기술과 인간성 프로세스 간 충돌을 새로운 방식으로 고찰해야 한다. 디지털 기술이 사적, 공적 영역 모두와 충돌하는 복잡한 방식, 그리고 인간과 기계가 갈수록 복잡하게 얽히면서 발생하는 가능성과 제약의 지평까지 새로운 관점에서 바라봐야 한다.[38] 물론 여기에는 광범위한 정치 문제가 연결되어 있다. 하지만 디지털 시대의 공포가 어떤 결과를 가져올지 인지하는 것만으로 오늘날 인간과 기계의 상호작용에 대한 논쟁을 촉발하고 더 깊이 있게 끌어갈 수 있다. 내가 알고리즘적 현대성이라고 일컫는 세계는 행동 예측 시장에서 방대한 개인 데이터가 끊임없이 상품화될 뿐 아니라 새로운 형태의 두려움을 압도적 방식으로 생성한다는 점에서 불길하다.

스마트 알고리즘을 바탕으로 하는 오늘날의 하이테크 문화는 우리 각자가 처한 환경 및 상황에서 의도적으로나 우연히 흡수하는 것들을 반복 강화한다. 세상을 일련의 전산적 계산과 정량화된 데이터로 제시하며, 삶에서 추구하는 가치는 기계 학습 알고리즘에 따라 인코딩하고 사회적, 기술적으로 아웃소싱, 오프쇼어링, 파편화, 분절화, 주변화의 절차를 거친다. 알고리즘 사회에서 의사 결정은 매일 스마트 기계에 아웃소싱되는 만큼 그에 대한 생각 따위는 할 필요 없이 이따금 마우스를 클릭하는 찰나의 순간에만 주의를 기울이면 그만이다. 주의를 요하는 문제가 지속적으로 발생하더라도 자동 계산 기계에 아웃소싱하는 순간 해결되며 그 후엔 의사 결정 아웃소싱의 또 다른 주기가 진행되는 것이다. 이처럼 인간과 기계가 복잡하게 얽혀 있는 상황에서 알고리즘이 사람, 데이터 및 기타 알고리즘의 정보 속성을 바탕으로 행동을 끊임없이 학습, 구성, 생성 및 승인까지 하다 보니 개인이 자율성을 발휘할 역량은 점점 더 퇴화하고 있다.

현대의 알고리즘 시스템이 인간의 자율성을 위축 혹은 질식하게 만드는 것도 문제지만 오늘날의 여건상 사람들이 매일같이 스마트 기계에 의존할 수밖에 없다는 데 더 큰 우려가 있다. 내가 이 책 전반에 걸쳐 주장했듯 문제의 핵심은 결국 정보 과부하다. 장 보드리야르가 적은 것처럼 "우리는 갈수록 정보는 많아지고 의미는 줄어드는 세상에 살고 있다."[39] 보드리야르는 알고리즘의 지배가 확산되기 훨씬 전부터 정보 과부하에 대한 경종을 울렸다. 이후 현대 기술의 발전 속도가 기하급수적으로 증가하면서 최신 기술 발전을 따라잡지 못하거나, 흥미로운 대안과 새로운 삶의 길을 놓쳐 뒤처질 수 있다는 사람들의 두려움도 고조되고 있다. 삶의 과제에 제대로 대응하지 못하고 있다는 개인의 정신적 혼란 역시 디지털화의 열차를 놓쳤을 때 나타나는 대표 현상으로 간주된다.

세상이 이렇다 보니 디지털 기술로 일상을 관리하는 사람들이 많아지는 것은 당연지사다. 한 치 앞도 예측할 수 없는 삶을 머신러닝 알고리즘과 자동화 추천 시스템의 예측 능력에 의존해 관리하는 것이다. 이처럼 정확한 알고리즘 계산과 정밀한 디지털 설계로 이루어진 새롭고도 즐거운 세상은 오늘날 정보 과부하에 직면한 개인의 두려움이 상상력을 꽃피워 창조되었다. 개인의 선택을 스마트 알고리즘에 위임해 끊임없이 강화되는 의사 결정의 요구로부터 자유로워지는 것이 오늘날 문화적으로 승인된 두려움을 극복하기 위한 청사진으로 등극했다. 행위의 자동화, 알고리즘 추천 기술에 의존하는 삶을 사는 것은 그렇게 함으로써 일상의 혼란과 고통, 그리고 공포에서 벗어나 정서적 교착 상태를 해소할 수 있기 때문이다. 이것이 기술이 갖는 핵심적인 매력이다.

그렇다면 인간 에이전트와 자동화 지능형 기계의 관계가 이렇게 빠르게 변화하는 상황에서 기본 기술 원리를 탐구하고 근본 기술에 의문을 제기하거나 게임의 규칙에 도전하는 것은 실질적으로 어떤 의미를 지니는 걸까? 디지털 자동화로 인한 새로운 의사 결정 절차에 좀 더 유리한 제도적, 문화적 조건을 구체적으로 명시할 수 있을까? 알고리즘 사회에 대한 비판적 사회 이론은 다음과 같은 상황과 마주해야 한다. 즉 빠르게 발전하는 기술에는 본질적인 역사적 방향성이 없으며, 마찬가지로 기술적 지식에서 자유로운 '자기 입법적 행위자들' 또한 존재하지 않기에, 그들이 해방적인 사회기술 변화의 진정한 주체로 추켜세워질 수 없다는 것이다. 오늘날과 같은 알고리즘 기술 시대에 사람들이 의사 결정과 개인 취향을 스마트 기계에 맡기는 것에 영감을 받는 것만큼이나 흥미를 느낄 수 있다는 사실에 당황할 수도 있다. 하지만 혼란스러워할 필요는 없다. 자동화는 산업 근대성의 역사 발전에 깊이 뿌리를 두고 있으며, 우리 시대에 다양한 형태의 머신러닝 알고리즘과 자동화 기술의 발달로 더욱 뚜렷해지고 세련되며 혼란스러워졌다. 오늘날 사회 구성원들은 과거에 비해 인간의 통제를 덜 받는 동시에 개인 생활과 사적 영역까지 포괄하는 인간과 기계의 환경에서 활동해야 하는 상황에 처해 있다. 인공지능의 세계화와 인터넷 경제에서 빅데이터의 엄청난 규모로 더욱 광범위해진 세상이다. 또한 점점 더 많은 삶이 데이터 자체의 모델에 따라 재조정되고 재구성되면서 머신러닝 알고리즘이 개인 영역에 깊숙이 침투한다는 의미에서 더욱 집약적인 세상이기도 하다. 결과적으로, 우리가 좋든 싫든, 다양하고 다원적인 형태의 인간과 기계의 상호작용을 배양하는 것은 알고리즘 사회로 전환하는 데 선택이 아닌 필수가 되었다.

현대 사회의 자아는 디지털화, 데이터 소스화, 탈중심화된 데다 분산되고 이탈했다. 이는 아마 정체성과 자동화에 관한 현재의 논의에서 가장 중요한 개념일 것이다. 과거에는 비평가들이 타자성의 변덕과 문화 영역의 차이로 사람들을 해독할 수 없다고 생각한 시절이 있었다. 이 같은 경향은 오늘날 더 심해졌다고 해도 틀린 말이 아니다. 하지만 디지털 기술의 결정론적 힘 때문에 사람들이 항상 자신의 삶을 온전히 소유할 수 없다는 견해 역시 널리 확산되었다. 무엇보다 다양한 신기술이 결합해 예측 분석을 내놓기 때문이다. 이때 예측 통제의 주체는 경제적, 정치적 권력을 축적하고 있는 대기업과 행정 기관이다. 알고리즘 기술이 우리 삶에 깊숙이 침투하면서 우리는 식별 가능한 주체 없이 스스로 생겨나고 끊임없이 재창조하는 글로벌 문화의 확산에 직면하고 있다. 결국 현대 기술 문화의 기본 수칙은 스마트 알고리즘이 우리를 우리 자신보다 더 잘 알 때도 있다는 것이다.

　이는 현재 우리가 직면한 문제 못지않게 새로운 사고가 절실히 필요한 심각한 문제다. 인간과 기계의 상호작용으로 주체, 사물, 정보와 아이디어가 대규모로 재분배된 만큼 그에 상응하는 윤리를 정립하는 것이 사회 이론의 새로운 과제로 대두되었다. 나는 이 같은 윤리가 단순 규제를 넘어 인공지능의 투명성과 신뢰성, 그리고 안정성을 담보하는 입법을 통해 유도되어야 한다고 제안한 적이 있다. 이와 관련한 가장 광범위한 영역에 걸쳐 있는 입법은 기회와 위험 사이에서 균형을 맞추고자 하는 유럽연합이 개발했다.[40] 일부 논평가들은 이 같은 규제 노력이 오늘날의 지정학적 긴장, 특히 중국과 러시아 및 서방국 간의 갈등 때문에 전 세계적으로 급격한 혼란에 내몰릴 수 있다고 주장했다. 하지만 스마트 알고리즘이 넘쳐나는 시대에 어떤 종류의 균형 조치가 필요할지는 물론이거니와, 사람들이 자율적인 결정을 내리고 스스로 원하는 삶을 영위할 능력이 과연 있는가의 문제는 미궁 속이다. 사람들은 AI에게 결정과 업무를 위임하는 데 자극받는 만큼 매료되기도 하지만, 정작 더 큰 주의를 기울여야 하는 건 그 결과로 초래될 탈개인화된 사회다. 자동화로 이루어지는 행위는 사회생활의 역학을 변화시킨다. 개인의 결정을 스마트 기계에 위임할 경우 다양한 기능적 혜택과 새로운 기회가 생길 수 있지만 우리의 관심 폭은 좁아지고 욕구가 제한되기도 한다. 이 같은 관점에서 볼 때 우리가 향해 가는 길에는 '기회'보다 '위험'이 도사리고 있다고 볼 수 있다.

궁극의 위험에 처한 건 우리의 삶, 그리고 인생 프로젝트의 자율성이다. 개인과 사회생활에 대한 예측 공학이 어느 때보다 고도화되었다는 것은 그 원형이 되는 대상, 즉 인간 개인이 뭔가 '잘못됐다'는 의미를 내포하기 때문이다. 이는 심리학자와 철학자뿐 아니라 정책 입안자, 활동가, 시민, 지역 사회까지 근본적으로 우려해야 할 문제다. 기술 혁신이 상상할 수 있는 범위와 속도를 넘어 끝도 없이 계속되면서 규제 이니셔티브와 기업의 허울 좋은 솔루션만으로는 한계가 있음이 명백해지고 있다. 스마트 기계에 의사 결정을 아웃소싱하는 능력은 더 자율적인 삶을 영위하는 능력으로 이어지지 않았다. 알고리즘 불안 시대의 과제에 걸맞은 윤리가 무엇보다 정치적 차원에서 마련되어야 한다. 광의의 맥락에서 정치는 기존의 사회 질서와 대면할 때 우리의 가장 뿌리 깊은 동기와 감성을 잃지 않는 것이 얼마나 어려운지 상기해 준다. 따라서 사람들이 충만한 삶을 살기 위해 자신의 삶을 계속 자동화해야 한다고 생각하는 이유야말로 알고리즘 사회의 문화를 조사할 때 가장 중요한 정치적 질문 중 하나가 될 것이다.

현재의 사회 질서는 부분적으로 인간의 힘을 예측적으로 재설계하는 데 기반을 두고 있다. 인간이 하나의 종種으로서 AI와 상호작용하는 방식은 갈수록 커지는 '실존적 위협'으로 인식되었으며, 그에 따라 우리가 미래 세대에 물려줄 세상이 어떤 형태일지에 대한 논의도 수없이 이루어졌다. 이 같은 대화는 상당히 중요하다. 하지만 눈에 잘 띄지 않지만 결코 피할 수 없는 인공지능이 새로운 알고리즘 예측 및 정량화 모델을 바탕으로 기존의 사회관계를 어떻게 전복시키는가에 관한 대화 또한 시급하다. 이 같은 맥락에서 두려움과 불안은 어떻게 되는 걸까? 희망 대신 불길한 기운만 가득한 미래를 어찌해야 할까? 디지털 혁명 초기라 할 수 있는 지금은 모든 사회 병폐를 인공지능 탓으로 돌리기가 너무나 쉽지만 알고리즘 시대의 두려움을 파고든 본 연구에서 도출되는 결론은 매우 당혹스럽다. 한 가지 유력하게 예상되는 상황을 요약하면 사람들이 오늘날의 빅데이터 문화 속에서 느끼는 압박감과 소외감이 갈수록 커질 것이라는 점이다. 디지털 기술이 확산되면서 예측 알고리즘이 이른바 나의 진정한 욕구라고 하는 것들을 계속해서 제시해 주기 때문이다. 나는 이 같은 상황을 부채질하고 계속 이어지게 만드는 복잡한 사회적,

심리적 요인을 밝혀내고자 노력했다.

예측 분석의 영향력을 고려했을 때 누구든 삶에서 원하는 게 무엇인지 파악하는 것은 극도로 어려운 일이다. 우리는 설계된 예측과 계산된 확률이 일제히 알고리즘으로 인코딩되어 개인의 주체성을 대체하고 자율적으로 행동할 수 있는 능력을 위축시키는 것을 보았다. 예측 분석 덕분에 의심과 불확실성, 그리고 모호성이라는 두려움을 유발하는 요소가 사라지게 될 것이라는 약속은 계속 이렇게 부풀려진 채 떠돌고 있다. 실제로 알고리즘 계산과 자동화 추천 기술이야말로 디지털 시대의 불안감을 해소할 최적의 방법이라는 시각이 갈수록 확산된다. 데이터 분석 문화는 이 같은 악순환 속에서 도무지 끝날 기미가 보이지 않으며, 이는 사람들의 소외감이 커져만 가는 또 다른 이유로 작용한다.

반면 자율적 결정을 두려워하는 사회는 인간의 창조성과 문화적 모호성을 병적으로 평가절하한다. 기계 학습 알고리즘에 과도하게 의존해 지속적으로 계산된 예측에 따라 일상을 계획하는 건 실존적 불안에 대한 인위적 방어책이다. 하지만 두려움은 항상 양면성을 띤다는 점에서 자기충족적 예언으로 작동하는 예측 알고리즘의 위험을 강조하는 역할 또한 할 수 있다. 두려움은 세상을 급격히 위축시키는 환원주의의 한 형태지만 그 안에는 불안을 제거하려는 우리의 인위적 방어책이 다시 한번 실패할 것이라는 의심이 도사리고 있다. 전 세계를 거대한 예측 기계로 전환함으로써 정보 과부하와 빅데이터 문화에 대한 두려움을 강력하게 부정할 수 있겠지만, 사회적 삶은 불확실성의 연속이라는 본능적 직감으로 인해 이는 계속해서 실패할 수밖에 없는 프로젝트다. 헬가 노보트니는 다음과 같은 질문을 던진다.

> 우리는 과연 예측 분석이 우리의 가장 깊숙한 생각과 욕망에까지 침투해 지휘할 만큼 전적으로 예측 가능한 세상에 살길 원하는가? 이는 미래의 열린 지평이 다시 닫히는 결정론적 세계관으로 회귀함을 의미하며, 미래에 내재된 불확실성을 포기함과 동시에 통제라는 위험한 해결책을 선택함을 의미할 것이다. 아니면 우리는 완전히 예측 가능한 세계란 결코 달성할 수 없으며 환상에 불과하다는 사실을 인정할 준비가 되었는가?[41]

어쩌면 우리는 알고리즘 의사 결정 프로세스에서 이전에는 감춰져 있던 영역에 대한 조사가 시작되는 전환점에 있는지 모른다. 알고리즘 예측이 개인적으로나 정치적으로 맞닥뜨릴 수밖에 없는 유일한 미래가 아니라는 인식이 깨어나는 중일 수 있다. 이 시대를 새롭고 낙관적으로 이해하기 위해서는 디지털 시대의 두려움, 그리고 변화하는 불안의 지형이 밀접하게 연결돼 있음을 인지해야 한다. 현재의 모든 기술적 사고가 인간의 모호성을 타파하거나 복잡성을 해부하는 데 목표를 두고 있는 것은 아니다. 지금껏 살펴본 바와 같이 모호성을 수용하고 인간과 기계 간 상호작용의 복잡성을 인정하는 등 예측 지향성이 덜한 사고방식도 존재한다. 나는 이 같은 대안적 사고방식과 세계관을 알고리즘 시대와 연결해 더 깊이 있게 탐구하고 싶다. 불확실성과 두려움, 그리고 우발적 사태에 대처하고 참여하는 다양한 방식을 연구함으로써 사회과학의 새로운 영역을 활기차게 정립해 나갈 수 있을 것이다.

주석

서문과 감사의 글

1. Fyodor Dostoevsky, *The Brothers Karamazov*, trans. Constance Garnett, New York: Modern Library, 1996, p. 282.

1장 알고리즘의 지배, 만연한 불안

1. 오늘날 세계에 만연한 불안이 전적으로 머신러닝 알고리즘 때문은 아니라는 사실을 분명히 짚고 넘어가야 한다. 한편 여러 대중 서적과 학술 논문에서는 불안감 급증을 우리 시대의 두드러진 특징이라며 (직간접적으로) 강조한다. 다음 자료를 참조하라. Iain Wilkinson, *Anxiety in a Risk Society*, London: Routledge, 2001; Jane Parish, 'The age of anxiety', The Sociological Review 48(2), 2000, pp. 1-16; Joanna Bourke, 'Fear and anxiety; writing about emotion in modern history', *History Workshop Journal* 55, 2003, pp.111-33. 나는 이렇게 다양한 요인의 영향을 인정하기는 하지만 알고리즘이 새로운 형태의 두려움, 공포와 불길한 기분을 조장하고, 불안감을 전례없이 만연한 수준으로 확산시키고 있다고 주장하고 싶다. 게다가 이는 불안감을 유발하는

기존 문제에 대해 사회가 디지털 기술을 해결책으로 제시하면서 나타난 현상이다. 이 책을 구성하는 다양한 사례 연구에서도 동일한 주장을 내세운다. 하지만 그 외에도 다양한 요인이 있다. 예를 들어, 전 세계 정부는 현재 AI를 둘러싼 문화적 불안이 고조되면서 알고리즘 프로세스 도입을 꺼리는 비즈니스와 기업, 그리고 공공 기관이 갈수록 늘고 있다는 사실에 대한 해결책을 모색하고 있다. 이 같은 거부감으로 향후 공공 및 민간 두 부문에서 생산성 향상을 이끌어낼 알고리즘의 잠재력이 저해된다고 해도 틀린 말이 아니다. 그 결과, 오늘날 각국 정부는 알고리즘 시스템의 개발과 활용에 대한 대중의 신뢰와 믿음을 높일 방안을 적극 모색하고 있다. 하지만 이 같은 대응 전략 자체가 문화적 불안과 공포를 조장할 위험도 있다.

2. Consu Safak and James Farrar, *Managed by Bots: Data-Driven Exploitation in the Gig Economy*, Workers Information Exchange Report, 2021, p. 6, at https://5b88ae42-7f11-4060-85ff-4724bbfed648.usrfiles.com/ugd/5b88ae_8d720d54443543e2a928267d354acd90.pdf.

3. Safak and Farra, *Managed by Bots*, p. 7.

4. Safak and Farra, *Managed by Bots*, p. 6.

5. Safak and Farrar, *Managed by Bots*, p. 27.

6. Madhumita Murgia, 'Workers demand gig economy companies explain their algorithms', *Financial Times*, 12 December 2021.

7. Franz Kafka, *The Trial*, New York: Vintage Books, Random House, 1969.

8. 알고리즘 의사결정 프로세스의 대상이 되는 이들 중 무죄 추정 원칙이 아닌, 유죄 추정 원칙이 적용된 사례를 더 많이 찾아볼 수 있다. 가령 형사 사법 체계의 모든 단계(수사, 체포, 기소, 처벌)에서 알고리즘 도구를 사용하는 사례부터 (세계 반도핑 규약 관리 등) 국내 및 국제 스포츠 기구의 알고리즘 사용 증가, 오스트레일리아의 (이른바 채무 징수 자동화 스캔들 등) 복지 채무 회수 시스템 자동화 등에 이르기까지 다양하다. 관련해 다음 자료를 참조하라. Athina Sachoulidou, 'Going beyond the "common suspects": to be presumed innocent in the era of algorithms, big data and artificial intelligence', *Artificial Intelligence and Law*, 22 February 2023, pp. 1-54; Stuart E. Willick, Geoffrey

D. Miller and Daniel Eichner, 'The antidoping movement', *PM&R* 8(3), 2016, pp. 125–32; Geoffrey Mead and Barbara Barbosa Neves, 'Contested delegation: understanding critical public responses to algorithmic decision-making in the UK and Australia', *The Sociological Review* 71(3), 2023, pp. 601–23.

9. Kafka, *The Trial*, p. 278.
10. Anthony Elliott, *The Culture of AI: Everyday Life and the Digital Revolution*, London and New York: Routledge, 2019; and Anthony Elliott, *Making Sense of AI: Our Algorithmic World*, Cambridge: Polity, 2021.
11. Murgia, 'Workers demand gig economy companies explain their algorithms'.
12. Alex Rosenblat, *Uberland: How Algorithms Are Rewriting the Rules of Work*, Berkeley: University of California Press, 2018, p. 18.
13. Rosenblat, *Uberland*, p. 203. 이 지점에서 북미 문화에서는 아주 오래전부터 기술 역사가들 사이에 기술의 힘이라는 개념이 정립돼 있었다는 사실을 짚고 넘어가야 할 것이다. 예를 들어, 데이비드 나이는 스승인 레오 마르크스의 영향을 받아 '숭고함'의 경험, 즉 자연 현상이 일으키는 (두려움, 공포와 더불어) 경외감과 경이로움이 어떻게 점차 기술의 영역으로 편입되었는지 현대 미국인들에게 자세히 설명한다. 로키산맥, 그랜드캐니언, 사막 폭풍이나 화산 폭발이 선사하는 놀라운 경험을 '전기'의 행복, 고층 빌딩이 즐비한 대도시, 공장, 항공과 전쟁 기계를 통해서도 맛볼 수 있게 되었다. David E. Nye, *American Technological Sublime*, Cambridge MA: MIT Press, 1996. See also Leo Marx, *The Machine in the Garden: Technology and the Pastoral Ideal in America*, New York: Oxford University Press, 2000; and Jos de Mul, 'The (bio) technological sublime', *Diogenes* 59(1–2), 2012, pp. 32–40. I am indebted to Ross Boyd for bringing this work to my attention.
14. See Meredith Broussard, *More Than a Glitch: Confronting Race, Gender, and Ability Bias in Tech*, Cambridge MA: MIT Press, 2023; Wendy Hui Kyong Chun, *Discriminating Data: Correlation, Neighborhoods, and the New Politics of Recognition*, Cambridge MA: MIT Press, 2021; and Rowan Wilken, Jean

Burgess and Kath Albury, 'Dating apps and data markets: a political economy of communication approach', *Computational Culture* 7, 2019, pp. 1–26.

15. These quotations were reported in Megan McCluskey, '4 big takeaways from the Facebook whistleblower congressional hearing', *Time*, 5 October 2021.
16. James Dawes's comments appear in Felix Allen, 'Terrifying rise of AI "slaughterbots" programmed to kill', *New York Times*, 21 December 2021.
17. Mary Whitfill Roeloffs, 'Tesla exaggerated cars' driving range', *Forbes*, 27 July 2023.
18. Kyle Chakya, 'The age of algorithmic anxiety', *The New Yorker*, 25 July 2022.
19. See Anthony Giddens, *The Constitution of Society*, Cambridge: Polity Press, 1984, chapter 2.
20. See Jenna Burrell and Marion Fourcade, 'The society of algorithms', *Annual Review of Sociology* 47, 2021, pp. 213–37.
21. Judy Wajcman, *Pressed for Time: The Acceleration of Life in Digital Capitalism*, Chicago: Chicago University Press, 2015.
22. 'Bernard Stiegler on Automatic Society, as told to Anais Nony', *Third Rail Quarterly*, 9 July 2015, pp. 16–17, at http://thirdrailquarterly.org/wp-content/uploads/05_Stiegler_TTR5.pdf. See also Bernard tiegler, *Automatic Society, Volume 1: The Future of Work*, Hoboken, NJ: John Wiley & Sons, 2018; and Bernard Stiegler, *The Age of Disruption: Technology and Madness in Computational Capitalism*, Cambridge: Polity Press, 2019.
23. Jason Patel, 'How to automate your life (everyday automation)', *Zety*, 19 February 2021.
24. Byung-Chul Han, *Non-things: Upheaval in the Lifeworld*, Cambridge: Polity, 2022, p.
25. 데이터 경제의 급부상에 따른 정보의 혼재를 두고 한병철이 비평한 내용은 1세대 비평 이론의 특정 주제와 밀접하게 연관된다. 예를 들어, 1930년대 중반, 유명 문화 이론가 발터 벤야민은 정보 등 새로운 형태의 커뮤니케이션이 매스미디어의 부상과 함께 등장했다고 적었다. 그에 따르면 이 같은 발

전은 고대 스토리텔링 기술을 대체했고, 그와 더불어 경험을 교환하는 적극적 주체로서의 능력도 상실되었다. 벤야민이 말하는 '경험'은 이벤트와 사건의 직접 경험에 대한 반대 개념으로서 실질적 지혜와 그 활용을 의미한다. 그는 사람들이 실제로 그만한 경험 없이도 갈수록 노련해지고, 세계와 그 작용 방식에 대해 더 많은 지식을 갖게 되는 건 장점이라고 보았다. Walter Benjamin, 'The Storyteller: Reflections on the Works of Nikolai Leskov', in *Illuminations*, edited and with an introduction by Hannah Arendt, New York: Schocken Books.

26. Han, *Non-things*, p. 4.
27. Han, *Non-things*, p. 1.
28. See, among others, Anthony Giddens, *The Consequences of Modernity*, Cambridge: Polity Press, 1990; and Zygmunt Bauman, *Intimations of Postmodernity*, London and New York: Routledge, 1991.
29. See amongst others, Anthony Giddens, Ulrich Beck and Scott Lasch, *Reflexive Modernization*, Cambridge: Polity Press, 1996; Zygmunt Bauman, *Liquid Modernity*, Cambridge: Polity Press, 2000; and Nigel Thrift, 'The rise of soft capitalism', *Cultural Values* 1, 1997, pp. 29–57.
30. Helga Nowotny, *The Cunning of Uncertainty*, Cambridge: Polity, 2016, p. 165.
31. 불안의 구성에 관한 다양한 심리분석학적 관점은 나의 저서 *Psychoanalytic Theory: An Introduction*, 3rd edition, London: Palgrave, 2015에서 논의한 바 있다.
32. 이 맥락에서 신디오 솔루션의 창립자이자 최고 과학 책임자인 제브 아이겐이 오늘날의 포비아 목록에 '알고리즘포비아'라는 새로운 상태가 추가돼야 한다고 제안한 사실은 흥미롭다. 알고리즘으로 인한 두려움과 관련된 일반적 경향은 다음을 참조하라. Marcia Stepanek, 'The algorithms of fear', *Stanford Social Innovation Review*, 14 June 2016, https://doi.org/10.48558/TNR1-G347.
33. Among others, see Ross Boyd and Robert J. Holton, 'Technology, innovation, employment and power: does robotics and artificialintelligence really mean

social transformation?' *Journal of Sociology* 54(3), 2018, pp. 331-45; Ross Boyd, 'Work, Employment and Unemployment after AI', in A. Elliott (ed.), *The Routledge Social Science Handbook of AI*, London and New York: Routledge, 2021, pp. 74-90; Andrea L. Guzman and Seth C. Lewis, 'Artificial intelligence and communication: a human-machine communication research agenda', *New Media & Society* 22(1), 2020, pp. 70-86; Louis Everuss, 'AI, Smart Borders and Migration', in Elliott (ed.), The Routledge Social Science Handbook of AI, pp. 339-56; and Eleni Kosta, 'Algorithmic state surveillance: challenging the notion of agency in human rights', Regulation & Governance 16(1), 2022, pp. 212-24.

34. Nowotny, *The Cunning of Uncertainty*, p. 24.
35. See Elliott, *The Culture of AI: Everyday Life and the Digital Revolution*.
36. Anthony Elliott, *Identity Troubles: An Introduction*, New York and London: Routledge, 2015.
37. See T. Walsh, N. Levy, G. Bell, A. Elliott, J. Maclaurin, I. Mareels and F. Wood, *The Effective and Ethical Development of Artificial Intelligence: An Opportunity to Improve Our Wellbeing* (Horizon Scanning Series), Australian Council of Learned Academia (ACOLA), 2019, at https://acola.org/hs4-artificial-intelligence-australia.
38. Anthony Elliott, *Algorithmic Intimacy: The Digital Revolution in Personal Relationships*, Cambridge: Polity, 2022.
39. 나는 이 같은 경향을 저서 *Making Sense of AI*, 제3장에서 논의한 바 있다.
40. Nigel Thrift, 'The Rise of Soft Capitalism', in Andrew Herod, Geroid O Tuathail and Susan M. Roberts (eds), *An Unruly World?: Globalization, Governance and Geography*, New York and London: Routledge, 2002, pp. 39-85.
41. Shoshana Zuboff, *The Age of Surveillance Capitalism: The Fight for a Human Future at the New Frontier of Power*, New York: Public Affairs, 2019.
42. Adam Greenfield, *Everyware: The Dawning Age of Ubiquitous Computing*,

Berkeley: New Riders, 2010.

43. Adrian Mackenzie, *Machine Learners: Archaeology of a Data Practice*, Cambridge MA: MIT Press, 2017; Mark Andrejevic, *Automated Media*, New York and London: Routledge, 2019; M. Beatrice Fazi, *Contingent Computation: Abstraction, Experience, and Indeterminacy in Computational Aesthetics*, Lanham MD: Rowman & Littlefield, 2018; Louise Amoore, *Cloud Ethics: Algorithms and the Attributes of Ourselves and Others*, Durham NC: Duke University Press, 2020; Taina Bucher, *If... Then: Algorithmic Power and Politics*, Oxford: Oxford University Press, 2018; David Beer, *The Social Power of Algorithms*, New York and London: Routledge, 2019; Luciana Parisi, 'Recursive philosophy and negative machines', *Critical Inquiry* 48(2), 2022, pp. 313–33; Safiya Umoja Noble, *Algorithms of Oppression*, New York: New York University Press, 2018; Mark B. N. Hansen, *Feed-Forward: On the Future of Twenty-First-Century Media*, Chicago: University of Chicago Press, 2015.

44. Stiegler, *Automatic Society*, Volume 1.

45. Helga Nowotny, *In AI We Trust: Power, Illusion and Control of Predictive Algorithms*, Cambridge: Polity, 2021.

46. Anthony Giddens, 'A Magna Carta for the Digital Age', *New Perspectives Quarterly* 35(3), (Summer), 2018: 6–8

47. Deborah Lupton, *Data Selves: More-Than-Human Perspectives*, Cambridge: Polity, 2020.

48. Byung-Chul Han, *Infocracy: Digitization and the Crisis of Democracy*, Cambridge: Polity, 2022.

49. Katsundo Hitomi, 'Automation – its concept and a short history', *Technovation* 14(2), 1994, pp. 121-8. 히토미에게 자동화는 생산을 비롯한 모든 형태의 산업에서 전 과정을 스스로 운영하고 사무 업무를 컴퓨터화한다는 점에서 이전의 단독 자동 장치와 구분된다. 후자의 사례로 기원전 1세기에 헤론이 설계한 자동 조절 램프와 문, 일본의 카라쿠리, 혹은 보캉송의 유명한 오토마타 등을 들 수 있다. 이 같은 초기 형태의 자동화 역시 고유의 불

안을 유발했다는 사실을 짚고 넘어가야 하는데, 기술 발전이 그 자체로 필수 요소가 됐다는 점도 그와 같은 불안에 포함된다. 관련 분석은 다음의 고전 작품에서 찾아볼 수 있다. Langdon Winner, *Autonomous Technology: Technics-Out-of-Control as a Theme in Political Thought*, Cambridge MA: MIT Press, 1978; and Lewis Mumford, *The Myth of the Machine: The Pentagon of Power*, San Diego: Harcourt, Brace and World, 1967.

50. Pedro Domingos, *The Master Algorithm: How the Quest for the Ultimate Learning Machine Will Remake Our World*, New York: Basic Books, 2015, p. 15; Catherine Dong, 'The evolution of machine learning', TechCrunch, 8 August 2017, at https://techcrunch.com/2017/08/08/the-evolution-of-machine-learning. See also Tobias Matzner, *Algorithms: Technology, Culture, Politics*, New York and London: Routledge, 2023; Luciana Parisi, 'Critical computation: digital automata and general artificial thinking', *Theory, Culture & Society* 36(2), 2019, pp. 89–121; and Mackenzie, *Machine Learners: Archaeology of a Data Practice*.

2장 아마존의 가혹한 자동화 시스템

1. Ann Hiatt, *Bet on Yourself: Recognize, Own, and Implement Breakthrough Opportunities*, New York: HarperCollins, 2021.
2. See, for example, Jodi Kantor and David Streitfeld, 'Inside Amazon: wrestling big ideas in a bruising workplace', *New York Times*, 15 August 2015; Sarrah Kassem, 'Labour realities at Amazon and COVID-19: obstacles and collective possibilities for its warehouse workers and MTurk workers', *Global Political Economy* 1(1), 2022, pp. 59–79; and Kendra Briken and Phil Taylor, 'Fulfilling the "British way": beyond constrained choice – Amazon workers' lived experiences of workfare', *Industrial Relations Journal* 49(5–6), 2018, pp. 438–58.
3. Christopher Mims, 'The way Amazon uses tech to squeeze performance out

of workers deserves its own name: Bezosism', The Wall Street Journal, 11 September 2021. 근로자 자동 관리 및 알고리즘 감시라는 아마존의 양대 수단을 표현하기 위해 '베이조스주의'라는 용어를 사용하기는 했지만 믹스가 도입한 이 개념의 여러 한계 역시 지적하고 넘어가야 한다. 우선 믹스는 베이조스주의가 포드주의와 비교했을 때 종류보다는 정도의 차이를 보인다고 제시함으로써 실제보다 더 큰 연속성을 지닌다고 주장했다. 이를 통해 아마존의 경우에는 훨씬 미미하다고 해도 틀린 말이 아닌 포드주의 체계의 특징적 요소들을 대략적으로 다룬다. 여기에는 제품 표준화를 통한 생산 확대 및 규모의 경제 실현, 대량 생산을 보완하기 위한 대량 소비 촉진, 위계적 기업 구조에 생산의 전후 단계를 수직적으로 통합, 그리고 노조 와해 대신 산업 및 임금의 안정성 보장 등이 포함된다. 믹스는 베이조스주의의 일부 특징이 포스트 포드주의 시기의 생산 방식과 미묘하게 일맥상통한다는 사실 또한 놓쳤다. 여기에는 유연 생산(예를 들어 제품 맞춤화, 단기간 생산 및 적시 재고), 글로벌 공급망, 생산의 해외 이전뿐 아니라 비정규직 고용 계약도 포함된다. 믹스가 언급한 요소를 포함해 베이조스주의라는 개념에는 그 이름도 조악한 포스트-포스트-포드주의, 혹은 '디지털 자본주의'의 도래와 훨씬 밀접하게 연관된 특징이 포함된다. 예를 들어, 오늘날 그 어느 때보다 급증한 업무 자동화, 데이터 주도 생산, 인터넷 상거래와 플랫폼 네트워킹 등이 그것이다. 이 모든 특징에서 이들 요소가 '이상적 사례'로 기능해 분석을 보조한다는 사실을 짚고 넘어가야 한다. 반면, 실제 사례 연구에서는 각 조직의 초상에서 끌어낸 조직적 특징이 공존하는 경우가 흔하다. 자세한 논의는 다음을 참조하라. Robin Murray, Jeremy Gilbert and Andrew Goffey, 'Post-post-Fordism in the era of platforms', *new formations: a journal of culture/theory/politics* 84/85, 2015, pp. 184–208; Jathan Sadowski, *Too Smart: How Digital Capitalism is Extracting Data, Controlling Our Lives, and Taking Over the World*, Cambridge MA: MIT Press, 2020; Simon Peter Taylor, 'Fordism to post Fordism in the UK', *International Journal of Housing and Human Settlement Planning* 5(1), 2019, pp. 23–27; nAsh Amin (ed.),n *Post-Fordism: A Reader*, Hoboken NJ: John Wiley & Sons, 2011; and Bob Jessop, 'Fordism and Post-Fordism: A Critical Reformulation', in Allen J. Scott and Michael Storper (eds), *Pathways to Industrialization and Regional Development*, London and New York: Routledge, 2005, pp. 54-74.

4. 기술 자동화가 인간에 미치는 숨겨진 영향에 관한 문헌은 광범위하고도 다양하게 존재한다. 최근 자료로는 다음을 들 수 있다. Kate Crawford, *The Atlas of AI: Power, Politics, and the Planetary Costs of Artificial Intelligence*, New Haven: Yale University Press, 2021; Paola Tubaro, Antonio A. Casilli and Marion Coville, 'The trainer, the verifier, the imitator: three ways in which human platform workers support artificial intelligence', *Big Data & Society* 7(1), 2020, https://doi.org/10.1177/2053951720919776; Alexandra Mateescu and Madeleine Elish, 'AI in context: the labor of integrating new technologies', Data and Society Research Institute, New York, 2019; and Mary L. Gray and Siddharth Suri,*Ghost Work: How to Stop Silicon Valley from Building a New Global Underclass*, Boston: Houghton Mifflin Harcourt, 2019.

5. Heike Geissler, *Seasonal Associate*, New York: Semiotext(e), 2019, p. 161.

6. Geissler, *Seasonal Associate*, p. 137.

7. Geissler, *Seasonal Associate*, pp. 211-12.

8. Jason Del Ray, 'How robots are transforming Amazon warehouse jobs - for better and worse', *Vox*, 5 February 2019, at https://www.vox.com/recode/2019/12/11/20982652/robots-amazon-warehouse-jobs-automation.

9. See Sarrah Kassem, '(Re)shaping Amazon labour struggles on both sides of the Atlantic: the power dynamics in Germany and the US amidst the pandemic', *Transfer: European Review of Labour and Research* 28(4), 2022, pp. 441-56.

10. 지금까지는 '플랫폼 경제' 내 고용 경험의 변화를 중심으로 논의가 진행돼 왔다. 이와 관련한 학술 문헌은 워낙 광범위해서 근로자(정규직 및 계약자) 의 법적 지위, 주변부 취약 계층에 대한 착취, 신자유주의 정책 설정과의 상관관계 등 다양한 주제를 다룬다. 예를 들어 다음의 자료를 참조하라. Harald Hauben, Karolien Lenaerts and Willem Waeyaert, *The Platform Economy*

and Precarious Work, Publication for the Committee on Employment and Social Affairs, Policy Department for Economic, Scientific and Quality of Life Policies, European Parliament, Luxembourg, 2020; Tyler Riordan, Richard N. S. Robinson and Gerhard Hoffstaedter, 'Seeking justice beyond the platform economy: migrant workers navigating precarious lives', *Journal of Sustainable Tourism* 31, 2022, pp. 1–18; and Austin Zwick, 'Welcome to the gig economy: neoliberal industrial relations and the case of Uber', *GeoJournal* 83, 2018, pp. 679–91. pp. 679–91. 이번 챕터에서 나는 이들 문헌과 살짝 다른 접근법을 취했다. 예측 알고리즘을 활용해 직원을 관리하고 감시하는 아마존의 방식이 개인의 경험, 건강한 삶과 정체성에 어떤 영향을 미치는지 중점적으로 살펴봤다.

11. See John Danaher, 'The threat of algocracy: reality, resistance and accommodation', *Philosophy of Technology* 29(3), 2015, pp.245–68.

12. Allesandro Delfanti, 'Machinic dispossession and augmented despotism: digital work in an Amazon Warehouse', *New Media & Society* 23(1), 2021, pp. 39–55. The next quotation is from p. 41.

13. Delfanti, 'Machinic dispossession', p. 46.

14. Delfanti, 'Machinic dispossession', p. 49.

15. Delfanti, 'Machinic dispossession', p. 49.

16. 이 같은 심리적 황폐함은 '소외' '분리' '마취' 경향에 상반되는 정서적, 내적 반응으로 간주될 수 있다. 이들 경향은, 브라이언 마수미의 표현을 빌리면, '비창조적 반사 작용의 길'만을 제공하는 업무 환경에서 관찰된다. 다음을 참조하라. Brian Massumi, *Politics of Affect*, Hoboken NJ: John Wiley & Sons, 2015, p. 59. See also Christianm Julmi, 'The concept of atmosphere in management and organization studies', *Organizational Aesthetics* 6(1), 2017, pp. 4–30; Chloe Vitry, Daniel Sage and Andrew Dainty, 'Affective atmospheres of

17. Margot Roosevelt, '"The algorithm fired me": California bill takes on Amazon's notorious work culture', *Los Angeles Times*, 31 August 2021.

18. Kayla Costa, 'Amazon workers speak about stressful working conditions after suicide at Las Vegas warehouse', *WSWS*, 5 March 2021, at https://www.wsws.org/en/articles/2021/03/05/amaz-m05.html.
19. Sahid Fawaz, 'Amazon employees told to keep working for hours after worker's body found in warehouse from suicide', *Labor* 411, 2 March 2021, at https://labor411.org/411-blog/amazon-employees-told-to-keep-working-for-hours-after-workers-body-found-in-warehouse-from-suicide.
20. I have written previously about this. See Anthony Elliott, 'The brave new world of work: where employees are treated as criminals', *The Conversation*, May 2013.
21. See Max Zahn and Sharif Paget, '"Colony of Hell": 911 calls from inside Amazon Warehouses', *The Daily Beast*, 11 March 2019, https://www.thedailybeast.com/amazon-the-shocking-911-calls-from-inside-its-warehouses.
22. Chavie Lieber, 'Suicide attempts and mental breakdowns: 911 calls from Amazon warehouses reveal that some workers are struggling', *Vox*, 11 March 2019, at https://www.vox.com/the-goods/2019/3/11/18260472/amazon-warehouse-workers-911-calls-suicide.
23. Richard Sennett, *The Culture of the New Capitalism*, New Haven: Yale University Press, 2006, chapter 2.
24. Dean Balsamini, 'Amazon warehouses are "cult-like" sweatshops run by robots: ex-employee', *New York Post*, 30 November 2019. Subsequent quotations from Donnelley are from this article.
25. Sigmund Freud, 'Mourning and Melancholia', in *The Standard Edition of the Complete Works of Sigmund Freud*, Vol. XIV, London: Hogarth Press, 1986, p. 251.
26. Freud, 'Mourning and Melancholia', p. 251.
27. Freud, 'Mourning and Melancholia', p. 245.
28. Freud, 'Mourning and Melancholia', p. 253.

29. 인간의 주관성에 대한 프로이트의 설명에서 '상처 은유'가 어떻게 명실상부한 핵심 개념이 되는지는 Madelon Sprengnether, *Mourning Freud*, London: Bloomsbury, 2018의 분석을 참조하라.

30. Jeffrey Moussaieff Masson, *The Assault on Truth: Freud's Suppression of the Seduction Theory*, New York: Penguin, 1985, pp. 103-4.

31. See Stephen Frosh, *For and Against Psychoanalysis*, London: Routledge, 2006. See also Elliott, *Psychoanalytic Theory: An Introduction*.

32. Harry Braverman, *Labor and Monopoly Capital: The Degradation of Work in the Twentieth Century*, New York: New York University Press, 1998.

33. 브레버먼의 작업은 1970년대, 1980년대와 1990년대에 걸쳐 노동학, 사회학, 정치경제학에 막대한 영향을 미친 '노동 과정 이론'의 주요 동력이었다. 해당 이론의 핵심 개념 프레임, 특히 산업 생산, 감정 노동과 조직 통제 간 관계를 고찰한 프레임은 최근 플랫폼 경제 내 노동 분석에 적용되었다. 구체적 논의는 Alessandro Gandini, 'Labour process theory and the gig economy', Human Relations 72(6), 2019, pp.1039-105; David Knights and Hugh Willmott (eds), Labour Process Theory, Cham: Springer, 2016을 참조하라. 이번 챕터에서는 알고리즘으로 인한 탈숙련화의 정서적 경험과 감정적 결과를 강조해 보완적이면서도 색다른 방식으로 플랫폼 업무에 접근했다.

34. Julia Kristeva, *Hatred and Forgiveness*, New York: Columbia University Press, 2010, p. 154. The following quotation is from p. 157.

35. Kristeva, *Hatred and Forgiveness*, p. 157.

36. Amazon's statement appears in Lieber, 'Suicide attempts and mental breakdowns'.

37. Shiva Ovide, 'Amazon tries to prove it's not a Dickensian workhouse', *Los Angeles Times*, 11 July 2019.

3장 넷플릭스의 추천 시스템이 현대 문화를 소비하는 방식

1. Sonia Khubchandani, 'Netflix ruined my life, but here's how I'm taking it

back', *Medium*, 5 April 2018.

2. 최근 넷플릭스를 비롯한 스트리밍 서비스 플랫폼에서 나타나는 '몰아보기' 경향은 사회과학을 비롯한 수많은 영역에서 주목받고 있다. 하지만 이 같은 연구의 대다수는 '폭식'이라는 용어를 떠올리게 만드는 '중독'이나 '극단' 등의 좁은 프레임으로 현상에 접근한다. 나는 알고리즘 추천 시스템이 현대의 소비를 경제적 문화적 행위로 전환하는 한편, 이 같은 변화가 개인적, 감정적으로 어떤 결과를 초래하는지 추적함으로써 논의를 확장하고자 한다. '몰아보기' 현상에 대해서는 다음을 참조하라. Graeme Turner, 'Television studies, we need to talk about "binge-viewing"', *Television & New Media* 22(3), 2021, pp. 228–40; Maeva Flayelle, Pierre Maurage, Kim Ridell Di Lorenzo, Claus Vogele, Sally M. Gainsbury and Joel Billieux, 'Binge-watching: what do we know so far? A first systematic review of the evidence', *Current Addiction Reports* 7, 2020, pp. 44–60; Bridget Rubenking, Cheryl Campanella Bracken, Jennifer Sandoval and Alex Rister, 'Defining new viewing behaviours: what makes and motivates TV binge-watching?', *International Journal of Digital Television* 9(1), 2018, pp. 69–85; Sidneyeve Matrix, 'The Netflix effect: teens, binge watching, and on-demand digital media trends', *Jeunesse: young people, texts, cultures* 6(1), 2014, pp. 119–38; Tanya Horeck, Mareike Jenner and Tina Kendall, 'On binge-watching: nine critical propositions', *Critical Studies in Television* 13(4), 2018, pp. 499–504; and Djoymi Baker, 'Terms of Excess: Binge-Viewing, Epic-Viewing, and the Netflix Effect', in *The Age of Netflix: Critical Essays on Streaming Media, Digital Delivery and Instant Access*, Jefferson NC: McFarland and Company, 2017, pp. 31–54.

3. Lizzie O'Shea, 'What kind of a person does Netflix favourites thinkI am?', *The Guardian*, 17 April 2018.

4. Frank Pasquale, *The Black Box Society: The Secret Algorithms that Control Money and Information*, Cambridge MA: Harvard University Press, 2015, p. 21.

5. See, among others, Reed Hastings and Erin Meyer, *No Rules Rules: Netflix and*

the Culture of Reinvention, London: Penguin, 2020; Mareike Jenner, *Netflix and the Re-invention of Television*, Cham: Springer, 2018; and Benjamin Burroughs, 'House of Netflix:streaming media and digital lore', *Popular Communication* 17(1), 2019, pp. 1 - 17.

6. 이어진 내용은 넷플릭스의 디지털 운영에 관한 미디어와 언론의 다양한 보도에서 인용했다. 그중에는 Tom Vanderbilt, 'The science behind the Netflix algorithms that decide what you'll watch next', *Wired*, 7 August 2013의 일부 배경 자료도 포함된다.

7. Louis Brennan, 'How Netflix expanded to 190 Countries in 7 years', *Harvard Business Review*, 12 October 2018.

8. 예를 들어, 미디어 학자 라몬 로바토와 아만다 라츠는 넷플릭스가 글로벌기업으로 자리매김하기 위해서는 반드시 두 개의 상반된 경향 사이에서 균형을 잡아야 한다고 주장한다. '넷플릭스는 전 세계 1억 5,000만 명의 고객과 직접 구독 관계를 맺고 있는 단일 기업이다. 이 때문에 이전의 어떤 영화 제작사나 배급사보다 훨씬 국제적인 규모를 자랑한다고 할 수 있다. 하지만 넷플릭스에 대해 어떤 주장이든 하려면 지역부터 선정해야 한다. 국가를 선별해 어떤 기술 인프라와 규제 시스템이 갖춰져 있는지, 어떤 경쟁 서비스나 보완 서비스를 제공하는지, 시청자는 어떤 문화적 표준과 취향, 그리고 어느 정도의 기대치를 지니는지 파악해야 한다. 다음을 참조하라. Ramon Lobato and Amanda D. Lotz, 'Imagining global video: the challenge of Netflix', *JCMS: Journal of Cinema and Media Studies* 59(3), 2020, p. 132. See also Ramon Lobato, 'Rethinking international TV flows research in the age of Netflix', *Television & New Media* 19(3), 2018, pp. 241 - 56.

9. 라무스 헬레스와 미켈 플라이버봄은 빅데이터와 머신러닝 알고리즘의 이 같은 결합을 '감시 기반, 예측 인프라'로 분류한다. 좀 더 명확하게는 넷플릭스 같은 플랫폼이 '시청자 지표라는 감시 기반 자산을 인프라 및 정보 자산으로 전환'해 자사의 시장 지위를 공고히 하고, 이를 바탕으로 문화 생산에 능동적으로 관여한다고 주장한다. Ramus Helles and Mikkel Flyverbom, 'Meshes of surveillance, prediction, and infrastructure: on the cultural and commercial

consequences of digital platforms', *Surveillance & Society* 17(1), 2019, pp. 34–9.

10. 디지털 인류학자 닉 시버는 추천 시스템 개발자와의 논의를 통해 이들 시스템이 수집한 데이터가, 행동 경제에서 도출한 전제의 영향을 받은 머신 러닝 알고리즘과 더불어 얼마나 방대하고 복잡한지 통찰을 제시했다. 이는 시버가 말하는 소위 '포획 지표'와 관련되는데, 여기서 예측 정확성은 사용자의 관심을 사로잡고 유지하는 시스템 능력으로 대체된다. Nick Seaver, 'Captivating algorithms: recommender systems as traps', *Journal of Material Culture* 24(4), 2019, pp. 421–36. See also Morten Axel Pedersen, Kristoffer Albris and Nick Seaver, 'The political economy of attention', *Annual Review of Anthropology* 50, 2021, dpp. 309–25.

11. Carlos Gomez-Uribe and Neil Hunt, 'The Netflix recommender system: algorithms, business value, and innovation', *ACM Transactions on Management Information Systems* 6(4), 2015, pp. 1–19. Quotation at p. 15.

12. Massimo Airoldi, *Machine Habitus*, Cambridge: Polity, 2022, p. 112.

13. An accessible introduction to the work of Bourdieu is Craig Calhoun, 'Pierre Bourdieu', in G. Ritzer and J. Stepnisky (eds), *The Wiley-Blackwell Companion to Major Social Theorists*, New York: Wiley-Blackwell, 2011.

14. Airoldi, *Machine Habitus*, p. 59.

15. Airoldi, *Machine Habitus*, p. 60.

16. 내가 아이롤디의 분석에 갖는 우려, 그리고 악셀 호네스가 부르디외의 문화 사회학에 제기한 우려 사이에는 상당한 유사점이 있다. Axel Honneth, 'The fragmented world of symbolic forms: reflections on Pierre Bourdieu's sociology of culture', *Theory, Culture & Society* 3(3), 1986, pp. 55–66.

17. Antoine Hennion, 'Demanding objects: taste as a care for things in process of making', Department of Sociology and Philosophy Seminar, Amory University, at https://www.exeter.ac.uk/news/events/details/index.php?event=2596.

18. Niko Pajkovic, 'Algorithms and taste-making: exposing the Netflix

recommender system's operational logics', *Media Technologies* 28(1), 2022, pp. 214–35.

19. See also Taina Bucher, 'The algorithmic imaginary: exploring the ordinary affects of Facebook algorithms', *Information Communication and Society* 20(1), 2017, pp. 30–44.
20. Pajkovic, 'Algorithms and taste-making', p. 230.
21. Ian Bogost, 'The cathedral of computation', *The Atlantic*, 15 January 2015.
22. Ed Finn, *What Algorithms Want: Imagination in the Age of Computing*, Cambridge MA: MIT Press, 2017, p. 8.
23. Finn, *What Algorithms Want*, p. 8.
24. Finn, *What Algorithms Want*, p. 4.
25. Adam Phillips, *Missing Out: In Praise of the Unlived Life*, New York: Farrar, Straus and Giroux, 2012, p. 116.
26. Sigmund Freud, 'Repression', in *The Standard Edition of the Complete Works of Sigmund Freud*, Vol. XIV, London: Hogarth Press, 1957, p. 147.

4장 〈오징어 게임〉을 통해 본 알고리즘 시대의 정체성과 정서

1. Sigmund Freud, *Reflections on War and Death*, New York: Moffat, Yard and Company, 1918, p. 3.
2. Zoe Williams, 'Squid Game owes its popularity to anxieties of modern life', *The Guardian*, 9 October 2021.
3. 여러 학문 논평에서는 〈오징어 게임〉을 글로벌 신자본주의가 초래한 폐해에 대한 우화라고 간주했다. 예를 들어 다음을 참조하라. David C. Oh, 'The politics of representation in *Squid Game* and the promise and peril of its transnational reception', *Communication, Culture and Critique* 15(4), 2022, pp. 531–3. See also Sunah Lee and Jennifer M. Proffitt, '"We bet on humans; you're our horses": the second phase of neo-poverty in South Korea as portrayed in *Squid Game*', *Communication, Culture and Critique* 15(4), 2022,

pp. 534-5.

4. 이 시리즈는 학자금 부채의 물리적, 심리적 부담, 그리고 한국 기독교에서 '번영의 복음'이 부상하는 등 다양한 이슈를 비판적으로 분석하는 데 기여했다. 다음을 참조하라. Caroline K. Kaltefleiter, Julian S. Ponirakis and Jacob T. Robinson, 'Squid Game and Student Debt Resistance: A Politics of Self-Care, Creativity, and Collective Action in the Neoliberal University', in B. Wilson (ed.), Care, Climate, and Debt: Transdisciplinary Problems and Possibilities, Cham: Springer, 2022, pp. 145-64; and Frank Bosman, '"There is no order in which God calls us": the depiction of Christianity and Christians in the Netflix series Squid Game', Journal for Religion, Film and Media 8(1), 2022, pp. 105-28.

5. Changsin Lee, 'The mask of AI in Squid Game', Medium, 7 October 2021.

6. AI를 활용해 공정성 윤리를 보장하고, 이를 통해 의사결정 체계의 절차적 공정성을 담보하는 것은 다양한 기능 영역에서 공통적으로 나타나는 주제다. 자동화 의사결정 시스템의 유일한 강점이 공정성이라는 평가 역시 잘 알려져 있다. Yadong Cui, Artificial Intelligence and Judicial Modernization, Singapore: Springer, 2020; Zhisheng Chen, 'Collaboration among recruiters and artificial intelligence: removing human prejudices in employment', Cognition, Technology & Work 25(1), 2023, pp. 135-49; and Rossella Locatelli, Giovanni Pepe and Fabio Salis, Artificial Intelligence and Credit Risk: The Use of Alternative Data and Methods in Internal Credit Rating, Cham: Springer, 2022.

7. Bence Nancy, 'Why is "Squid Game" so popular?', Psychology Today, 8 October 2021. Jennifer Dunn and Stephanie Young advance this line of commentary considerably further: the contention is that, by working with the familiar 'survival game' genre, Squid Game serves to deflect rather than foster a critique of the systems that generate the chasmic social divisions that render such lethal games plausible. See Jennifer C. Dunn and Stephanie L. Young, 'Why are you just watching?': polyvalent Korean spectatorship and critical

Western spectatorship in *Squid Game*', *Communication, Culture and Critique* 15(4), 2022, pp. 543 – 5.

8. Franco Fornari, *The Psychoanalysis of War*, Bloomington: Indiana University Press, 1975.

9. Sigmund Freud, 'Civilization and Its Discontents', in *The Standard Edition of the Complete Psychological Works of Sigmund Freud*, Vol. XXI, London: Hogarth Press, 1961.

10. See Herbert Marcuse, *Eros and Civilization: A Philosophical Inquiry into Freud*, London: Ark, 1956. For a critique of Marcuse's reading of Freud, see Anthony Elliott, *Social Theory and Psychoanalysis in Transition*, London and New York: Routledge, 2019.

11. Freud, 'Civilization and Its Discontents', pp. 123 – 4.

12. Freud, 'Civilization and Its Discontents', p. 132.

13. Terry Eagleton, *Holy Terror*, Oxford: Oxford University Press, 2005, p. 12.

14. Paul Ricoeur, *Freud and Philosophy: An Essay on Interpretation*, New Haven: Yale University Press, 1970, p. 306.

15. Adam Phillips, *Promises, Promises: Essays on Literature and Psychoanalysis*, London: Faber and Faber, 2000, p. 48.

16. Jutta Weber, 'Keep adding: on kill lists, drone warfare and the politics of databases', *Environment and Planning D: Society and Space* 34(1), 2016, pp. 107 – 25.

17. Joseph Redmon, Twitter, 21 February 2020. 레드먼은 다른 데서 이렇게 적었다. "우리는 이제 이들 탐지기를 가지고 무엇을 할 수 있을까? 이 연구를 하는 사람 대다수는 구글과 페이스북에서 근무한다. 적어도 이 기술이 잘 관리되고 있고, 개인 정보 수집 및 판매에 사용되지는 않을 거라는 게 확실… 잠깐, 그게 바로 이 탐지기의 용도라고? 아.' Oh.' Joseph Redmon and Ali Farhadi, 'YOLOv3: an incremental improvement', at https://pjreddie.com/media/files/papers/YOLOv3.pdf.

18. See, for example, the exchange between Roger Grosse and Josph Redmon in

'YOLO creator Joseph Redmon stopped CV research due to ethical concerns', *Synced*, 24 February 2020, at https://syncedreview.com/2020/02/24/yolo-creator-says-he-stopped-cv-research-due-to-ethical-concerns.

19. Gerrit De Vynak, 'The U.S. says humans will always be in control of AI weapons. But the age of autonomous war is already here', *The Washington Post*, 7 July 2021.

20. Jurgen Habermas, *Arbeit, Erkenntnis, Fortschritt: Aufsatze 1954-1970*, Amsterdam: De Munter, 1970, p. 9.

21. Habermas, *Arbeit, Erkenntnis, Fortschritt*, p. 5.

22. Louis Dumont, *Essays on Individualism: Modern Ideology in Anthropological Perspective*, Chicago: University of Chicago Press, 1986, p. 262.

23. Paul Virilio, 'Interview', *Block* 14, 1998, pp. 4–7.

24. 타인의 고통을 간접 목격하는 행위의 복잡성을 탐구한 학술 문헌은 다양하게 찾아볼 수 있다. 이제는 고전이 된 문구의 출처는 Susan Sontag, *Regarding the Pain of Others*, New York: Picador, 2003이다. Francesco Zucconi, 'Regarding the image of the pain of others: Caravaggio, Sontag, Leogrande', *Humanities* 11(2), 2022, pp. 1–10; Jill Bennett, *Empathic Vision: Art, Politics, Trauma*, Stanford: Stanford University Press, 2005; Lilie Chouliaraki. *The Spectatorship of Suffering*, London: Sage, 2006; Maria Pia Di Bella and James Elkins (eds), *Representations of Pain in Art and Visual Culture*, New York: Routledge, 2012; Asbjørn Grønstad and Henrik Gustafsson (eds), *Ethics and Images of Pain*, New York: Routledge, 2012. 이 문제에 대한 최근의 접근 방식을 보면 군대를 주제로 한 엔터테인먼트인 '밀리테인먼트'의 영향을 알 수 있다. 밀리테인먼트는 적어도 1차 세계대전까지 그 기원을 거슬러 올라갈 수 있지만 최근에는 미국, 중국과 러시아를 필두로 한 여러 국가의 군사위계, 그리고 국방부, 무기 연구 기업 및 창조 산업 등 디스토피아적 공상 과학까지 포함된다. 여기서 '실패한' 국가와 도시, 급격한 기후 변화, 희소 자원을 둘러싼 갈등, 조직 범죄, 그리고 질병과 이주에 반영된 세계의 미래를 보면 영구 위협이 존재하는 상황에서 안보에 필요한 '슈퍼 군인', 그리고 로

봇 및 드론 군대의 개발을 지원하기 위한 예산 배정을 촉구하는 듯하다. 새로운 밀리테인먼트 복합체에 관해서는 다음을 참조하라. Tanner Mirrlees, 'Militainment for Future Warfare', in Artur Gruszczak and Sebastian Kaempf (eds), *Routledge Handbook of the Future of Warfare*, London and New York: Routledge, 2023, pp. 74–84; Nicholas R. Maradin, 'Militainment and mechatronics: *Occultatio* and the veil of science fiction cool in United States Air Force advertisements', *Ethics and Information Technology* 15, 2013, pp. 77–86; and Andrew Davison, 'The "soft" power of Hollywood militainment: the case of *The West Wing's* attack on Antalya, Turkey', *New Political Science* 28(4), 2006, pp. 467–87.

25. Lee Brown, 'Iran's Mohsen Fakhrizadeh killed by 62-person hit squad, reports say', *New York Post*, 29 November 2020.

26. James Der Derian, 'From War 2.0 to quantum war: the super-positionality of global violence', *Australian Journal of International Affairs* 67(5), 2013, pp. 570–85. Quotation from p. 581.

27. Rohen Bergman and Farnaz Fassihi, 'The scientist and the AI-assisted, remote-control killing machine', *New York Times*, 18 September 2021.

5장 메타버스, 인류의 미래를 다르게 생각하다

1. See 'Meta (Facebook) connect 2021 metaverse event transcript', at https://www.rev.com/blog/transcripts/meta-facebook-connect-2021-metaverse-event-transcript.

2. 수지 게이거는 실리콘밸리의 엘리트 계층이 유포하고 고착화하고 있는 하이테크 파괴 서사에 종말론이 명백하게 서려 있다는 도발적 주장을 내놓았다. 이들 서사는 이전 세계를 괴롭혀 온 불확실성이 제거된 신세계의 출현에 대비하기 위해 기존의 사회질서를 파괴하는 것이 중심이 된다고 그녀는 제시한다. Susi Geiger, 'Silicon Valley, disruption, and the end of uncertainty', *Journal of Cultural Economy* 13(2), 2020, pp. 169–84.

3. 저커버그와 다른 기술 기업가들은 자신들이 알고리즘으로 매개된 관계성을 통해 사회성의 새로운 '디폴트' 버전을 개발했다고 주장했다. 이 같은 견해에 대해서는 다음을 참조하라. Sophie Day, Celia Lury and Helen Ward, 'Personalization: a new political arithmetic?', Distinktion: *Journal of Social Theory* 24(2), 2023, pp. 1 – 28; and Taylor C. Nelms, Bill Maurer, Lana Swartz and Scott Mainwaring, 'Social payments: innovation, trust, Bitcoin, and the sharing economy', *Theory, Culture & Society* 35(3), 2018, pp. 13 – 33.

4. The phrase was used by Gideon Lichfield as reported in Gian M. Volpicelli, 'Big tech needs to stop trying to make their metaverse happen', *Wired*, 31 January 2022.

5. '메타버스'라는 용어는 닐 스티븐슨이 자신의 사이버펑크 소설 『스노 크래시 *Snow Crash*』(New York: Bantam, 1992)에서 처음 사용했다. 이는 인터넷 세계의 뒤를 잇는, 도시 환경으로 구성된 가상의 온라인 세계를 의미한다. 사람들은 가상 및 증강 현실을 통해 이 세계에 접속하고, 자신이 직접 고안한 아바타로 참여해 직접 이 세계를 경험한다. 스티븐슨의 소설에서 메타버스는 경제 및 시민 사회의 붕괴로 특징지어지는 현실로부터 도피처 역할을 한다.

6. Matthew Ball, *The Metaverse: And How It Will Revolutionize Everything*, New York: W. W. Norton, 2022, p. 48.

7. Ball, *The Metaverse*, p. 45.

8. In Alex Hern, 'Exit the internet, enter the metaverse – your online future is in 3D: interview with Matthew Ball', *The Guardian*, 10 July 2022.

9. Ball, The Metaverse, p. 290.

10. Jean Baudrillard, *Simulacra and Simulation*, Ann Arbor: University of Michigan Press, 1994, p. 1.

11. Jean Baudrillard, 'The Orders of Simulacra', in P. Rice and P. Waugh (eds.), *Modern Literary Theory: A Reader*, 4th edition, New York: Bloomsbury, 2011, p. 338.

12. 보드리야르의 작업, 그중에서도 하이퍼리얼리티의 개념은 다음의 자료를 통해 좀 더 평이하게 접근할 수 있다. Douglas Kellner, ~ Routledge, 1993. 소

통과 문화의 전환 분석에 보드리야르의 이론이 얼마나 연관되는지와 관련해 Mark Poster, *The Mode of Information: Postructuralism and Social Context*, Cambridge: Polity, 1990, 제2장에서 최고의 논의를 찾아볼 수 있다.

13. See, amongst others, Pericles 'asher' Rospigliosi, 'Metaverse or simulacra? Roblox, Minecraft, Meta and the turn to virtual reality for education, socialisation and work', *Interactive Learning Environments* 30(1), 2022, pp. 1-3; and Tamara Velasquez, 'The metaverse: critical and postmodernist approaches', Medium, 8 December 2021. 디자인 픽션(Design Fiction)이 증강 및 혼합 현실의 개발에 적용됨에 따라 보드리야르는 디자인 연구에서 디자인 픽션을 위한 지적 기준점으로도 활용되었다. 여기서 프로토타입은 새로운 기술 출현에 필요한 조건을 설정하고, 이들 기술의 잠재적 사회적 결과를 탐구하기 위해 추측의 환경이나 가상의 세계에서 상상된다. Ian Gonsher, Daniel Rapoport, Alice Marbach, Dana Kurniawan et al., 'Designing the metaverse: a study of design research and creative practice from speculative fictions to functioning prototypes', in Proceedings of the Future Technologies Conference, Cham: Springer, 2022, pp. 561-73.

14. See Elliott, *The Culture of AI: The Digital Revolution and Everyday Life*.
15. Jean Baudrillard, *Simulations*, Cambridge MA: MIT Press, 1983, p. 25.
16. Ryan Zickgraf, 'The MetaverseTM is dead. Long live the metaverse', *The Third Rail*, 14 October 2022.
17. Baudrillard, *Simulations*, p. x.
18. Tim Gorichanaz, 'Being at home in the metaverse? Prospectus for a social imaginary', *AI Ethics* 3, 2023, p. 653.
19. 오늘날에는 사회기술적 상상력과 그들이 미래를 실현하는 데 참여하는 방법의 중요성에 관한 문헌이 다양하게 존재한다. 가령 다음을 참조하라. Jens Beckert and Richard Bronk (eds), *Uncertain Futures: Imaginaries, Narratives, and Calculation in the Economy*, Oxford: Oxford University Press, 2018; and Sheila Jasanoff and Sang-Hyun Kim, *Dreamscapes of Modernity: Sociotechnical Imaginaries and the Fabrication of Power*, Chicago: University of Chicago

Press, 2015.

20. Gorichanaz, 'Being at home in the metaverse?'

21. See Cathy Hackl, Dirk Lueth and Tommaso Di Bartolo, *Navigating the Metaverse: A Guide to Limitless Possibilities in a Web 3.0 World*, Hoboken NJ: John Wiley & Sons, 2022; Michele Gattullo, Enricoandrea Laviola, Alessandro Evangelista, Michele Fiorentino and Antonio Emmanuele Uva, 'Towards the evaluation of augmented reality in the metaverse: information presentation modes', *Applied Sciences* 12(24), 2022, https://doi.org/10.3390/app122412600;Kristian Daniel Setiawan and Alvin Anthony, 'The essential factor of metaverse for business based on 7 layers of metaverse – systematic literature review', in *2022 International Conference on Information Management and Technology* (ICIMTech), IEEE, 2022, pp. 687–92; Gheorghe H. Popescu, Katarina Valaskova and Jakub Horak, 'Augmented reality shopping experiences, retail business analytics, and machine vision algorithms in the virtual economy of the metaverse', *Journal of Self-Governance and Management Economics* 10(2), 2022, pp. 67–81; and Louis B. Rosenberg, 'Regulating the metaverse: a blueprint for the future', in *International Conference on Extended Reality*, Cham: Springer, 2022, pp. 263–72.

22. 메타버스를 기술, 비즈니스 및 거버넌스 관점에서 살펴본 문헌 이외에 다양한 인문 및 사회과학적 관점에서 탐구한 문헌도 등장했다. 단, 이들은 초기 단계인 만큼 다소 단편적이다. Gundolf S. Freyermuth, 'Vegas, Disney, and the metaverse', *Studies of Digital Media Culture* 14, 2022, pp. 17–97; Andrew McStay, 'The metaverse: surveillant physics, virtual realist governance, and the missing commons', *Philosophy & Technology* 36(1), 2023, pp. 13–38; and Vincenzo Auriemma, 'Future developments in sociology in the age of theb metaverse', *Frontiers in Sociology* 8, 2023, https://doi.org/10.3389/fsoc.2023.1156338.

23. Leighton Evans, Jordan Frith and Michael Saker, *From Microverseto Metaverse: Modelling the Future through Today's Virtual Worlds*, Bingley: Emerald

24. John B. Thompson, *The Media and Modernity: A Social Theory of the Media*, Stanford: Stanford University Press, 1995, p. 211.
25. Luciano Floridi, 'Metaverse: a matter of experience', *Philosophy and Technology* 35(73), 2022, doi.org/10.1007/s13347-022-00568-6.
26. McKinsey, 'Value creation in the metaverse', 2022, at https://www.mckinsey.com/about-us/new-at-mckinsey-blog/meet-the-metaverse-creatin-real-value-in-a-virtual-world.
27. Thomas Page, 'Pixel pushers: how the metaverse became realestate's new frontier', *CNN Style*, 23 September 2022, at https://edition.cnn.com/style/article/metaverse-real-estate-market-2022-spc-intl/index.html. Subsequent references in this paragraph are to this article.
28. Rachel Wolfson, 'Reinventing yourself in the metaverse through digital identity', *CoinTelegraph*, 11 August 2022, at https://cointelegraph.com/news/reinventing-yourself-in-the-metaverse-through-digital-identity. The following reference to Denegri-Knott is drawn from this article.
29. In Rachel Wolfson, 'Reinventing yourself in the metaverse through digital identity', *Cointelegraph*, 11 August 2022.
30. Matthew Brophy, 'Sex, Lies, and Virtual Reality', in Dave Monroe (ed.), *Porn: Philosophy for Everyone*, New York: Wiley-Blackwell, 2010, pp. 204-18.
31. See Angus Crawford and Tony Smith, 'Metaverse app allows kids into virtual strip clubs', BBC, 23 February 2022, at https://www.bbc.co.uk/news/technology-60415317; Tanya Basu, 'The metaverse has a groping problem already', *MIT Technology Review*, 16 December 2021.

6장 인공지능, 상생할 것인가 지배할 것인가

1. 알고리즘의 사회적 삶에 대해 좀 더 흥미롭고 진지하게 들여다본 연구는 다음과 같다. Jenna Burrell and Marion Fourcade, 'The society of algorithms',

Annual Review of Sociology 47(1), 2021, pp. 213 – 37; Luciana Parisi, 'Interactive computation and artificial epistemologies', Theory, Culture & Society 38(7 – 8), 2021, pp. 33 – 53; Jonathan Roberge and Michael Castelle (eds), *The Cultural Life of Machine Learning: An Incursion Into Critical AI Studies*, Basingstoke: Palgrave Macmillan, 2021; Tobias Matzner, 'Algorithms as complementary abstractions', New Media & Society, 2022, https://doi.org/10.1177/14614448221078604; and Louise Amoore, *Cloud Ethics: Algorithms and the Attributes of Ourselves and Others*, Durham NC: Duke University Press, 2020.

2. See Elliott, *Making Sense of AI: Our Algorithmic World*, especially chapter 1.
3. See Werner Rammert, 'Distributed Agency and Advanced Technology', in Jan-Hendrik Passoth, Birgit Peuker and Michael Schillmeier (eds), *Agency Without Actors?*, London: Routledge, 2012, pp. 89 – 112. Also on this point see Robert Holton and Ross Boyd, '"Where are the people? What are they doing? Why are they doing it?" (Mindell): situating artificial intelligence within a socio-technical framework', *Journal of Sociology* 57(2), 2021, pp. 179 – 95.
4. For a useful summary see the reporting of Nitasha Tiku, 'Google fired engineer who said its AI was sentient', *The Washington Post*, 22 July 2022.
5. Blake Lemoine, 'Is LaMDA sentient? An interview', *e-flux Notes*, 15 June 2022, at https://www.e-flux.com/notes/475146/is-lamda-sentient-an-interview.
6. Pinker's comments were released through social media but reported widely. Hilton's comments were reported by Mathew Sparks, 'Has Google's LaMDA artificial intelligence really achieved sentience?', *New Scientist*, 13 June 2022. See also Max Griffiths, 'Is LaMDA sentient?', *AI & Society*, 2022, https://doi.org/10.1007/s00146-022-01559-z.
7. The quotation is reported in Nitasha Tiku, 'The Google engineer who thinks the company's AI has come to life', *The Washington Post*, 11 June 2022.
8. Reported in Edward Helmore, 'Google engineer says AI bot wants to "serve humanity" but experts dismissive', *The Guardian*, 14 June 2022.

9. Gary Marcus, 'Nonsense on stilts: no, LaMDA is not sentient – not even slightly', *Substack*, 13 June 2022, https://garymarcus.substack.com/p/nonsense-on-stilts.
10. Toby Walsh, 'Labelling Google's LaMDA chatbot as sentient is fanciful. But it's very human to be taken in by machines', *The Guardian*, 14 June 2022.
11. See John Searle, 'The Chinese Room', in R. A. Wilson and F. Keilm (eds), *The MIT Encyclopedia of the Cognitive Sciences*, Cambridge MA: MIT Press, 1999.
12. See Harry Collins, *Artifictional Intelligence: Against Humanity's Surrender to Computers*, Cambridge: Polity, 2018.
13. 서치먼은 인간과 기계 사이의 경계가 자연적이 아닌, 사회적으로 구성되는 것으로 간주하는 한편, 인간과 기계 모두의 내적 작용, 비대칭성과 차이점을 모두 탐구한다. 여기서 핵심 차이는 인간 개체와 비인간 개체에 동등한 가치를 부여하는 '대칭적' 설명에 있다. Lucy Suchman, *Human-Machine Reconfigurations: Plans and Situated Actions*, Cambridge: Cambridge University Press, 2007; Lucy Suchman, 'Agencies in technology design: feminist reconfigurations', in Wendell Wallach and Peter Asaro (eds), *Machine Ethics and Robot Ethics*, London: Routledge, 2020, pp. 361–75.
14. Regina Rini, 'The big idea: should we worry about sentient AI?', *The Guardian*, 4 July 2022.
15. Nicholas Russell, 'From Hitchhiker's Paranoid Android to Wall-E: why are pop culture robots so sad?', *The Guardian*, 7 July 2022.
16. 최첨단 대화형 인터페이스 디자인 기업들이 실제처럼 움직이는 얼굴을 챗봇에 통합하는 바람에 상황은 더욱 복잡해졌다. 업계의 경우, 이 같은 발전과 관련해 챗봇에 물리적 형태를 부여하면 사용자가 인공 지능과 상호 작용하고 있다는 사실을 더 잘 인식할 수 있다는 관점이 지배적이다. 따라서 비실체화 및 AI의 인간 같은 지능과 감정을 사람들이 어떻게 인지하느냐에 관한 러셀의 관점과 일치한다고 할 수 있다. 뿐만 아니라 찬성론자들은 챗봇을 실제처럼 구현하면 '실제의' '진정한' 인간과의 연결감을 창조해 사용자 경험을 개선할 수 있다고 주장한다. Mike Seymour et al., 'AI with a human face',

Harvard Business Review, March – April 2023. These observations dovetail with the findings of an Australian Research Council Discovery project I lead with colleagues including Massimo Durante, Vincent Muller and Ross Boyd: 'Investigating Conversational AI: Development, Usage and Governance', (DP220102630), 2022 – 2025.

17. J. E. Korteling, G. C. van de Boer-Visschedijk, R. A. M. Blankendaal, R. C. Boonekamp and A. R. Eikelboom, 'Human- versus Artificial Intelligence', *Frontiers of Artificial Intelligence* 4(622364), 2021, doi:10.3389/frai.2021.622364.

18. Zygmunt Bauman, *Modernity and Ambivalence*, Cambridge: Polity, 1991. 현대의 알고리즘 예측 및 자동 의사결정 시스템이 개발된 데는 강력한 우생학적 견해가 존재한다고 주장한 작가들이 많았다. 예를 들어, 시스템 설계 공학을 전공한 미디어 연구 및 문화 이론가 웬디 후이경 춘은 통계학에서 상관관계 기법의 선구자인 생물학적 우생학자 프랜시스 골턴과 칼 피어슨, 그리고 수많은 머신러닝 시스템과 관련하여 인종, 계층, 성별에 따른 차별적 작동에 대한 현대 논쟁 사이의 직접적 연결고리를 추적한다. 그녀는 이렇게 지적했다. "상관관계 우생학의 역사가 중요한 이유는 상관관계의 모든 사용이 우생학으로 향하기 때문이 아니라, 상관관계가 작동할 때 현재를 고도로 선별된 과거와 일치시킴으로써 상관관계가 나타나기 때문이다. 우생학자들은 차별적 추상을 반복할 미래를 설계하기 위해 과거를 재구성했다… 20세기 우생학자들에게 동성애는 열망이었다. 그들은 사람이 같은 사람으로 자동 재생산되는 세상을 만들고자 했다. 데이터 분석에서 동질성은 자명한 이치다." Wendy Hui Kyong Chun, *Discriminating Data: Correlation, Neighbourhoods, and the New Politics of Recognition*, Cambridge MA: MIT Press, 2021, p. 52. See also Joy Buolamwini and Timnit Gebru, 'Gender shades: intersectional accuracy disparities in commercial gender classification', *Proceedings of Machine Learning Research* 81(1 – 15), 2018; Zhasmina Tacheva, 'Taking a critical look at the critical turn in data science: from "data feminism" to transnational feminist data science', *Big Data & Society* 9(2), 2022, https://

doi.org/10.1177/20539517221112901; Rachel Adams, 'Can artificial intelligence be decolonized?', *Interdisciplinary Science Reviews* 46(1-2), 2021, pp. 176-97.

19. 여기서 '포스트휴머니즘'이라는 용어는 '트랜스휴머니즘'과 혼동될 수 있기 때문에 의미를 명확히 짚고 넘어가야 한다. 바라드, 헤일즈, 리, 스티글러 등이 주장한 것처럼 포스트휴머니즘은 컴퓨터 과학, 유전학, 로봇공학, 인공지능 발전에 힘입어 인간과 기술이 서로 얽혀 진화하는 '테크노제네시스'를 인정한다. 이는 기존의 인문주의적 개념, 즉 합리적이고 개인주의적인 (남성, 백인, 이성애자) 주체에 도전한다. 포스트휴머니즘적 분석은 이 같은 표준에서 벗어난 이들이 경험하는 비인간화에 대해 조사한다. 반면, 트랜스휴머니즘은 생명공학의 진보 덕분에 인간이 진화론적 제약에서 벗어나 인간의 통제하에 종의 전환을 이루는 모습을 상상한다. 이 같은 주제에 관한 흥미로운 논의는 다음을 참조하라. Karen Barad, 'Posthumanist performativity: toward an understanding of how matter comes to matter', *Signs* 28(3), 2003, pp. 801-31; N. Katherine Hayles, *How We Became Posthuman: Virtual Bodies in Cybernetics, Literature, and Informatics*, Chicago: University of Chicago Press, 2000; Bernard Stiegler, *Technics and Time*, 2: Disorientation, Stanford: Stanford University Press, 2009; Jennifer Rhee, *The Robotic Imaginary: The Human and the Price of Dehumanized Labor*, Minneapolis: University of Minnesota Press, 2018; and Lupton, Data Selves.

20. 앞서 지적한 것처럼 파괴라는 실리콘밸리의 하이테크 마스터 서사에는 강력한 종말론적 특징이 있다고 수지 게이거는 제시했다. 이는 "현 상태와의 급진적 단절이나 파열, 혹은 새로운 (그리고 더 나은) 시작으로 개인과 집단에게 의미 있는 단절"을 알리는 종말론적 성격이 강하다. Geiger, 'Silicon Valley, disruption, and the end of uncertainty'.

21. Jurgen Habermas, *Knowledge and Human Interests*, Boston: Polity Press, 1987.

22. The phrase comes from Facebook's director of AI, Yann LeCun, at an MIT Conference on the Future of Work.

23. One main line of argumentation here is that anthropomorphizing artificial

agents can, in turn, generate perceptions that such agents have other human-like characteristics and motivations. See N. Epley, A. Waytz and J. T. Cacioppo, 'On seeing human: a three-factor theory of anthropomorphism', *Psychological Review* 114(4), 2007, pp. 864–86.

24. Slavoj Žižek, 'Blade Runner 2049: A View of Post-Human Capitalism', in C. Neill (ed.), *Lacanian Perspectives on Blade Runner* 2049, Cham: Springer, 2021, pp. 41–51.

25. See Daniel E. O'Leary, 'An analysis of three chatbots: BlenderBot, ChatGPT and LaMDA', *Intelligent Systems in Accounting, Finance and Management* 30(1), 2023, pp. 41–54.

26. Mark Coeckelbergh and David Gunkel, 'ChatGPT: deconstructing the debate and moving it forward', *AI & Society*, 2023, https://doi.org/10.1007/s00146-023-01710-4.

27. Tiernan Ray, 'ChatGPT is "not particularly innovative," and "nothing revolutionary", says Meta's chief AI scientist', *ZDNet*, 23January 2023.

7장 끊임없는 자기 수정이 필요한 인공지능의 시대

1. Martin Ford, 'Robots: stealing our jobs or solving labour shortages?', *The Guardian*, 3 October 2021.
2. I have discussed these issues at length in my book *Reinvention*, 2nd Edition, New York and London: Routledge, 2020.
3. See Stiegler, *Automatic Society, Volume 1*; and Stiegler, *The Age of Disruption*.
4. Stiegler, *Automatic Society*, Volume 1, pp. 8–9.
5. Franco Berardi, *And: Phenomenology of the End: Cognition and Sensibility in the Transition from Conjunctive to Connective Mode of Social Communication*, Cambridge MA: MIT Press, 2015, p. 22.
6. Nick Couldry and Ulises A. Mejias, 'Data colonialism: rethinking big data's relation to the contemporary subject', *Television & New Media* 20(4), 2018,

pp. 336–49.

7. Jan Hatzius, Joseph Briggs, Devesh Kodnani and Giovanni Pierdomenico, 'The potentially large effects of artificial intelligence on economic growth', Goldman Sachs, 26 March 2023, at https://www.gspublishing.com/content/research/en/reports/2023/03/27/d64e052b-0f6e-45d7-967b-d7be35fabd16.html.

8. Megan Leonhardt, 'Some workers are worried that ChatGPT will replace their jobs. They might be right', *Fortune*, 25 March 2023.

9. See 'Pause giant AI experiments: an open letter', Future of Life Institute, at https://futureoflife.org/open-letter/pause-giant-ai-experiments.

10. 봉쇄를 지향하는 이 같은 경향은 삶의미래연구소 서한에 대한 응답으로 작성된 대량의 학자 논평에도 담겨 있다.

11. Guy Standing, *The Precariat: The New Dangerous Class*, London: Bloomsbury, 2011.

12. Standing, *The Precariat*, p. 1.

13. Zygmunt Bauman, 'On the Underclass of Precarians', in *A Chronicle of Crisis: 2011–2016*, London: Social Europe, 2016, p. 39.

14. The sense that precarity has become a key characteristic defining the mood of our times is reflected in the various ways in which precariousness informs an increasing number of pressing issues emerging across divergent domains of social life in different countries. See, for example, Arne L. Kalleberg, 'Precarious work, insecure workers: employment relations in transition', *American Sociological Review* 74(1), 2009, pp. 1–22; Maria Platt, Grace Baey, Brenda S. A. Yeoh, Choon Yen Khoo and Theodora Lam, 'Debt, precarity and gender: male and female temporary labour migrants in Singapore', *Journal of Ethnic and Migration Studies* 43(1), 2017, pp. 119–36; Rachel E. Dwyer and Lora A. Phillips Lassus, 'The great risk shift and precarity in the US housing market', *ANNALS of the American Academy of Political and Social Science* 660(1), 2015, pp. 199–216; Russell Duvernoy, 'Climate change and the everyday: becoming

present to precarity', *Ethics & the Environment* 25(2), 2020, pp. 73-95; and Rebecca Bentley, Emma Baker and Zoe Aitken, 'The "double precarity" of employment insecurity and unaffordable housing and its impact on mental health', *Social Science & Medicine* 225, 2019, pp. 9-16.

15. Bauman, 'On the Underclass of Precarians', p. 40.
16. Daniel Cohen, *Nos temps moderns*, Paris: Editions Flammarion, 1999, p. 91.
17. See John Cheney-Lippold, *We Are Data*, New York: New York University Press, 2017; and Lupton, *Data Selves*.
18. Søren Kierkegaard, *Fear and Trembling and The Sickness unto Death*, Princeton: Princeton University Press, 2013 (ebook).
19. Otto Fenichel, *The Psychoanalytic Theory of Neurosis*, London: Kegan Paul, 1945, p. 133.
20. Harold D. Lasswell, *World Politics and Personal Insecurity*, New York: McGraw-Hill, 1935, p. 211.
21. Erich Fromm, *Escape from Freedom*, New York: Farrar & Rinehart, 1941.
22. David Reisman, Nathan Glazer and Reuel Denny, *The Lonely Crowd*, New Haven: Yale University Press, 1961.
23. Christopher Lasch, *The Minimal Self: Psychic Survival in Troubled Times*, New York: W. W. Norton, 2010.
24. Ron Knox, 'Amazon's dangerous new acquisition', *The Atlantic*, 21 August 2022.
25. Zuboff, *The Age of Surveillance Capitalism*.
26. Eileen Guo, 'A Roomba recorded a woman on the toilet. How did screenshots end up on Facebook?', *MIT Technology Review*, 19 December 2022.
27. Wajcman, *Pressed for Time*, p. 24.
28. Helga Nowotny, *An Orderly Mess*, Budapest and New York: Central European University Press, 2017, p. 70.
29. My thanks to Ralf Blomqvist for bringing Google Duet AI to my attention just in time for inclusion in this book.

30. See Prem Natarajan, 'Alexa enters the "age of self"', Amazon, 2 June 2021, at https://www.amazon.science/blog/alexa-enters-the-age-of-self.

31. Yolande Strengers, 'Smart wife in crisis', *Future Matters*, Monash University Occasional Paper, at https://www.monash.edu/emerging-tech-research-lab/future-matters/covid-19-and-the-home/smart-wife-in-crisis.

32. This and the following example are discussed in Dorian Lynskey, '"Alexa, are you invading my privacy?" The dark side of our voice assistants', *The Guardian*, 9 October 2019.

33. See Elliott, *The Culture of AI: The Digital Revolution and Everyday Life*, pp. 123–4.

34. Shelby Laidlaw quoted in Oliver Price, 'My ex stalked me via Alexa', *The Daily Mail*, 6 July 2023.

35. Aristotle, for example, argued that pity and fear are deeply intertwined.

36. Terry Eagleton, *Sweet Violence: The Idea of the Tragic*, Oxford: Blackwell, 2003, p. 154. The next quotation is also from this page.

37. Tom Wiggins, 'The weird ways your Amazon Echo can be hacked – and how to stop them', *The Ambient*, 25 April 2023.

38. '기술주의'와 '인간' 사이에 급증하는 갈등에 대한 하버마스의 모델, 혹은 그가 커뮤니케이션 행동 이론에서 '시스템'과 '일상 세계' 사이의 복잡한 상호작용이라고 불렀던 것은 전후 대중매체 방송에서 제시한 관점과 크게 상반되었다. 따라서 그는 라디오와 텔레비전 같은 커뮤니케이션 미디어에 대한 설명을 발전시켰는데, 이는 대체로 정치적 측면에서 부정적이었다(톰슨, 《미디어와 근대성(The Media and Modernity)》 참조). 하지만 2000년대 초에는 컴퓨터와의 상호작용과 인터넷의 사회적 영향을 고려하기 시작해 좀 더 긍정적인 정치적 평가를 내렸다. 하버마스에 따르면, 인터넷 커뮤니케이션(그리고 나아가 소셜미디어)은 "상호작용적이고 심의적인 요소를 가상으로나마 동등하게 소통하는 비규제 교류의 장으로 재통합할 수 있기 때문에 대중 커뮤니케이션의 익명적이고 비대칭적 특징으로 인한 약점을 상쇄할 가능성"을 내포한다. Jurgen Habermas, 'Political communication in media society:

does democracy still enjoy an epistemic dimension? The impact of normative theory on empirical research', *Communication Theory* 16, 2006, pp. 411-26 (p. 423). It is arguably the case, however, that today's culture of AI and advanced algorithmic technology both compresses and accelerates information flows to such levels that capture of the lifeworld by autonomized corporate and administrative systems grows disablingly apparent.

39. Jean Baudrillard, *In the Shadow of the Silent Majorities: Or, the End of the Social*, New York: Semiotext(e), 1988, p. 95.

40. EU는 디지털 기술 및 인공지능에 대한 규제와 거버넌스를 발전시키기 위한 세계 최고의 입법 프레임워크를 마련했다. 가장 최근에는 불법 콘텐츠, 투명한 광고, 디지털 중개자에 관한 허위 정보를 아우르는 법률을 업데이트한 디지털 서비스법(2022년)이 제정되었다. 또한 이 책을 쓰는 동안 의회에서 논의와 검토가 진행된 인공지능법(AI법)도 중요한 의미를 지닌다. AI법은 위험 기반 모델을 통해 특정 AI 시스템에 위험 등급을 부여하고, 해당 등급에 따라 규제 의무를 확대하는 것이 목표다. 또한 AI 시스템에 대한 대중의 신뢰와 믿음을 강화해 자동화 디지털 기술의 활용성을 높이는데도 명시적 목표가 있다. AI에 대한 비판적 논평은 다음을 참조하라. Johan Laux, Sandra Wachter and Brent Mittelstadt, 'Trustworthy artificial intelligence and the European Union AI act: on the conflation of trustworthiness and acceptability of risk', *Regulation & Governance*, 6 February 2023; Jonas Schuett, 'Risk management in the artificial intelligence act', European Journal of Risk Regulation, 8 February 2023, pp. 1-19; and Lena Enqvist, '"Human oversight" in the EU artificial intelligence act: what, when and by whom?', *Law, Innovation and Technology* 15(2), 2023, pp. 1-28.

41. Nowotny, *In AI We Trust*, p. 11.

알고리즘 포비아
AI는 어떻게 인간을 지배하는가

제1판 1쇄 인쇄 | 2025년 10월 10일
제1판 1쇄 발행 | 2025년 10월 16일

지은이 | 앤서니 엘리엇
옮긴이 | 이정민
펴낸이 | 하영춘
펴낸곳 | 한국경제신문 한경BP
출판본부장 | 이선정
편집주간 | 김동욱
책임편집 | 박정현
교정교열 | 최은영
저작권 | 백상아
홍보마케팅 | 김규형·서은실·이여진·박도현
디자인 | 이승욱·권석중

주   소 | 서울특별시 중구 청파로 463
기획편집부 | 02-360-4556, 4584
홍보마케팅부 | 02-360-4595, 4562   FAX | 02-360-4837
H | http://bp.hankyung.com   E | bp@hankyung.com
F | www.facebook.com/hankyungbp
등   록 | 제 2-315(1967. 5. 15)

ISBN 978-89-475-0203-0 03330

책값은 뒤표지에 있습니다.
잘못 만들어진 책은 구입처에서 바꿔드립니다.